交通运输行政执法人员培训教材

Jiaotong Yunshu Xingzheng Zhifa Chengxu yu Wenshu Shiwu
交通运输行政执法程序与文书实务

交通运输部政策法规司　组织编写

人民交通出版社

内 容 提 要

本书为交通运输行政执法人员培训教材之一,主要介绍了交通运输行政执法程序概论、交通运输行政许可程序、交通运输行政检查程序、交通运输行政强制措施程序、交通运输行政处罚程序、规费征收及路产赔(补)偿程序、交通运输行政执法文书概述、交通运输行政许可文书制作、交通运输行政检查文书制作、交通运输行政强制措施文书特点、交通运输行政处罚文书制作等内容。

本书为交通运输行政执法人员培训教材,也可供交通运输行政人员、相关专业高等院校师生学习参考。

图书在版编目(CIP)数据

交通运输行政执法程序与文书实务 / 交通运输部政策法规司组织编写.---北京:人民交通出版社,2012.12
交通运输行政执法人员培训教材
ISBN 978-7-114-09714-0

I.①交… II.①交… III.①交通运输管理 – 行政执法 – 行政程序 – 中国②交通运输管理 – 行政执法 – 法律文书 – 中国　IV.①D922.14②D926.13

中国版本图书馆 CIP 数据核字(2012)第 048894 号

书　　名:	交通运输行政执法人员培训教材
	交通运输行政执法程序与文书实务
著　作　者:	交通运输部政策法规司
责任编辑:	沈鸿雁　张征宇　孙　玺
出版发行:	人民交通出版社股份有限公司
地　　址:	(100011) 北京市朝阳区安定门外外馆斜街 3 号
网　　址:	http://www.ccpress.com.cn
销售电话:	(010) 59757973
总 经 销:	人民交通出版社股份有限公司发行部
经　　销:	各地新华书店
印　　刷:	北京市密东印刷有限公司
开　　本:	720×960　1/16
印　　张:	24
字　　数:	358 千
版　　次:	2012 年 12 月　第 1 版
印　　次:	2018 年 12 月　第 9 次印刷
书　　号:	ISBN 978-7-114-09714-0
定　　价:	45.00 元

(有印刷、装订质量问题的图书由本社负责调换)

《交通运输行政执法人员培训教材》编审委员会

主　　任：高宏峰

副主任：何建中

委　　员：
柯林春	朱伽林	刘　缙	王昌军	吴秉军
宋晓瑛	戴　飞	严洪波	葛　方	毕忠德
李　伦	沈晓苏	冯健理	汪祝君	王德宝
胡　冰	王兆飞	万　明	高洪涛	霍金花
唐　元	董清云	徐　欣	黄汝生	周文雄
乔　墩	白理成	陈志刚	张长生	彭思义
李永民	杨映祥	刘自山	勾红玉	高江淮
郭洪太	曹德胜	但乃越	姜明宝	

《交通运输行政执法人员培训教材》
编写委员会

主　编： 何建中
副主编： 柯林春　朱伽林
编　委： 孙红军　于会清　张立国　齐树平　曹居月
　　　　　王志强　杨　清　邵新怀　赵勇刚　李　冰
　　　　　王元春　胡继祥　晏少鹤　陈炳贤　张建明
　　　　　陈继梦　张　宏　李　敢　王跃明　黄冠城
　　　　　黄永忠　林　森　郑　宁　王　波　方延旭
　　　　　马德芳　徐龙海　姚　军　赵建峰　杜　军
　　　　　甘庆中　王旭武　常　青　马　军　王乔贵
　　　　　陈卫中　王海峰　杨素青　熊雅静　陈　松
　　　　　杨　剑

本册编写人员

黄克清　汪祝君　李日龙　李振斌　杨海兵　杨先华
戴　波

深入开展执法人员培训
改进交通运输行政执法

由部政策法规司组织编写的交通运输行政执法人员培训教材正式出版了。这是推动广大交通运输行政执法人员深入学习、提高素质、提升水平的一项基础性工作,很有意义。

推进依法行政,队伍素质是基础。在2010年召开的全国依法行政工作会议上,温家宝总理强调:"加强行政执法队伍建设,严格执行执法人员持证上岗和资格管理制度,狠抓执法纪律和职业道德教育,全面提高执法人员素质。"近年来,部制定了一系列规章制度,采取有效措施加强和规范交通运输行政执法,取得了明显成效。交通运输行政执法工作仍存在许多不足,根据调查,全行业现有的40多万行政执法人员中,大部分人员为大专以下学历,大学本科以上学历仅占26%,法律专业人员仅占23%。交通运输行政执法队伍整体素质状况与推进依法行政、建设法治政府的要求相比还有很大差距,执法工作不作为、乱作为的现象仍然存在,很多执法人员未接受过系统的基础法律知识教育,缺乏必要的程序意识、证据意识、时效观念,迫切需要进行有组织的系统化的法制教育培训。

为加强执法队伍的建设和管理,提高整体素质和能力,部制定了《交通运输行政执法证件管理规定》,建立了一套严密的关于执法人员培训、考试、发证、考核的管理制度。组织编写行政执法人员培训教材,为全系统开展执法人员培训考试工作提供统一的内容、标准和依据,是落实执法证件管理制度的基础和前提。据此,部政策法规司组织全国交通运输行业内有关科研院所、高等院校、法制部门的专家和一线执法的实践工作者编写了《交通运输行政执法人员培训教材》。这套教材共七本,包括《交通运输行政执法基础知识》、《交通运输行政执法管理与监督》、《交通运输行政处罚自由裁量权行使实务》、《交通运输行政执法程序与文书实务》、《交通运输行政执法证据收集与运用》、《交通运输行政执法典型案例评析》、《交通运输行政执法常用法规汇编》。

这套教材着眼于《全面推进依法行政实施纲要》发布以来新出台的法律法规对行政执法工作的新要求和当前交通运输行政执法实践中存在的突出问题,以基层行政执法人员为对象,以交通运输行政执法应知应会为主要内容,结合典型案例分析,对交通运输行政执法的有关基础知识、规范执法的基本要求、行政处罚自由裁量权、行政执法程序与文书、行政执法证据等进行了比较系统的介绍和阐述。教材既总结了多年来交通运输行政执法实践和培训的经验,又借鉴了有关行政执法部门的工作成果,贴近交通运输行政执法的实际,并有简明的理论分析,体现了理论与实践的统一,内容比较丰富,针对性、实用性强,形式新颖,是各级交通运输主管部门和交通运输行政执法机构对交通运输基层行政执法人员培训的实用教材。

孟子说:"徒善不足以为政,徒法不足以自行。"法律条文只是写在纸面上的东西,它自己无法使之贯彻,法律的实施要靠人。如果执法者无视法律的规定,枉法裁判,漠然置之,则法律只能成为一纸空文。交通运输行政执法人员每天的执法言行直接影响交通运输管理秩序和行政相对人的切身利益,没有一支人民满意的交通运输行政执法队伍,就不可能建设人民满意的交通运输部门;不努力改进交通运输行政执法,就不可能树立交通运输部门良好的社会形象。因此,交通运输部门的各级领导干部和广大执法人员应当秉持对法律的敬畏之心,认真学法,规范执法。要以《交通运输行政执法人员培训教材》出版发行为契机,对交通运输行政执法人员实施全覆盖、多手段、高质量的培训,力争用3年左右的时间,将所有交通运输行政执法人员轮训一遍,努力建设一支政治坚定、素质优良、纪律严明、行为规范、廉洁高效的正规化交通运输行政执法队伍,为进一步做好"三个服务",推动交通运输科学发展安全发展营造良好的法治环境!

交通运输部副部长

2012年4月

目录

第一章　交通运输行政执法程序概论 ………………………………… 1
　第一节　行政执法程序概述 ………………………………………… 1
　第二节　行政执法程序的基本原则 ………………………………… 6
　第三节　行政执法程序的主要制度 ………………………………… 9
　第四节　交通运输行政程序中的期间和送达 ……………………… 13

第二章　交通运输行政许可程序 ……………………………………… 19
　第一节　交通运输行政许可的实施机关 …………………………… 19
　第二节　交通运输行政许可的实施程序 …………………………… 19

第三章　交通运输行政检查程序 ……………………………………… 36
　第一节　交通运输行政检查的实施主体 …………………………… 36
　第二节　交通运输行政检查原则和方法 …………………………… 37
　第三节　交通运输行政检查的实施程序 …………………………… 38

第四章　交通运输行政强制措施程序 ………………………………… 41
　第一节　交通运输行政强制措施的实施主体 ……………………… 41
　第二节　交通运输行政强制措施的实施原则 ……………………… 42
　第三节　交通运输行政强制措施的实施程序 ……………………… 43

第五章　交通运输行政处罚程序 ……………………………………… 48
　第一节　交通运输行政处罚的实施机关 …………………………… 48
　第二节　交通运输行政处罚的管辖 ………………………………… 50
　第三节　交通运输行政处罚的适用 ………………………………… 51
　第四节　交通运输行政处罚的简易程序 …………………………… 53
　第五节　交通运输行政处罚一般程序 ……………………………… 55

第六章　规费征收及路产赔(补)偿程序 ················ 72
 第一节　交通运输规费征收程序 ·················· 72
 第二节　公路路产赔(补)偿程序 ·················· 74

第七章　交通运输行政执法文书概述 ················ 78
 第一节　交通运输行政执法文书的概念和特征 ·········· 78
 第二节　交通运输行政执法文书的结构 ··············· 82
 第三节　行政执法文书的基本内容 ·················· 84
 第四节　交通运输行政执法文书种类 ················ 88
 第五节　交通运输行政执法文书制作的基本要求 ········ 91
 第六节　说理式行政执法文书介绍 ·················· 96
 第七节　交通运输行政执法文书制作的电子化趋势 ······ 97

第八章　交通运输行政许可文书的制作 ··············· 99
 第一节　交通运输行政许可文书概述 ················ 99
 第二节　交通运输行政许可文书的制作要求及范例 ····· 101
 第三节　交通运输行政许可文书实例 ··············· 128

第九章　交通运输行政检查文书的制作 ·············· 161
 第一节　交通运输行政检查文书的概述 ············· 161
 第二节　交通运输行政检查文书的制作要求及范例 ····· 162

第十章　交通运输行政强制措施文书的特点 ·········· 174
 第一节　交通运输行政强制措施文书的概述 ·········· 174
 第二节　交通运输行政强制措施文书的制作要求及范例 ··· 177

第十一章　交通运输行政处罚文书的制作 ············ 185
 第一节　交通运输行政处罚文书概述 ··············· 185
 第二节　交通运输行政处罚文书的制作要求及范例 ····· 187
 第三节　海事执法文书的制作要求及使用说明 ········ 244
 第四节　交通运输行政处罚文书归档基本要求 ········ 247
 第五节　交通运输行政处罚文书案例 ··············· 248

附录 ··· 292

附录一 交通运输行政许可文书样式 ·············· 292
附录二 交通运输行政检查文书样式 ·············· 304
附录三 交通运输行政强制文书样式 ·············· 308
附录四 交通运输行政处罚文书样式 ·············· 319
附录五 公路赔(补)偿文书样式 ················ 358
参考文献 ······································ 368

第一章
交通运输行政执法程序概论

第一节 行政执法程序概述

一、行政执法程序的概念

(一)程序和法律程序

现代汉语"程序"一词是个多义词,除了可以指称诉讼的法律过程外,还可以指称机器的操作规程、事项的展开过程和先后顺序等。从法学角度来分析,程序是从事法律行为、作出某种决定的过程、方式和关系。过程是时间概念,方式和关系是空间概念。程序就是由这样的时空三要素所构成的一个统一体。当然,这其中最主要的是"关系"。无论是古代法的程序还是现代法的程序,在进行价值分析之前,程序就其本体而言是这样一种普遍形态:人们遵循法定的时限和时序并按照法定的方式和关系进行的法律行为。在这个意义上,法律程序有以下特点:

第一,法律程序是针对特定的行为而作出要求的。任何法律都是以人们的外在行为作为直接对象的。那么,什么样的行为才是法律程序所针对的对象呢?一般说来,它是那些被立法者认为比较重要的法律行为,诸如立法、执法、诉讼等,它们都受到法律程序的约束,相应也就发展出了立法程序、审判程序、行政程序和一般法律行为程序。这也就构成了法律程序的外延。

第二,法律程序是由时间要求和空间要求构成的,换言之,法律程序是以法定时间和法定空间方式作为基本要素的。法定时间要素包括时序和时限。时序是法律行为的先后顺序,时限是法律行为所占的时间长短。法定空间方式包括两个方面:一是空间关系,即行为主体及其行为的确定性和相关性;二是行为方式,即法律行为采取何种表现方式的问题。

第三,法律程序具有形式性。如果说法律的内容是权利和义务,那么程序无疑是法律的形式。就其达到的最后目的而言,它是一种伴随时间而经过的活动过程和活动方式。

(二)行政程序

行政程序,指行政主体在其职责范围内进行管理活动的原则、制度、方法和步骤。它不同于国家立法程序,因为国家立法程序是国家立法机关制定、修改或废止法律的活动程序。它也不同于司法程序,因为司法程序是国家司法机关办理刑事案件、民事案件和行政诉讼案件的程序。

行政程序,依据不同的标准可以划分为相应的不同种类。

从行政法制的角空来加以划分,行政程序可分为行政立法程序、行政执法程序和行政司法程序。由于行政立法属于抽象的行政行为,所以行政立法程序也有人称之为抽象行为程序,与之相对应,行政执法程序和行政司法程序则称为具体行为程序。

根据行政主体与相对人关系的不同,即基于内部行政和外部行政的划分,行政程序可分为内部行政程序和外部行政程序。内部行政程序是行政主体实施内部行政管理的工作程序,其相对人不是社会上的一般公民和组织,而是与管理方有隶属关系的组织和人员,所以内部行政程序包括上级机关对下级机关、行政机关对其工作人员的管理程序两类(也有的国家将行政机关对其工作人员的管理程序作为外部行政程序)。外部行政程序是行政主体实施对外部行政管理的工作程序,程序的进行直接影响社会相对人的权利和义务,例如,行政机关对申请人的批复、对违法行为人的制裁等。

依照行政程序对行政事件的时间位置的不同,行政程序有事先行政程序和事后行政程序之分。凡是在具体的行政管理活动结束以前的行政程序即可称为事先行政程序,如行政立法程序,行政命令程序、行政调查、裁决程序等;反之,在具体的行政管理活动结束以后所进行的复议、补救程序,则是事后行政程序,如行政复议程序、行政执行程序等。

(三)行政执法程序

综合行政执法和法律程序含义,行政执法程序,就是指行政执法机关依照法定职权行使行政管理权,贯彻实施法律法规的方法、步骤和过程的总称。

二、行政执法程序的特征

1. 法定性

行政执法程序是法律规范所规定的,在一般情况下,它是行政执法有效性的构成要素之一,如行政执法程序不合法,就会导致行政执法行为无效或部分无效,或经补正后才有效的法律后果。

2. 程序性

有关行政执法程序的法律规范是一种程序性规范,它规定了行政执法机关如何去行使职权,以及实施行政执法行为的具体步骤和方法。

3. 效率性

行政执法是行政行为的最主要部分,是行政主体行使职权的活动,效率性决定了行政程序必须强调效率和速度。

三、行政执法程序的分类

(1)从执法过程上,可分为:受理程序、立案程序、取证程序、审理程序、执行程序、监督检查程序和行政复议程序。

(2)从执法手段上,可分为:行政监督程序、行政奖励程序、行政许可程序、行政处罚程序、行政强制执行程序等。

(3)从执法部门上,可分为:交通运输行政执法程序、公安执法程序、工商执法程序、环保执法程序、税务执法程序等。

四、行政执法程序的作用

第一,行政程序具有促使行政过程民主化的功能。现代行政不仅要求依法行使行政权力,而且要求在行政权行使的过程中,必须尊重可能受到行政权作用的相对人的意见。为此,恰当的做法就是创设一种制度,使行政相对人能够参与到行政过程中去。作为法律民主化产物的现代行政程序法,其功能的发挥就是通过一系列现代行政程序制度来实现的。一个合理的行政程序往往体现了若干制度,如回避制度、听证制度、告示制度、审裁分离制度等。这些制度的落实既体现了公平,又体现了行政过程的民主化。通过运用行政程序制度,允许行政相对人参与,行政过程就不是单方面的"命令—服从"模式了,而是融入了民主因素。行政相对人的参与和理性对话,使行政过程充满了民主化的色彩。

第二,行政程序具有促使行政决定理性化的功能。现代法治社会中,行政权力不是可以由行政机关恣意行使的权力,而是一种审慎行使的权力,需要杜绝非理性成分的存在。行政权力作用的过程,实际上就是权力主体作出选择的过程。行政程序的设置为行政机关听取各方面意见,慎重做出决定提供了条件,它创造了一种根据证据资料和不同角色之间对话、论证而做出决定的制度。在程序中,通过仔细的取证,衡量对照法律规定,可以使不同的观点和方案得到充分讨论和考虑,这为行政机关去除各种不良因素的干扰提供了必要的前提条件,使选择过程建立在"充分理由"的基础上,排除恣意,使行政决定理性化。

第三,行政程序具有提高行政效率的功能。程序化的行政行为最大限度地保障了行政相对人的参与权,防止行政机关对行政权力的滥用,从而可以积极发挥行政权的作用,提高行政效率。事实上,程序的启动一般是以实现实体法的内容为目的,程序运行的核心任务就是查明据以适用实体法、实施行政行为的事实,行政程序能够确立具体的行政实体法的内涵,使实体法所规定的较为抽象或模糊的内容具有可操作性。在现实中,很多行政实体法律规范往往较为僵硬、死板,权利、责任的指向有时不太清晰,有的实体权利,当事人能自由取得,但是,有的实体权利,没有法律程序和执法机关的裁量认定,难以得到落实。所以,程序在此起到了重要的作用,它可以保证行政实体法律规范所确定的权利的实现。所以,行政程序的有效制定和执行直接保障着实体法所要求的目的的实现。而行政程序的各个环节一般都有时间的限制,有一定的行政行为顺序的要求,甚至在必要时,格式化行政程序,这些均体现着行政行为的效率。

第四,行政程序法还具有保障行政相对人合法权益的重要作用。例如,在行政过程中设置回避、教示的程序,审批过程规定一定的期限,在行政处罚中设置说明理由、听取意见程序等,都起到了减少或避免行政主体滥用职权、违法行政,保障相对人合法权益不被侵犯的作用。

第五,行政程序具有遏制腐败现象的功能。一方面,现代行政程序是一种架构、限制以及制约行政机关裁量权的手段,合理的行政程序能有效地防止行政机关滥用自由裁量权,这对减少腐败具有重要意义;另一方面,行政程序所遵守的一些原则和确立的行之有效的制度,能最大限度地防止腐败。"阳光是最好的防腐剂",程序的公开、公正、公平等原则的运用,说明理由、听证等制度的实施,行政相对人的积极参与等,这些都是被世界各国证明了的防止腐败的有力武器。行政程序及其所遵循的相关制度可以最大限度地减少行政领域的腐败案件的发生。

第六,行政程序具有减轻法院对行政行为事后性的司法审查的功能。行政程序对行政争议具有"过滤"的作用,我们可以利用这一点,有效地避免导致法院在处理行政案件方面的过重负担。在实际的行政行为中,如果在作出某一行政决定的合适阶段,让当事人有机会参与其中,表明意见,甚至对该决定的形成产生影响的话,那么,该项决定在正式作出之后就比较有可能让当事人接受。这样,由于当事人的利益能够通过公正的行政程序得到考虑与保护,相对人和行政主体之间就会相互理解,二者之间产生纠纷争议的可能性也会大大降低,进而,相对人对司法救济途径的需求会得以缓解。所以说,行政程序通过对行政行为的事前预防监督,不仅可以使大量行政争议得以避免,而且,可以减轻法院对行政行为事后性的司法审查的负担。

五、交通运输行政执法程序

(一)交通运输行政执法程序的概念和特征

交通运输行政执法程序,指交通运输行政执法机关行使交通运输行政管理权,实施法律、法规和规章活动的方法、步骤和过程的总称。其具有如下特征:

第一，具有交通运输行政的特点。这是交通运输行政执法程序的首要特征。它包含两层含义：一是交通运输行政执法程序发生于交通运输行政执法过程中，是交通管理部门贯彻实施交通法律法规的行政行为的方法、步骤和过程；二是交通运输行政执法的主体是依法具有行政执法权的交通运输行政管理部门。

第二，具有程序性。它是交通运输行政执法行为的过程和方式，具有鲜明的程序性特征。

第三，具有法定性。包括三层含义：一是交通运输行政执法主体的法定性；二是交通运输行政执法权的法定性；三是交通运输行政执法程序本身即由法律规定；四是交通运输行政执法必须遵守法律规定的程序。

第四，具有综合性。交通运输行政执法涉及面广，包括交通运输行政许可、交通运输行政检查、交通运输行政强制、交通运输行政处罚和交通运输行政征收等，那么交通运输行政执法程序也就相应涵盖了上述执法领域。

（二）交通运输行政执法程序的分类

从执法过程上，可分为：交通运输行政执法受理程序、交通运输行政执法立案程序、交通运输行政执法取证程序、交通运输行政执法审理程序、交通运输行政执法执行程序、监督检查程序和行政复议程序。行政机关没有充分调查取证就没有决定权。因此行政执法程序中最核心和基本的环节就是在行政决定作出前的调查听证程序。

从执法手段上，可分为：交通运输行政执法行政许可程序、具体运输行政执法检查程序、交通运输行政执法行政处罚程序、交通运输行政执法行政强制程序、交通运输行政执法行政监督程序等。

第二节 行政执法程序的基本原则

一、合法原则

合法行政是行政法的首要原则，是指在行政机关的执法程序必须符合法律规定,不得随意违反或者擅自变更。

合法行政原则的根据,是行政机关在政治制度上对立法机关的从属性,合法行政原则是我国根本政治制度即人民代表大会制度在行政制度上的体现和延伸。人民代表大会制度确定了国家行政机关对人民代表大会的从属性。《中华人民共和国宪法》(以下简称《宪法》)第二条和第三条规定,中华人民共和国的一切权力属于人民,人民行使国家权力的机关是全国人民代表大会和地方各级人民代表大会。国家行政机关由人民代表大会产生,对它负责,受它监督,这样就从根本上解决了国家行政权力来源的合法性问题。《宪法》第五条规定,中华人民共和国实行依法治国,建设社会主义法治国家。一切国家机关都必须遵守宪法和法律。国家行政机关应当依照宪法和法律行使行政职权。

合法行政的内涵和要求,随着宪法制度的演变、行政职能的消长而不断变化。早期的合法行政是绝对、消极和机械的公法原则。为适应时代变迁和行政职能变化的需要,合法行政原则不断得到新的解释。从历史发展看,我国的行政法制度尚处于初级阶段发展进程中。从改革开放初期提出发扬社会主义民主、健全社会主义法制,到宪法规定实行依法治国,我国法律在规范行政活动方面的作用正在逐步增强。

我国合法行政原则在结构上包括对现行法律的遵守和依照法律授权活动两个方面。

1. 行政机关必须遵守现行有效的法律

这一方面的基本要求是:行政机关实施行政管理,应当依照法律、法规、规章的规定进行,禁止行政机关违反现行有效的立法性规定。第一,行政机关的任何规定和决定都不得与法律相抵触,行政机关不得做出不符合现行法律的规定和决定。行政机关的规定和决定违法,就不能取得法律效力。第二,行政机关有义务积极执行和实施现行有效法律规定的行政义务。行政机关不积极履行法定作为义务,将构成不作为违法。

2. 行政机关应当依照法律授权活动

这一方面的基本要求是:没有法律、法规、规章的规定,行政机关不得作出影响公民、法人和其他组织合法权益或者增加公民、法人和其他组织义务的决定。

在行政机关与公民、法人和其他组织关系上:第一,行政机关采取行政措施必须有立法性规定的明确授权;第二,没有立法性规定的授权,行政机关不得采取影响公民、法人和其他组织权利义务的行政措施。行政机关不遵守这一不作为义务,将构成行政违法。

二、公正原则

公正原则的主要内容有下述六项:(1)办事公道,不徇私情。(2)平等对待不同身份、民族、性别和不同宗教信仰的行政相对人。(3)合理考虑相关因素,不专横武断。(4)在处理与有利害关系的事务时应予回避。(5)在处理涉及两个或两个以上相对人利害关系的事务时,不得在一方当事人不在场的情况下单独与另一方当事人接触。(6)不得在事先未通知和听取相对人申辩意见的情况下做出对其不利的行政行为。

三、公开原则

公开原则的主要内容有下述五项:(1)行政法规、规章以及其他规范性文件的制定应采取一定方式让公众参与,听取公众的意见,必要时公开举行听证会,听取有关利害关系人的意见、建议。(2)已制定的行政法规、规章及其他规范性文件应通过公开的政府刊物公布,让公众知晓。(3)行政机关收集、保存的涉及相对人有关信息的文件、资料,除法律、法规规定应予保密的以外,应允许相对人查阅、复制。(4)有关行政执法行为的主体、条件、标准、依据、程序等应通过一定方式公布,使相对人事先知悉。(5)对行政机关及其工作人员遵纪守法、廉政、勤政的情况,应允许新闻媒介在真实、准确的前提下予以公开报道,使之接受人民群众和舆论的监督。

四、参与原则

参与原则是指行政主体在履行行政职责过程中,除法律规定的程序外,应当尽可能为行政相对人提供参与行政活动的机会,从而使行政活动更加符合社会公共利益。申辩是行政执法程序中参与原则的集中体现。行政执法程序是将法

第一章
交通运输行政执法程序概论

律具体适用到特定的事或人,并对其实体法上的权利和义务产生影响的过程。行政主体适用法律必须依据一定的法律事实,但这种法律事实可能存在着一定的虚假成分。行政相对人对此有申辩的权利,有利于行政主体依法行政。

五、便民原则

行政机关实施行政管理与为人民群众提供服务是紧密相连的,因此便民原则要求在行政活动中,尤其是涉及公民权利性的事务,行政机关应当为行政相对人提供必要的帮助与便利,尽可能减轻当事人的负担。

六、效率原则

效率原则的主要内容:(1)行政主体实施任何行政行为,应严格遵循法定步骤、顺序和时限,不得违法增加手续,拖延耽搁。(2)行政主体实施行政行为应从多个方案中选择最佳方案,以保障相应行政行为取得较好的经济和社会效益。(3)在行政程序中实行简易程序,对于符合特定条件的案件,省略执法程序的某些步骤,在较短的时间内作出行政决定。

第三节 行政执法程序的主要制度

一、管辖制度

管辖是行政执法主体之间对行政事务行使行政职权时所作的分工。法律要求行政主体只能在所管辖的范围内行使职权,否则将会产生越权无效的法律后果。管辖解决以下两大问题:(1)行政主体纵向之间行政职责权限分工,即级别管辖。这种管辖与国家的行政区域划分具有密不可分的关系。(2)行政主体横向之间行政职责权限分工,即地域管辖。

根据管辖的内容不同,管辖分为以下几种:(1)级别管辖。级别管辖是指行政主体上下级之间对某类具体行政事务行使行政职权上的分工。(2)地域管辖。地域管辖是指同级行政主体之间对某类具体行政事务行使行政职权上的分工。(3)移送管辖。移送管辖是指没有管辖权的行政主体在受理某项行政事务后,发现没有管辖权,即应当查明有管辖权的行政主体并及时移送。受移送的行政主体不得再行移送或者拒绝受理。(4)指定管辖。指定管辖是指两个以上的行政主体就同一行政事务在管辖权上发生积极或者消极冲突后不能协商确定管辖权归属,由其共同上级行政主体指定其中一个行政主体行使管辖权。(5)管辖权转移。管辖权转移是上一级行政主体将某一行政事务的管辖权移交下一级行政主体管辖,或者下一级行政主体将某一行政事务的管辖权移交上一级行政主体管辖。

二、回避制度

回避制度是指承办行政案件的执法人员和其他有关人员遇有法律规定应当回避的情形时,为保证案件办理的公正性,经行政相对人申请或者自己请求,有权机关终止其职务行使的制度。回避的理由一般有:(1)行政人员本人是行政决定的一方当事人;(2)行政决定的一方当事人是该行政人员的近亲属;(3)行政决定的一方当事人与该行政人员有其他关系,足以影响行政决定的公正性。回避制度的设立是为了确保行政行为形式上的公正性。实行回避制度不仅有利于防止行政执法人员因亲情等因素不公正执法,同时也有利于消除行政相对人的疑虑,使行政行为取信于民。

三、不单方接触制度

不单方接触制度是指行政执法人员在处理两个以上行政相对人、具有相互排斥利益的事项时,不能在一方当事人不在场的情况下单独与另一方当事人接触、听取其陈述、接受其证据材料的制度。不单方接触制度有利于防止行政腐败和偏见,防止行政机关对一方当事人偏听偏信而损害另一方当事人的合法权益。

四、说明理由制度

说明理由制度是指行政机关作出行政决定,应当告知当事人作出行政决定的事实、理由及依据等的制度。说明理由的内容包括作出行政决定的事实根据、法律依据以及将法律适用于事实的道理。这样,当事人可以有针对性地提出反驳意见,提出有关证据。如果当事人不能马上提出证据而需要合理的准备时间,行政机关应当允许;否则,当事人的申辩权无法有效行使。说明理由是行政机关在实施行政执法过程中必须履行的程序性义务;否则,行政决定不能成立。说明理由制度的设立,一方面有利于促使行政主体充分考虑自己所作的决定,另一方面也有利于相对人充分了解行政行为,并判断该行为是否违法或不当,从而决定是否提出复议或诉讼。

五、调查制度

调查制度是指行政主体在作出行政决定之前必须进行充分调查,以了解公众意见或查明事实、收集证据,以供作决定时的依据或参考的制度。调查通常是作出行政决定的前提条件,通过调查,行政主体可以较全面地了解与行政决定相关的信息及事实、证据,从而能够更好地平衡各方面的利益冲突,作出既符合公共利益的要求,又能维护相对人合法权益的行政决定。

六、告知制度

告知制度包括表明身份、向相对人告知有关事项及说明理由等内容。表明身份是指行政主体及其行政人员在进行行政行为之前应向相对人出示证件以表明其身份。告知是指行政主体在行政行为过程中,应将有关事项告知当事人,如告知受理或不受理,许可或不许可等,或告知相对人辩护、申诉等相应权利等。告知制度是现代行政程序法的一项重要制度,它的实施对于增强行政行为的民主性、正当性,增加行政权力的透明度,减少行政争议,降低行政诉讼和行政复议案件数量有着重要的作用。

七、听取意见制度

听取意见制度要求行政机关必须充分听取当事人的意见,对当事人提出的事实、理由和证据,应当进行复核;当事人提出的事实、理由和证据成立的,行政机关应当采纳。

八、陈述制度

当事人的陈述、申辩权,是行政执法程序中行政相对人的重要权利,是保护相对人免受行政机关非法侵害,制约行政机关滥用处罚权的重要机制之一。行政机关有提出事实和证据说明当事人违法的权利,当事人也有陈述事实、提出证据说明自己无辜等权利。除当事人放弃陈述或者申辩权利外,行政机关及其执法人员在作出行政决定之前,必须听取当事人的陈述或者申辩,否则行政决定不能成立。

九、顺序制度

顺序制度是指行政法律关系主体必须严格依照法律规定程序的顺序进行活动。行政程序是由若干步骤、阶段在时间上延续所构成,它如同链条一环扣一环,从而保证行政程序法律关系主体的活动顺利进行。

顺序制度产生两条规则:(1)行政程序不得颠倒。即行政法律关系主体不能进行后面行政程序,再进行前面的行政程序;否则,将会导致无效。(2)行政程序不得跳越,即行政法律关系主体不能遗漏、疏忽法律预先设立的行政程序而进行活动。

十、文书制度

文书制度是为规范行政执法机关的行政执法行为,提高行政执法文书制作水平而确立的制度。行政执法文书的内容必须符合有关法律、法规和规章的规定,做到格式统一、内容完整、表述清楚、用语规范。行政执法文书应当按照规定的格式和要求制作。询问笔录、现场检查(勘验)笔录、听证笔录等文书,应当场交当事人阅读或者向当事人宣读,并由当事人逐页签字或盖章确认。当事人拒绝签字盖章或拒不到场的,执法人员应当在笔录中注明,并邀请在场的其他人员签字。行政执法文书记录有遗漏或者有差错的,可以补充和修改,并由当事人在改动处签章或按指印确认。行政执法机关在行政执法文书中的审核或审批意见应当表述明确,无歧义。文书中注明加盖行政执法机关印章的地方应当加盖印章,加盖印章应当清晰、端正,骑年盖月。

第一章 交通运输行政执法程序概论

十一、听证制度

听证制度是指行政主体在作出影响相对人权利义务的决定之前,应依法举行听证会,允许相对人发表意见、提供证据材料,或进行辩论与对质,并由行政主体根据听证结果作出行政决定的一种严格的程序制度。听证制度的法律价值直接体现了行政公正这一行政程序法的基本价值目标,其具体作用在于:(1)听证制度的设立为相对人提供了发表意见、陈述主张的机会。(2)听证程序的设立为行政主体查明事实,作出公正裁决提供了程序性保障。

十二、救济制度

权利救济制度是指行政相对人不服行政主体的行政决定时,法律为其提供获得行政救济的途径和机会的制度。行政主体作出行政行为后,行政相对人可能不服该行为,认为其损害了他的合法权益,他可能要求有权机关重新审查该行为,并作出相应决定。救济制度就是为满足相对人此种要求而为之提供的法律途径。其具体作用在于:(1)有利于解决行政争议,维护行政相对人的合法权益;(2)为行政行为提供有效监督机制,及时纠正违法或者不当行政行为,提高行政效率。

第四节 交通运输行政程序中的期间和送达

一、交通运输行政程序中的期间

(一)交通运输行政程序中的期间的概念及意义

1. 交通运输行政程序中期间的概念

交通运输行政程序中的期间是指在实施交通运输行政执法活动中,交通运输行政执法程序中的执法主体、管理相对人,完成某项法律行为应当遵循的法律规定的期限。

2. 期间的意义

第一,保证交通运输行政执法机关和行政执法人员及时履行法律赋予的行政职权。

第二，维护交通运输行政执法当事人和其他参加人的合法权益。法律规定活动的期间促使当事人在权益受侵害时，尽早主张自己的权利，便于及时查清真相维护其合法权益。交通运输行政执法机关和行政执法人员及时确认，才能保证当事人的合法权益。

（二）交通运输行政程序中的期间的种类

期间包括法定期间和指定期间。

1.法定期间

法律直接规定的期间叫法定期间。

2.指定期间

指定期间是指由交通运输行政执法机关根据案件的具体情况确定的履行某种行为的期间。

（三）交通运输行政程序中的期间的计算

1.计算期间的单位

按照法律的有关规定，期间以日、月、年计算。

2.计算期间的方法

以日计算的，时间开始的日，不计算在期间内。期间届满的最后一日是节假日的，以节假日后的第一日为期间届满的日期。以月计算的，期间届满的日期，应为期间届满月的相对日。以年计算的，期间届满的日期，应计算于最后一年的相当于起始年的那一月那一日。期间不包括在途时间，交通运输行政执法文书通过委托、邮寄送达的，以行政相对人签收的时间计算期间。

（四）交通运输行政程序中的期间的耽误及补救

期间的耽误，是指当事人在法定期间或指定期间之内为未行使有关权利或者未为应为的交通运输行政执法义务，耽误了有效的期限。期间的耽误不仅影响着交通运输行政执法的正常进行，还可能因失去时机，而丧失一定的权利。

但是，耽误期间的情况有所不同，有的是当事人主观上的疏忽过失，或者故意的原因形成的；有的是当事人具有正当理由，难于在期限之内进行或行使或者完成的；有的是因不可抗拒的事由，不可能在期限之内进行或完成某种交通运输行政执法义务的。耽误期间的原因和情况不同,其后果也不同。基于当事人主观上的故意或过失耽误交通运输行政执法义务期间的,责任由当事人自负,无补救的必要。当事人因不可抗拒的事由或者其他正当理由耽误期限的,法律上规定了一定的补救程序和方式。

当事人在障碍消除后的10日内,可以申请顺延期限,是否准许,由交通运输行政执法机关决定。障碍消除是客观上可为交通运输行政执法义务的基础,10日是法定期限,可以申请顺延期限是当事人的权利,顺延是补所耽误的时间。由交通运输行政执法机关决定,是指由交通运输行政执法机关审查耽误期限的原因是否是法定的事实和理由,是否是在法定时间内提出的申请,期限是否有顺延必要的决定。

二、交通运输行政程序中的送达

(一)交通运输行政程序中的送达的概念、特点

1. 交通运输行政程序中的送达的概念

交通运输行政程序中的送达是交通运输行政执法机关依照一定方式和手续,将交通运输行政执法文书送交收件行政管理相对人的活动。

2. 交通运输行政程序中的送达的特点

(1)它是交通运输行政执法机关的活动,即交通运输行政执法机关将应予送达的文件等送交收件的行政管理相对人。交通运输行政执法相对人将一定的文件、材料(如行政复议申请书)送交交通运输行政执法机关的行为,不属于送达。

(2)送达所交给的是交通运输行政执法机关制作的有关执法文书,即是行政案件中与当事人权利义务有关的文书,包括违法行为通知书、行政许可、处罚决定书、裁定书等。

(二)交通运输行政程序中的送达方式

1. 直接送达

执法人员将执法文书直接交给当事人的送达方式为直接送达。直接送达是最基本的送达方式,凡是能够直接送达的,都应当尽可能地采用直接送达的方式,因为直接送达的方式不仅所需时间短,便于提高行政机关的工作效率,而且

可靠性强,今后一旦产生诉讼可作为最具有证明力的证据。直接送达应以把执法文书交给当事人本人并在送达回证上签字为原则,但以下情况也属于直接送达:

(1)当事人是公民的,本人不在交其同住的成年家属签收的。

(2)当事人是法人或其他组织的,由法人的法定代表人、其他组织的主要负责人或者其所指定的代收人签收的。

(3)当事人有代理人的,其代理人签收的。

在送达回证上签收的日期以当事人或与当事人同住的成年家属、法人或其他组织的负责收件的人、代理人或代收人在送达回证上签收的日期为送达日期。

2. 留置送达

留置送达是指受送达人拒绝签收向其送达的执法文书时,行政机关执法人员依法将文书留在当事人住所的送达方式。

留置送达是针对直接送达遇到的特殊情况而制定的一种具有一定强制性的送达方式,与直接送达具有同等的法律效力。采用这种方式的前提是受送达人拒绝签收执法文书时,送达人应当邀请有关基层组织或者所在单位的代表到场,说明情况,在送达回证上记明拒收事由和日期,由送达人、见证人签名或者盖章,把文书留在受送达人的住所,即视为送达。

留置送达不仅适用于对公民送达,也适用于对法人或者其他组织的送达。送达人向法人或者其他组织送达执法文书,"应当由法人的法定代表人、该组织的主要负责人或者办公室、收发室、值班室等负责收件的人签收或盖章,拒绝签收或盖章的,适用留置送达"。

适用留置送达时,应首先向当事人说明不签收执法文书不影响送达的法律效力,尽量让当事人签收。拒不签收的,待街道办事处、城市居委会的代表,乡镇党组织、村民委员会代表,或者当事人所在机关、企事业单位的代表到场后,送达人应如实向他们说明执法文书的内容、受送达人拒收的情况以及留置的根据和法律后果等,在送达回证上记明当事人拒收的原因、理由和送达日期,由送达人、在场的见证人签名或盖章,把执法文书留在受送达人住所即视为送达。但在实践中,有时会遇到这种情况,由于个别当事人蛮不讲理,或者被邀请到场的人受到威胁,有关基层组织或者所在单位的代表及其他见证人不愿或不敢在送达回证上签字或者盖章,根据《最高人民法院关于适用<中华人民共和国民事诉讼法>若干问题的意见》第八十二条的规定,未签字、盖章不影响留置送达的效力,送达人只需将邀请什么人到场,为什么不愿签名或盖章的原因在送达回证上记明,把执法文书留在当事人住所,即视为送达。

需要强调的是,公证送达作为留置送达的一种,因其法律效力强,证明作用高而被许多执法机关经常采用。送达人在公证人员的陪同下,将整个送达过程及需送达的文书一并进行公证,并形成公证书。一旦产生复议或诉讼时,公证书就可以作为一项具有较强证明力的证据而被复议机关或法院采纳。

3. 委托送达

委托送达是指执法机关直接送达执法文书有困难,委托有关执法机关代为交给受送达人的送达方式。委托其他执法机关代为送达的,委托单位应当出具委托函,并附需要送达的执法文书和送达回证,以受送达人在送达回证上签收的日期为送达日期。

4. 邮寄送达

邮寄送达是指执法机关直接送达执法文书有困难,通过邮局将执法文书用挂号或者特快专递邮寄给受送达人的送达方式。邮寄送达应当附有送达回证。邮寄送达以挂号信、特快专递回执上注明的收件日期为送达日期。

5. 公告送达

公告送达是指执法机关以登报、张贴公告等方式告知受送达人执法文书的内容或通知其到执法机关领取文书的一种送达方式。

一般而言,行政机关将执法文书直接或间接地交给受送达人,送达始发生法律效力。但在有些情况下,执法机关无论通过哪种方式,何种渠道,都无法将诉讼文书送交受送达人。这时,如果拘泥于通常的送达方式,势必造成执法拖延,也给那些故意逃避义务的人造成了可乘之机。因此,需要设计一种推定送达方式,即将执法文书通过一定方式公示于众,经过合理期限,即视为受送达人已知晓送达内容,而不问事实上知道与否。这对于保证执法工作顺利进行及维护当事人的合法权益,都非常有必要。

公告送达是一种推定送达,所以,执法机关必须严格按照法定程序进行。有下列情况之一的,才能适用公告送达:一是受送达人下落不明。所谓下落不明,是指受送达人现在何处无从知晓。二是采用直接送达、留置送达、委托送达、邮寄送达等送达方式均无法送达的。不符合这两种情况,就不得采取公告送达方法。由此可见,公告送达是一种不得已而为之的送达方式,它是为解决用其他方式均无法送达执法文书,而不送达某一项执法工作就无法开始或无法结束这一矛盾而设计的。

公告送达可根据案件的情节,当事人的具体情况采用不同的公告方式,对公告送达方式有特殊要求的,应按照要求的方式进行公告;没有特殊要求的,可以在执法机关的公告栏、受送达人原住所地张贴公告,也可以在报纸上刊登公告。无论采取哪种公告方式,都应当向受送达人说明文书的内容。执法机关发出公告后,须保管好应送达的执法文书,以备受送达人随时领取。自从公告、张贴、刊登之日起,满60日即视为送达。执法机关应当在案卷内记明公告送达原因和公告经过记录入卷备查。

第二章

交通运输行政许可程序

第一节 交通运输行政许可的实施机关

行政许可实施主体,是指依法享有行政许可权,并独立实施具体行政许可行为的行政机关或法律法规授权组织。《行政许可法》第二十二条规定,行政许可由具有行政许可权的行政机关在其法定职权范围内实施。第二十三条规定,法律、法规授权的具有管理公共事务职能的组织,在法定授权范围内,以自己的名义实施行政许可。被授权的组织适用本法有关行政机关的规定。

根据《交通行政许可实施程序规定》的规定,交通行政许可由下列机关实施:(一)交通部、地方人民政府交通主管部门、地方人民政府港口行政管理部门依据法定职权实施交通行政许可;(二)海事管理机构、航标管理机关、县级以上道路运输管理机构在法律、法规授权范围内实施交通行政许可;(三)交通部、地方人民政府交通主管部门、地方人民政府港口行政管理部门在其法定职权范围内,可以依据本规定,委托其他行政机关实施行政许可。

第二节 交通运输行政许可的实施程序

一、申请与受理

(一)申请

1. 交通运输行政许可申请的概念

交通运输行政许可申请是指公民、法人或者其他组织向交通运输行政许可实施机关提出获得拟从事特定活动的权利或者资格的意思表示。提出申请交通运输行政许可的公民、法人或者其他组织，为交通运输行政许可申请人。

《交通行政许可实施程序规定》第七条规定，公民、法人或者其他组织，依法申请交通行政许可的，应当依法向交通行政许可实施机关提出。需要注意的是，有的行政许可相对人在一定时期内、一定条件下行政许可申请资格受到限制时，即不享有行政许可申请权或者申请权受限制。如《行政许可法》第七十八条规定，行政许可申请人隐瞒有关情况或者提供虚假材料申请行政许可的，行政机关不予受理或者不予行政许可，并给予警告；行政许可申请属于直接关系公共安全、人身健康、生命财产安全事项的，申请人在一年内不得再次申请该行政许可。第七十九条规定，被许可人以欺骗、贿赂等不正当手段取得行政许可的，行政机关应当依法给予行政处罚；取得的行政许可属于直接关系公共安全、人身健康、生命财产安全事项的，申请人在三年内不得再次申请该行政许可；构成犯罪的，依法追究刑事责任。即符合《行政许可法》第七十八条和第七十九条的交通运输行政许可申请人在一定期限内不具有申请该行政许可的资格。

2.交通运输行政许可的申请方式

申请人申请交通运输行政许可的意思表示可以有多种方式，一般应以书面方式提出。《交通行政许可实施程序规定》第八条规定，申请人以书面方式提出交通行政许可申请的，应当填写本规定所规定的《交通行政许可申请书》（见附录一附件一）。但是，法律、法规、规章对申请书格式文本已有规定的，从其规定。申请人可以通过信函、电报、电传、传真、电子数据交换和电子邮件等方式提交交通行政许可申请。

关于公民、法人或者其他组织可否口头上提出行政许可申请的问题，《行政许可法》未作明确规定。《交通行政许可实施程序规定》第八条第四款规定，申请人以书面方式提出交通行政许可申请确有困难的，可以口头方式提出申请，交通行政机关应当记录申请人申请事项，并经申请人确认。

《交通行政许可实施程序规定》第九条规定，申请人可以委托代理人代为提出交通行政许可申请，但依法应当由申请人到实施机关办公场所提出行政许可申请的除外。代理人代为提出申请的，应当出具载明委托事项和代理人权限的授权委托书,并出示能证明其身份的证件。凡法律、法规、规章没有明确规定申请人必须到交通运输行政机关办公场所提出行政许可申请的,交通运输行政机关均不得拒绝接受申请人委托代理人提出的行政许可申请。

3. 交通行政许可申请材料的完整性真实性

行政许可是行政机关实施行政管理的一种事前控制手段。在通常情况下,法律、法规、规章对交通运输行政许可事项规定了标准、条件。通过将申请人提出符合法律规定形式、数量和种类的申请材料及其提供的情况与法定条件相比较,交通运输行政许可机关才能判断申请人是否应当取得行政许可。因此,申请人提交交通运输行政许可申请材料,必须做到:一要申请材料完整、全面。申请人要对照交通运输管理法律法规明确的条件、标准,提供全面、完整材料,不得缺少。从便民的原则出发,交通运输行政许可机关应当在办公场所采用公示栏、电子显示屏或者活页材料等形式,公示行政许可事项的名称、依据、条件、数量、程序、期限以及需要提交的全部材料的目录和申请书示范文本。二要保证申请材料的真实性。《行政许可法》第三十一条规定,行政许可申请人应当如实提供有关的材料、反映真实情况,不得隐瞒有关情况,提供虚假材料。申请人提供申请材料、反映情况,不仅其申请材料形式本身要真实,其所反映的实质内容也要真实。《交通行政许可实施程序规定》第七条第二款规定,申请人申请交通行政许可,应当如实向实施机关提交有关材料和反映真实情况,并对其申请材料实质内容的真实性负责。

4. 交通运输行政许可公示的内容和方式

《交通行政许可实施程序规定》第五条规定,实施交通行政许可,实施机关应当按照《行政许可法》的有关规定,将下列内容予以公示:(1)交通行政许可的事项;(2)交通行政许可的依据;(3)交通行政许可的实施主体;(4)受委托行政机关和受委托实施行政许可的内容;(5)交通行政许可统一受理的机构;(6)交通行政许可的条件;(7)交通行政许可的数量;(8)交通行政许可的程序和实施期限;(9)依法需要举行听证的交通行政许可事项;(10)需要申请人提交材料的目录;(11)申请书文本式样;(12)作出的准予交通行政许可的决定;(13)实施交通行政许可依法应当收费的法定项目和收费标准;(14)交通行政许可的监督部门和投诉渠道;(15)依法需要公示的其他事项。已实行电子政务的实施机关应当公布网站地址。

《交通行政许可实施程序规定》第六条规定,交通行政许可的公示,可以采取下列方式:(1)在实施机关的办公场所设置公示栏、电子显示屏或者将公示信息资料集中在实施机关的专门场所供公众查阅;(2)在联合办理、集中办理行政许可的场所公示;(3)在实施机关的网站上公示;(4)法律、法规和规章规定的其他方式。

(二)受理

1.交通运输行政许可受理的概念

交通运输行政许可受理是指交通运输行政许可实施机关审查行政许可申请后,对申请材料齐全、符合法定形式,且行政许可事项属于本机关管辖的行政许可申请予以接受的行为。

交通运输行政许可实施机关受理行政许可申请,就意味着启动行政许可审查与决定程序。自受理行政许可申请之日起,有关行政许可期限的规定开始适用,交通运输行政许可实施机关即负有在法定期限内作出是否准予行政许可决定的义务。交通运输行政许可实施机关在法定期限内不作出行政许可决定的,申请人可以依法通过行政复议、提起行政诉讼追究行政机关不作为的法律责任。

2.受理前的审查

申请人提出交通运输行政许可申请,交通运输行政许可实施机关即负有审查并作出是否受理决定的义务。交通运输行政许可实施机关收到行政许可申请后,首先要确定是否予以受理。为此,交通运输行政许可实施机关需要对申请人提交的申请材料目录及材料格式进行形式审查,不审查行政许可申请材料的实质内容,也不审查申请人是否具备取得行政许可的条件。交通运输行政许可机关主要就下列内容进行形式审查:

(1)申请的行政许可事项是否属于依法需要取得行政许可的事项;

(2)申请的行政许可事项是否属于本机关管辖范围;

(3)申请人是否按照法律、法规、规章的规定提交了符合规定数量、种类的申请材料;

第二章 交通运输行政许可程序

（4）申请人提供的行政许可申请材料是否符合法定形式；

（5）其他事项。如申请人提供的材料是否有明显的数字、文字错误以及类似的错误等。

3. 对行政许可申请的处理

根据《交通行政许可实施程序规定》第十条规定，交通运输行政许可实施机关对收到交通行政许可申请材料进行形式审查后，应当根据下列情况分别作出处理：

（1）申请事项依法不需要取得交通行政许可的，交通运输行政许可实施机关应当及时告知申请人不受理。

（2）申请事项依法不属于本实施机关职权范围的，应当即时作出不予受理的决定，并向申请人出具《交通行政许可申请不予受理决定书》（见附录一附件二），同时告知申请人应当向有关行政机关提出申请。

这里所说的"依法不属于本行政机关管辖的事项"，包括下列三种情况：第一，超越法定行政许可管辖权的事项；第二，超越法定级别管辖权的事项；第三，超越法定地域管辖的事项。

（3）申请材料可以当场补全或者更正错误的，应当允许申请人当场补全或者更正错误。这类错误主要指文字错误、计算错误或者其他类似错误，但不影响材料的实质内容。

（4）申请材料不齐全或者不符合法定形式，申请人当场不能补全或者更正的，应当当场或者在5日内向申请人出具《交通行政许可申请补正通知书》（见附录一附件三），一次性告知申请人需要补正的全部内容；逾期不告知的，自收到申请材料之日起即为受理。

（5）申请事项属于本实施机关职权范围，申请材料齐全，符合法定形式，或者申请人已提交全部补正申请材料的，应当在收到完备的申请材料后受理交通行政许可申请，除当场作出交通行政许可决定的外，应当出具《交通行政许可申请受理通知书》（见附录一附件四）。

4. 受理决定

对公民、法人或者其他组织提出的行政许可申请，交通运输行政许可机关都应当作出书面受理决定。受理决定包括受理申请和不予受理申请两种。交通运输行政许可机关决定受理申请的,应当出具加盖本行政机关专用印章和注明日期的书面受理凭证。不予受理申请的,应当出具加盖本行政机关专用印章和注明日期的书面不受理凭证,并说明理由。《交通行政许可实施程序规定》第十条第二款规定,《交通行政许可申请不予受理决定书》、《交通行政许可申请补正通知书》、《交通行政许可申请受理通知书》,应当加盖实施机关行政许可专用印章,注明日期。

《行政许可法》第五十七条还规定,对有数量限制的行政许可,行政机关应当根据受理行政许可申请的先后顺序作出准予行政许可的决定,据此,行政机关作出的书面受理凭证还应该按照受理的先后顺序进行编号。

另外,《交通行政许可实施程序规定》第十一条规定,交通运输行政许可需要实施机关内设的多个机构办理的,该实施机关应当确定一个机构统一受理行政许可申请,并统一送达交通运输行政许可决定。实施机关未确定统一受理内设机构的,由最先受理的内设机构作为统一受理内设机构。

二、审查与决定

(一)审查

1. 交通运输行政许可审查程序的概念

交通运输行政许可的审查程序是交通运输行政许可机关作出行政许可决定的必经程序,它是指行政机关对已经受理的行政许可申请材料进行核查,以确定申请人是否实质上具备行政许可所要求的法定条件的过程。

审查程序是对申请材料的实质内容进行审查的阶段,审查质量直接影响行政许可的质量,在行政许可活动中,审查程序作用重大。审查程序充分体现了行政机关权利与义务在行政许可上的统一,审查程序实际上给行政机关设定了法定义务,行政机关要对其作出的行政许可决定负责,承担相应的责任。

2. 交通运输行政许可审查方式

根据《交通行政许可实施程序规定》第十三条第四款规定,实施实质审查,应当指派两名以上工作人员进行。可以采用以下方式:(1)当面询问申请人及申请材料内容有关的相关人员;(2)根据申请人提交的材料之间的内容相互进行印证;(3)根据行政机关掌握的有关信息与申请材料进行印证;(4)请求其他行政机关协助审查申请材料的真实性;(5)调取查阅有关材料,核实申请材料的真实性;(6)对有关设备、设施、工具、场地进行实地核查;(7)依法进行检验、勘验、监测;(8)听取利害关系人意见;(9)举行听证;(10)召开专家评审会议审查申请材料的真实性。

(1)书面审查

书面审查是交通运输行政许可实施机关对申请人的申请进行审查最主要的方式,即审查申请人申请材料反映的内容。《交通行政许可实施程序规定》第十三条第三款规定,依照法律、法规和规章的规定,需要对申请材料的实质内容进行核实的,应当审查申请材料反映的情况是否与法定的行政许可条件相一致。审查申请人提交的申请材料,交通运输行政许可实施机关应主要审查以下内容:①申请人的资格条件。首先对申请材料反映的申请人条件的适法性,材料反映的情况与法律规范规定的申请人的法定条件是否一致进行审查核实,严格把握法律、法规规定的申请人条件。②审查申请材料反映的内容的真实性。审查真实性的途径有:由申请人承诺声明所述情况真实;用申请材料中反映的内容相互印证;用行政机关掌握的信息进行印证;请其他行政机关协助核实印证。

(2)实地核查

交通运输行政许可实施机关审查申请人提交的材料以书面审查为主,但对有些材料反映的内容还是应当进行现场核查,例如,道路运输机构对申请人作业场所面积的核实、公路管理机构对你施工作业场所进行查勘等。进行实地核查的,交通运输行政许可实施机关应当指派两名以上工作人员进行,核查时应当出示执法证件表明身份。实地核查的内容,应当以法律、法规和规章规定的条件、标准为限,不得超越法定条件和标准,创设或降低、提高条件、标准。核查完毕,交通运输行政许可实施机关执法人员应当制作核查笔录、签署姓名及行政执法证号码,将核查的相关资料归档,允许申请人和利害关系人查阅。

(3)听取申请人、利害关系人意见

听取申请人、利害关系人的意见,对于交通运输行政许可实施机关广泛获得与许可事项有关的信息,公正准确地做出行政许可决定十分必要。《交通行政许可实施程序规定》第十四条规定,实施机关对交通行政许可申请进行审查时,发现行政许可事项直接关系他人重大利益的,应当告知利害关系人,向该利害关系人送达《交通行政许可征求意见通知书》(见附录一附件六)及相关材料(不包括涉及申请人商业秘密的材料)。利害关系人有权在接到上述通知之日起5日内提出意见,逾期未提出意见的视为放弃上述权利。实施机关应当将利害关系人的意见及时反馈给申请人,申请人有权进行陈述和申辩。实施机关作出行政许可决定应当听取申请人、利害关系人的意见。

交通运输行政许可实施机关在审查有如规划许可等涉及重大社会公共利益或第三人重大权益的许可申请事项时,应当告知利害关系人,允许利害关系人陈述理由、申辩意见。对利害关系人提出的意见,交通运输行政许可实施机关应当认真听取,认真研究,记录在案,合理处置,必要时还应当举行听证会,听取意见。利害关系人提出的意见和理由,申请人可以反驳,行政机关应当兼听双方意见,对双方的意见进行核实,不偏不倚,综合评定后,作出相应的决定。

(4)其他审查方式

在交通运输行政许可一般程序审查方式上,交通运输行政许可实施机关主要是采取以上3种方式进行。实际执行中还可采用其他方式,如当面询问申请人及申请材料内容有关的相关人员、依法进行检验、勘验、检测等方式。

(二)决定

1.交通运输行政许可决定程序的概念

交通运输行政许可决定程序是指交通运输行政许可实施机关根据公民、法人或者其他组织提出的行政许可申请,作出是否准予决定的过程。

2.作出交通运输行政许可决定的期限

《交通行政许可实施程序规定》第十三条第二款规定,申请人提交的申请材料齐全、符合法定形式,实施机关能够当场作出决定的,应当当场作出交通行政许可决定,并向申请人出具《交通行政许可(当场)决定书》(见附件五)。

《交通行政许可实施程序规定》第十五条规定,除当场作出交通行政许可决定外,实施机关应当自受理申请之日起20日内作出交通行政许可决定。20日内不能作出决定的,经实施机关负责人批准,可以延长10日,并应当向申请人送达《延长交通行政许可期限通知书》(见附录一附件七),将延长期限的理由告知申请人。但是,法律、法规另有规定的,从其规定。

实施机关机关作出行政许可决定,依照法律、法规和规章的规定需要听证、招标、拍卖、检验、检测、检疫、鉴定和专家评审的,所需时间不计算在本条规定的期限内。实施机关应当向申请人送达《交通行政许可法定除外时间通知书》(见附件八),将所需时间书面告知申请人。

3. 交通运输行政许可决定的种类

对申请人提出的申请行政许可事项,交通运输行政许可机关经依法审查,对申请人的行政许可申请可以依法作出以下不同的行政许可决定。

(1) 准予行政许可决定

准予行政许可决定是交通运输行政许可实施机关经对申请人申请材料及其实际情况进行审查后,认为其符合法律、法规规定的行政许可条件,因而对其行政许可申请事项作出积极的肯定,依法作出的书面决定。《交通行政许可实施程序规定》第十六条规定,申请人的申请符合法定条件、标准的,实施机关应当依法作出准予行政许可的决定,并出具《交通行政许可决定书》(见附录一附件九)。

怎样理解申请人是否符合法定条件、标准?我们认为,应当从以下方面考虑:首先,该条件、标准必须是法定的,而不能是交通运输行政许可机关自行设定的没有法律依据的标准。这就限制了交通运输行政许可机关不当行使自由裁量权的机会。其次是申请人必须符合法定的全部条件和标准。如申请人申请设立从事特定活动的公司,相应法律规定了应当具备4项条件,行政机关经过审查申请人的申请材料,只具备其中3项,那么交通运输行政许可机关只能作出不予行政许可的决定。

《交通行政许可实施程序规定》第十九条规定:"实施机关作出准予交通行政许可决定的,应当在作出决定之日起10日内,向申请人颁发加盖实施机关印章的下列行政许可证件:

①交通行政许可批准文件或者证明文件;

②许可证、执照或者其他许可证书;

③资格证、资质证或者其他合格证书;

④法律、法规、规章规定的其他行政许可证件。

除涉及国家秘密、商业秘密和个人隐私的内容外,交通运输行政许可实施机关作出的准予行政许可的决定应当公开,社会公众有权查阅"。

(2)不予行政许可决定

交通运输行政许可实施机关对申请人的行政许可申请书及其所附材料以及申请人的实际情况审查后,认为其不符合法律、法规规定的条件,因而对行政许可申请予以拒绝,依法作出的书面决定。对于不予行政许可的决定,根据《交通行政许可实施程序规定》第十七条规定,实施机关依法作出不予行政许可的决定的,应当出具《不予交通行政许可决定书》(见附录一附件十),说明理由,并告知申请人享有依法申请行政复议或者提起行政诉讼的权利。该条规定包括三个重要内容:一是不予行政许可必须作出书面决定。书面决定应当加盖本行政机关的印章并注明作出该决定的日期。二是在书面决定中必须说明不予许可的理由。只有说明不予许可的理由,申请人才能据此判断行政机关的决定是否合法,自己是否复议或者诉讼。对行政机关而言,要作出不予许可的书面决定,其必须有合法的、令人信服的理由。从而减少部分行政机关实施行政许可的随意性。三是在书面决定中必须告知申请人享有申请行政复议、提起行政诉讼的权利。为防止因申请人不懂得行使救济权而丧失维护自己合法权益的机会,在作出不予行政许可的书面决定时,必须明确告诉申请人申请行政复议、提起行政诉讼的时间、方式、向何机关提起等必备的内容。

三、听证

(一)听证的概念

在我国法律制度中,听证是行政机关在作出影响公民、法人或者其他组织合法权益的决定前,向其告知决定理由和听证权利,公民、法人或者其他组织随之向行政机关表达意见、提供证据、申辩、质证以及行政机关听取意见、接纳其证据的程序所构成的一种法律制度。

(二)交通运输行政许可听证范围

根据《行政许可法》和《交通行政许可实施程序规定》,交通运输行政许可有两种性质不同的听证。

1. 交通运输行政许可实施机关主动听证

《交通行政许可实施程序规定》第二十条规定,法律、法规、规章规定实施交通行政许可应当听证的事项,或者交通行政许可实施机关认为需要听证的其他涉及公共利益的行政许可事项,实施机关应当在做出交通行政许可决定之前,向社会发布《交通行政许可听证公告》(见附录一附件十一),公告期限不少于10日。

2. 交通运输行政机关依申请举行的听证

《交通行政许可实施程序规定》第21条规定,交通行政许可直接涉及申请人与他人之间重大利益冲突的,实施机关在做出交通行政许可决定前,应当告知申请人、利害关系人享有要求听证的权利,并出具《交通行政许可告知听证权利书》(见附录一附件十二)。申请人、利害关系人在被告知听证权利之日起5日内提出听证申请的,实施机关应当在20日内组织听证。

(三)交通运输行政许可听证的程序

根据《交通行政许可实施程序规定》第二十二条规定,交通运输行政许可听证应当按照《行政许可法》第四十八条规定程序进行。

1. 听证公告

交通运输行政许可机关决定举行听证的,应当于举行听证的7日前书面通知申请人和已知的利害关系人听证的时间、地点,必要时予以公告。

交通运输行政许可机关在听证的7日前,通知申请人和利害关系人举行听证的时间、地点,便于当事人做好准备工作,充分收集有关材料,按时参加听证。通知是为了让听证参加人对听证做充分的准备。一般要求在通知中载明两类事项:一是听证本身及听证所涉及的问题,如听证的时间、地点,听证涉及的事实和法律问题,将要作出决定的内容等;二是告知申请人程序上的权利,如委托代理人的权利等。

在申请人和利害关系人数量众多,而听证场所有限时,交通运输行政许可机关可以通过抽签、报名等方式挑选利害关系人的代表参加听证。但是,交通运输行政许可机关应当事先公布有关规则,并且挑选过程应当公开、公正。

2. 确定听证主持人

为确保听证的公正性,实行听证制度一般实行职能分离原则和回避制度。交通运输行政许可机关应当指定审查该行政许可的工作人员以外的工作人员为听证主持人;申请人或者利害关系人认为主持人与本行政许可事项有直接利害关系的,有权申请回避。

3. 听证中的申辩和质证

听证的核心在于通过听证参加人的互相辩论、质证,发现案件事实,了解真实情况。提出证据、相互质证是保证听证功能实现的重要环节。举行听证时,审查该行政许可申请的工作人员应当提供审查意见的证据、理由,申请人、利害关系人也可以提出证据,并进行申辩和质证。

举行听证时,审查行政许可申请的工作人员作为一方,提出审查行政许可申请材料后的意见及证据、理由;申请人作为另一方,可以提出证据,并就审查行政许可申请的工作人员提出的证据及理由进行申辩与质证;利害关系人根据其利益关系,可以加入申请人一方,也可以加入审查行政许可申请的工作人员一方,可以有独立的立场,提出自己的证据、理由,并进行申辩与质证。通过证据展示、辩论与质证,有关行政许可事项的事实更加清楚、信息更加全面,行政机关可以据此做出公正合理的决定。

4. 听证笔录

听证应当制作笔录,听证笔录应当交听证参加人各方确认无误后签字或者盖章。《交通行政许可实施程序规定》第二十二条规定,听证应当制作听证笔录。听证笔录应当包括下列事项:(1)事由;(2)举行听证的时间、地点和方式;(3)听证主持人、记录人等;(4)申请人姓名或者名称、法定代理人及其委托代理人;(5)利害关系人姓名或者名称、法定代理人及其委托代理人;(6)审查该行政许可申请的工作人员;(7)审查该行政许可申请的工作人员的审查意见及证据、依据、理由;(8)申请人、利害关系人的陈述、申辩、质证的内容及提出的证据;(9)其他需要载明的事项。听证笔录应当由听证参加人确认无误后签字或者盖章。

第二章 交通运输行政许可程序

5.听证笔录的法律效力

《行政许可法》对许可听证笔录的法律效力作了明确规定。《行政许可法》第四十八条第二款规定:"行政机关应当根据听证笔录,作出行政许可决定。"交通运输行政机关应当根据听证笔录中认定的事实作出行政许可决定。对经听证而作出的交通行政许可,准予行政许可或不予行政许可的决定,都必须以听证中所展示并经过质证得以认证的、确有证明力的证据作为事实依据,这些事实依据都必须记载于听证笔录中。因此,在办理行政许可中应当更加重视做好听证笔录,必须将申请人、利害关系人陈述申辩的依据、理由、意见、建议逐一记录清楚,记录要完整、真实、准确。

四、变更与延续

(一)变更程序

交通运输行政许可的变更,是指交通运输行政许可实施机关在作出行政许可决定、颁发行政许可证件后,根据被许可人的申请,对行政许可决定的具体内容加以修改的行政行为。

被许可人需要变更行政许可的,应当在其已取得的行政许可决定失效前,向作出行政许可决定的交通运输行政许可实施机关提出申请。对被许可人提出的变更申请,交通运输行政许可实施机关经审查认为被许可人提出的申请符合法定条件、标准的,应当依照法定程序办理变更手续。行政许可的变更实质上是对原行政许可决定的修改,一般需要交通运输行政许可实施机关审查后重新作出行政许可决定,有些还需要重新核发行政许可证件。为便于申请人变更行政许可,交通运输行政许可实施机关应当事前公布有关变更行政许可的条件,以便申请人能够及时提出变更申请,避免使合法权益遭受不必要的损害。

(二)延续程序

一般来说,交通运输行政许可的效力是有期限限制的,被许可人只能在行政许可的有效期限内从事许可活动;需要在有效期届满后继续从事有关活动的,应当在有效期届满前向交通运输行政许可实施机关申请延长行政许可的有效期,此即为交通运输行政许可的延续。对于可以延续交通运输行政许可的事项,被许可人才可以提出延续行政许可的申请。

被许可人提出延续行政许可有效期的,应当在行政许可有效期届满前一定期间内提出,为作行政许可决定的交通运输行政许可实施机关审查其申请预留足够的时间,便于交通运输行政许可实施机关在有效期届满前作出是否准予延续的决定。这个期限,行政许可法规定为30日,除非法律、法规、规章另有规定。

交通运输行政许可实施机关如果在法定期限内没有对延续申请作出答复的,根据行政许可法的规定,视为准予延续。

五、特别程序

(一)行政许可特别程序的概念

由于不同类别的行政许可在性质、功能、适用条件等方面都存在很大差别,决定了他们在实施程序方面,特别是作出行政许可的形式方面又各有特点。只有根据每种类型行政许可的特点,对其实施程序的关键环节作出进一步的规定,才有可能达到规范行政机关实施行政许可行为的目的。为此,行政许可法第四章第六节对行政许可程序作出了"特别规定"。

针对不同类型行政许可的特点,行政许可法总结实践经验,借鉴外国通行做法,对各类行政许可规定了相应的特别程序:对于特许,原则上要通过招标、拍卖等公平竞争方式作出决定;对于核准,原则上要依据考试结果作出决定;对于认可,要按照公布的技术标准、技术规范进行检验、检测、检疫,并根据检验、检测、检疫的结果作出决定;对于登记,按规定只进行形式审查的,只要符合条件的,要当作予以登记。

(二)交通运输行政许可特别程序的适用范围

结合交通运输行政许可工作实际,交通运输行政许可实施机关实施下列行政许可,可能适用交通运输行政许可特别程序:

(1)颁发出租客运车辆营运证;

(2)审批道路客运班车线路;

(3)船舶检验、检测等;

(4)运输业从业人员、船员等考试发证;

第二章
交通运输行政许可程序

(5)危险货物运输企业资质认定;

(6)其他依法应当经过特别程序办理许可的事项。

(三)交通运输行政许可特别程序

1. 有数量限制的行政许可的程序

有数量限制的行政许可,能够取得行政许可的数量有限,而竞争行政许可的申请人数量较多,如果没有一个客观标准,就会为行政机关滥用自由裁量权形成可乘之机,就不能保证行政许可决定的公正性。

鉴于按受理先后作为标准既客观又公平,行政许可法采取了按受理先后顺序作为有数量限制的行政许可中行政机关作出准予行政许可决定的标准,从而确立了"先来后到"的原则。但法律、行政法规另有规定的依照其规定。

有限资源的开发利用、公共资源配置以及直接关系公共利益的特定行业的市场准入等特许事项虽然都是有数量限制的,但是根据行政许可法的规定,应当通过招标、拍卖等公平竞争方式作出决定,因而不适用"先来后到"的原则。

实施审批道路客运班车线路、颁发出租客运车辆营运证等行政许可时,交通运输行政许可实施机关应当通过招标、拍卖等公平竞争的方式作出决定。交通行政机关按照招标、拍卖程序确定中标人、买受人后,应当作出准予行政许可的决定。需要颁发行政许可证件的,依法向中标人、买受人颁发行政许可证件;需要签订协议的,按照招标结果签订书面协议。

2. 认可程序

认可程序,即实施赋予公民特定的资格,赋予法人、其他组织特定资格、资质等行政许可应遵循的特别程序。

认可程序的核心是行政机关依据考核或者考核的结果作出行政许可决定。

赋予运输业从业人员、船员等特定从业资格,依法应当进行考试的,交通运输行政许可实施机关、有关行业组织应当依法组织考试,并根据考试成绩和相关法定条件作出行政许可决定。交通运输行政许可实施机关、有关行业组织举行考试应当公开进行,并事先公布考试的报名条件、报考办法、考试科目及考试大纲,但不得组织考前强制培训或者指定助考材料。

交通运输行政许可实施机关赋予危险货物运输企业资质的,应当对申请人的专业人员构成、技术条件、经营业绩和管理水平等进行考核,并根据考核结果作出行政许可决定。

3. 核准程序

核准程序,即实施对特定的设备、设施、产品、物品是否符合技术标准、技术规范进行审定等行政许可应遵循的特别程序。

核准程序的核心是行政机关依据对设备、设施、产品、物品进行检验、检测、检疫的结果作出行政许可决定。

核准事项,通常直接关系公共安全、人身健康、生命财产安全,需要按照技术标准、技术规范,通过检验、检测、检疫等方式进行审定,如果达不到技术标准、技术规范,就可能影响公共安全、人身健康、生命财产安全。因此,行政机关实施行政许可,必须进行检验、检测、检疫,将检验、检测、检疫结果与事前公布的技术标准,技术规范进行对比,达到或者通过技术标准、技术规范的,就予以行政许可;不符合或者未达到技术标准、技术规范的,不予行政许可。

交通运输行政许可实施机关实施船舶检验、检测,应当在受理申请后指派工作人员按照技术标准、技术规范进行检验、检测。根据检验、检测结果,作出准予或者不予行政许可的决定。作出不予行政许可决定的,应当书面说明不予行政许可的理由及所依据的技术标准、技术规范,并告知申请人享有依法申请行政复议或者提起行政诉讼的权利。

行政许可流程图见图2-1。

第二章 交通运输行政许可程序

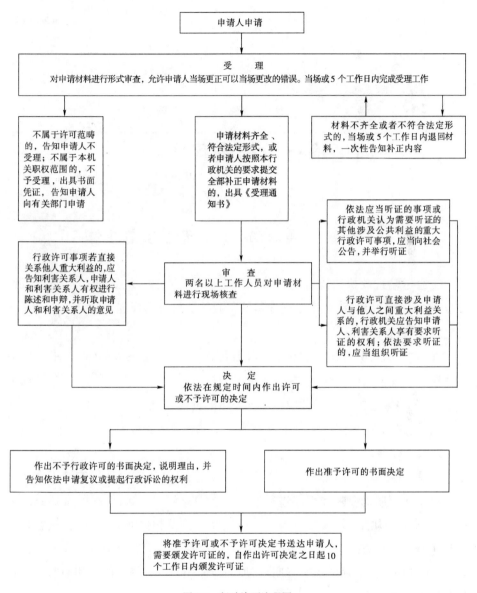

图 2-1　行政许可流程图

第三章

交通运输行政检查程序

第一节 交通运输行政检查的实施主体

交通运输行政执法检查的主体和职责职能由法律、法规和规章进行规定。有以下关于法律、法规、规章对交通运输行政执法检查的规定。

1. 法律规定

如《中华人民共和国公路法》第六十九条规定,交通主管部门、公路管理机构依法对有关公路的法律、法规执行情况进行监督检查。第七十条规定,交通主管部门、公路管理机构负有管理和保护公路的责任,有权检查、制止各种侵占、损坏公路、公路用地、公路附属设施及其他违反本法规定的行为。

2. 行政法规规定

如国务院《道路运输条例》第五十九条规定,道路运输管理机构的工作人员应当严格按照职责权限和程序进行监督检查,不得乱设卡、乱收费、乱罚款。道路运输管理机构的工作人员应当重点在道路运输及相关业务经营场所、客货集散地进行监督检查。《中华人民共和国内河交通安全管理条例》第五十九条规定,海事管理机构必须依法履行职责,加强对船舶、浮动设施、船员和通航安全环境的监督检查。

3. 地方性法规规定

如江苏省《机动车维修管理条例》第二十六条规定,道路运输管理机构和其他有关部门依法对机动车维修经营活动实施监督检查,并依照本条例及其他有关规定对违法维修行为进行查处。江苏省《航道管理条例》第四十一条规定,航道管理机构执法人员有权依法检查、制止、纠正和处理各种侵占航道、破坏航道设施以及违反本条例规定的其他行为。

4.规章规定

如交通运输部《道路旅客运输及客运站管理规定》第七十六条规定,道路运输管理机构应当加强对道路客运和客运站经营活动的监督检查。道路运输管理机构工作人员应当严格按照法定职责权限和程序进行监督检查。交通运输部《港口经营管理规定》第三十一条规定,港口行政管理部门应当依法对港口安全生产情况和本规定执行情况实施监督检查。并将检查的结果向社会公布。《水路运输管理条例实施细则》第四十条规定,各级航运管理机构及航管人员要加强对水路运输的监督、检查。

第二节 交通运输行政检查原则和方法

一、交通运输行政执法检查的原则

(一)主体合法原则

主体合法原则指交通运输行政执法检查的范围和内容必须严格遵守法律法规的规定。各级交通运输行政执法机关只能依照法定职权范围实施行政执法检查,不得超越权限;否则该行政执法检查行为属于违法行政,管理相对人有权拒绝接受检查。

(二)程序正当原则

程序正当原则是指交通运输行政执法机关在实施行政执法检查时必须严格遵守法定程序,应按照法定的方式和步骤实施行政执法检查。如在相对人进行调查时,应有两名以上行政执法人员,并表明执法身份,主动出示交通行政执法证。对证据实施先行登记保存措施的,应经交通运输行政执法机关负责人批准。

(三)效率原则

效率原则是指交通运输行政执法机关实施行政执法检查要在实现行政管理

目的的前提下做到检查的高效率。交通运输行政执法机关应当定期制订行政执法检查的计划,并组织具体实施,在检查过程中,围绕检查重点,准确、高效实施,尽可能减少对管理相对人权利的影响,不检查与执法活动无关的物品,做到检查不扰民。特殊情况下,在不违法且征得被检查人同意的情况下,可以简化检查程序。

二、交通运输行政执法检查的方法

交通运输行政执法检查可以采用书面检查、实地检查和其他检查方法。

(一)书面检查

书面检查是交通运输行政执法机关通过查阅有关书面资料和材料对管理相对人进行监督检查。例如,查看管理相对人有关文件和材料,调阅运输企业的日常制度和工作记录,对管理相对人原始账簿、单据报表进行审核等。

(二)实地检查

实地检查是交通运输行政执法机关通过实行现场的检查或者勘查对相对人有关守法情况进行调查了解。例如,公路管理机构通过对公路边建筑物、构筑物进行勘查,了解当事人是否违反有关公路管理法律法规关于建筑控制区的有关规定,通过称重检测,了解公路上行驶的车辆是否有超限运输的违法行为。道路运输管理机构在道路上对营运车辆进行检查,了解管理相对人是否具有营运资格,相应从业人员是否具有从业资格等。

(三)其他检查方法

除了书面检查和实地检查外,交通运输行政执法机关还可以通过听取汇报、调查、要求定期上报统计数据等方式实施行政执法检查。

第三节 交通运输行政检查的实施程序

交通运输行政执法检查的实施程序是指交通运输行政执法检查的步骤。

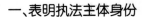

一、表明执法主体身份

实施行政检查时,交通运输行政执法机关的执法人员必须向接受检查的管理相对人表明自己是依法享有检查职权的主体。表明身份一般要口头说明,并出示有关身份证件及执法证件,对于要求应当着制服检查的还必须着制服。表明身份是行政检查程序开始的首要阶段,不表明身份或身份与相应的检查行为不符,行政相对人有权拒绝检查。《行政处罚法》第三十七条规定,行政机关在调查或者进行检查时,执法人员不得少于两人,并应当向当事人或者有关人员出示证件。

二、说明执法检查理由依据

说明理由的程序是为了表明交通行政执法机关的检查权限,以及为了说明行政检查的原因和根据。除非说明理由将泄露国家机密、影响公共安全或具有法律明确规定的事由外,不论行政检查的对象是公民、法人还是其他组织,说明理由都是一个及其重要的程序,相对人有知悉的权利,这也是行政检查程序主体合法原则的要求。不说明检查理由,行政相对人同样有权拒绝检查。说明理由可以采取书面形式,如送达行政检查通知书等,也可以采取口头形式告知。此外,除行政检查是基于临时目的或必须突击进行以外,行政检查调查应事先告知相对人。

三、告知当事人权利

告知权利是指在进行行政检查时或检查后,交通运输行政执法机关应当依法告知相对人所享有的权利。告知是行政机关在作出具体行政行为时必须履行的程序上的义务,与此对应,被检查人在接受检查时应享有被告知的权利,包括对交通运输行政执法检查发表自己的意见的权利、针对检查中发现对自己不利的情况进行辩解的权利,以及对交通运输行政检查行为或结果不服如何寻求法律救济的权利等。如果交通运输行政执法机关不依法告知相对人相应的权利,也属于违法法定程序,其后果将导致检查行为的无效,甚至导致依据该检查结果作出的其他行政行为如行政处罚行为的无效。

四、实施行政执法检查

在表明身份、说明理由、告知权利后,交通运输行政执法机关执法人员就可以在检查项目的范围内,遵循法定的程序实施行政执法检查,并制作相应执法检查文书。具体包括:

(1)查看有关证件和材料。

(2)询问当事人或者证人。

(3)现场勘验检查、检测。

(4)对物品进行抽样并封存。

(5)调阅有关工作制度和记录。

第四章

交通运输行政强制措施程序

第一节 交通运输行政强制措施的实施主体

《中华人民共和国行政强制法》第十条、第十一条对行政强制的设定权作出了明确的规定。

"第十条 行政强制措施由法律设定。尚未制定法律,且属于国务院行政管理职权事项的,行政法规可以设定除本法第九条第一项、第四项和应当由法律规定的行政强制措施以外的其他行政强制措施。尚未制定法律、行政法规,且属于地方性事务的,地方性法规可以设定本法第九条第二项、第三项的行政强制措施。法律、法规以外的其他规范性文件不得设定行政强制措施"。

"第十一条 法律对行政强制措施的对象、条件、种类作了规定的,行政法规、地方性法规不得作出扩大规定。法律中未设定行政强制措施的,行政法规、地方性法规不得设定行政强制措施。但是,法律规定特定事项由行政法规规定具体管理措施的,行政法规可以设定除本法第九条第一项、第四项和应当由法律规定的行政强制措施以外的其他行政强制措施"。

交通运输行政强制的主体和职责职能由法律、法规进行规定。有以下相关法律、法规对交通运输行政强制的规定。

1. **法律规定**

如《中华人民共和国公路法》第八十五条第二款规定,对公路造成较大损害的车辆,必须立即停车,保护现场,报告公路管理机构,接受公路管理机构的调查、处理后方得驶离。

2. 行政法规规定

如国务院《道路运输条例》第六十三条规定,道路运输管理机构的工作人员在实施道路运输监督检查过程中,对没有车辆营运证又无法当场提供其他有效证明的车辆予以暂扣的,应当妥善保管,不得使用,不得收取或者变相收取保管费用。《中华人民共和国内河交通安全管理条例》第五十九条规定,海事管理机构必须依法履行职责,加强对船舶、浮动设施、船员和通航安全环境的监督检查。发现内河交通安全隐患时,应当责令有关单位和个人立即消除或者限期消除;有关单位和个人不立即消除或者逾期不消除的,海事管理机构必须采取责令其临时停航、停止作业,禁止进港、离港等强制性措施。

3. 地方性法规规定

如江苏省《公路条例》第五十二条规定,在依法制止、查处违法行为过程中,对拒绝缴纳交通规费,超载车辆拒绝卸载、驳载,或者严重损坏公路拒绝赔偿的,必要时交通主管部门可以责令其暂停行驶,到指定的交通主管部门接受处理。

第二节 交通运输行政强制措施的实施原则

一、法定原则

按理说,设定交通运输行政强制措施必须要有法律、法规的规定,未经法律法规授权,不得实施交通运输行政强制。交通运输行政执法机关实施行政强制措施,必须要有法律、法规的依据,并在法定的职权范围内,依照法定的程序进行。

二、适当原则

实施交通运输行政强制必须适当,兼顾国家利益、公共利益和相对人的合法权益。交通运输行政执法机关在依法决定实施行政强制时,应当权衡利弊,合理选择交通运输行政强制的方式,以最小损害管理相对人合法权益为限度。

三、程序原则

交通运输行政执法机关实施交通运输强制措施时,必须严格执行相关法律

第四章 交通运输行政强制措施程序

法规规定的程序。应当听取管理相对人的陈述和申辩。管理相对人对交通运输行政强制的实施不服的,应告知其法律救济的途径。对违法实施交通运输行政强制措施造成管理相对人合法权益损害的,应当予以国家赔偿。

第三节　交通运输行政强制措施的实施程序

一、交通运输行政强制措施的实施程序

交通运输行政强制措施程序内容是指行政主体实施行政强制的具体方法、步骤与时限等。

(一)事先经批准

除当场实施交通运输行政强制措施的外,实施交通运输行政强制措施应当事先报经交通运输行政执法机关负责人批准。情况紧急,需要当场实施行政强制措施的,行政执法人员应当在24小时内向行政机关负责人报告,并补办批准手续。行政机关负责人认为不应当采取行政强制措施的,应当立即解除。

(二)告知强制的理由

告知相关管理相对人对其财产实施行政强制的理由和依据。

(三)听取陈述和申辩

实施交通运输行政强制措施前,应当告知当事人有陈述和申辩权利。当事人收到催告书后有权进行陈述和申辩。行政机关必须充分听取当事人的意见,对当事人提出的事实、理由和证据,应当进行记录、复核;当事人提出的事实、理由或者证据成立的,行政机关应当采纳。

(四)实施行政强制

根据有关法律法规的规定,依法做出交通运输行政强制的决定,制作有关执法文书送达管理相对人后,依法对管理相对人有关财产实施有关强制措施。《中华人民共和国行政强制法》对行政强制的程序作出了明确规定:

(1)实施前须向行政机关负责人报告并经批准;

(2)由两名以上行政执法人员实施；

(3)出示执法身份证件；

(4)通知当事人到场；

(5)当场告知当事人采取行政强制措施的理由、依据以及当事人依法享有的权利、救济途径；

(6)听取当事人的陈述和申辩；

(7)制作现场笔录；

(8)现场笔录由当事人和行政执法人员签名或者盖章，当事人拒绝的，在笔录中予以注明；

(9)当事人不到场的，邀请见证人到场，由见证人和行政执法人员在现场笔录上签名或者盖章；

(10)法律、法规规定的其他程序。

交通运输行政执法机关在采取查封、扣押的行政强制措施时，应使用、填写规范的行政强制措施文书，制作现场笔录。现场笔录应当载明下列事项：

(1)冻结、查封、扣押的时间、地点；

(2)实施冻结、查封、扣押的单位和个人；

(3)被冻结、查封、扣押的单位和个人；

(4)协助冻结、查封、扣押的单位和个人；

(5)冻结、查封、扣押的具体事项，包括涉案财产或者重要证据的名称、代码、数量、金额、地址等；

(6)当事人的陈述和申辩；

(7)其他应当载明的事项。

在向当事人送达相应的强制措施文书时，要依法履行送达手续，对查封、扣押的涉案财物要当场清点，规范填写财物清单，并由当事人和办案人员签字盖章，交当事人一份。现场笔录和清单由当事人或者见证人和办案人员签名或者盖章，当事人或者见证人拒绝签名或者盖章的，应当在笔录中予以注明。

交通运输行政执法机关实施行政强制措施时，执法人员不得少于两人，应当向当事人或有关人员出示执法证件，并向当事人明确交代采取行政强制措施的理由、依据、复议、诉讼权利,告知当事人如对行政强制措施不服既可以在法定的复议、诉讼期间内申请复议或提起诉讼。

在查处违法行为过程中,对与违法行为无关的财物,一律不得适用查封、扣押等行政强制措施。严禁将查封、扣押等行政强制措施当作制裁当事人或胁迫当事人接受处罚的手段。

应按照当事人实际违法情形,严格依法行政,对当事人作出恰当的处理结果。

被采取行政强制措施的财物,交通运输行政执法机关应妥善保管,不得擅自动用、调换或毁损。被封存的物品,应当加封封条,保管人不得随便动用,物品由当事人自己保管的,应当由当事人出具保证书。

对查封、扣押的财物需委托管理的,应出具实施行政强制措施物品委托保管书,并明确注明委托保管物品的种类、数量。

交通运输行政执法机关对采取行政强制措施的案件必须尽快调查取证,并作出处理决定。不得无故拖延,给当事人造成损害。查封、扣押的期限不得超过三十日;案件情况复杂的,经批准,可以延长三十日,法律、法规另有规定的,从其规定。延长查封、扣押的决定应当及时书面告知当事人,并说明理由。行政强制措施程序中的期间,其开始之日不计算在内。期间届满的最后一日为法定节假日的,以节假日后的第一日为期间届满的日期。

在案件查处过程中发现被采取行政强制措施的财物与违法行为无关;或是经过调查,拟作撤案处理的;或是对违法当事人作出处理决定的;当事人提供相应担保的,报经主管执法的领导批准后下达解除行政强制措施通知书,解除查封或者退还被扣押的财物。

对未经审批擅自实施行政强制措施,或没有充分依据随意实施行政强制措施的,一经发现,应责令补正或立即解除该行政强制措施决定。

被扣押的财物毁损、灭失,给当事人造成损害或造成其他严重后果的,将按规定追究有关直接责任人员的责任。

(五)查封、扣押行政强制措施的解除

有下列情形之一的,行政机关应当及时做出解除查封、扣押决定:

(1)当事人没有违法行为;

(2)查封、扣押的场所、设施或者财物与违法行为无关;

(3)行政机关对违法行为已经作出处理决定,不再需要查封、扣押;

(4)查封、扣押期限已经届满;

(5)其他不再需要采取查封、扣押措施的情形。

解除查封、扣押应当立即退还财物;已将鲜活物品或者其他不易保管的财物拍卖或者变卖的,退还拍卖或者变卖所得款项。变卖价格明显低于市场价格,给当事人造成损失的,应当给予补偿。

二、交通运输行政强制执行程序

(一)义务履行监督和执行保全

在决定实施强制执行前,交通运输行政执法机关应当充分行使监督检查权,以确定义务履行状况及其法律性质,为确定实施行政强制执行提供必要根据。

如果发现义务人在义务履行期限到来前可能隐藏、转移、变卖、毁损强制执行标的物或以其他方法规避履行义务的,交通运输行政执法机关可以责令义务人提供担保,或者采取扣押、查封财产、暂停支付等保全措施。

(二)行政强制执行的告诫和决定

交通运输行政执法机关实施行政强制执行,应当作出正式行政强制执行决定。在作出正式强制执行决定以前,如果义务人在义务履行期限到来前尚未履行义务,行政机关准备实施行政强制措施前,必须首先向义务人发出告诫,要求其自行履行义务,并使其了解可能采取的强制措施的内容和后果。

告诫应当以书面形式载明以下内容,并送达当事人:(1)当事人个人或者单位情况。(2)明确的履行期限,期限的规定应当达到当事人自行履行义务所需要的合理时间。(3)明确的强制执行措施和执行方式。(4)涉及金钱给付的,应当明确给付的金额。(5)不履行义务的法律责任。(6)当事人依法享有的程序权利。当事人收到告诫后有权进行陈述和申辩。

经过告诫后,在告诫书规定的义务履行期限到来时当事人仍然不履行行政法义务的,交通运输行政执法机关可以作出行政强制执行决定。行政强制执行决定应当以书面形式载明以下内容,并送达当事人:(1)当事人个人或者单位情况;(2)当事人应当履行的行政法义务内容和依据;(3)不履行义务的事实和行政强制执行的依据;(4)行政强制执行措施的种类、实施方式和实施日期;(5)申请行政复议、提起行政诉讼的权利;(6)决定实施行政强制执行的行政机关的名称和日期。

第五章

交通运输行政处罚程序

第一节 交通运输行政处罚的实施机关

《行政处罚法》第十五条规定,行政处罚由具有行政处罚权的行政机关在法定职权范围内实施。第十七条规定,法律、法规授权的具有管理公共事务职能的组织可以在法定授权范围内实施行政处罚。第十八条规定,行政机关依照法律、法规或者规章的规定,可以在其法定权限内委托符合本法第十九条规定条件的组织实施行政处罚。行政机关不得委托其他组织或者个人实施行政处罚。委托行政机关对受委托的组织实施行政处罚的行为应当负责监督,并对该行为的后果承担法律责任。受委托组织在委托范围内,以委托行政机关名义实施行政处罚;不得再委托其他任何组织或者个人实施行政处罚。

根据《行政处罚法》的上述规定,《交通行政处罚程序规定》第三条规定,本规定中交通管理部门是指具有行政处罚权的下列部门或者机构:(一)县级以上人民政府的交通主管部门;(二)法律、法规授权的交通管理机构;(三)县级以上人民政府的交通主管部门依法委托的交通管理机构。

一、县级以上人民政府的交通运输主管部门

是指列入县级以上人民政府的交通主管部门。如交通运输部、省级交通运输厅、地市级交通运输局、县级交通运输局。

二、法律、法规授权的交通管理机构

是指由法律、法规授权的海事管理机构、道路运输管理机构等交通管理机构。如《中华人民共和国内河交通安全管理条例》第四条规定"国家海事管理机构在国务院交通主管部门的领导下,负责全国内河交通安全监督管理工作。国务院交通主管部门在中央管理水域设立的海事管理机构和省、自治区、直辖市人民政府在中央管理水域以外的其他水域设立的海事管理机构(以下统称海事管理机构)依据各自的职责权限,对所辖内河通航水域实施水上交通安全监督管理"。《中华人民共和国道路运输条例》第七条规定"县级以上道路运输管理机构负责具体实施道路运输管理工作"。《公路安全保护条例》第三条规定"公路管理机构依照本条例的规定具体负责公路保护的监督管理工作"。这样,通过行政法规,将各级交通主管部门对内河交通安全管理、道路运输管理和公路路政管理的职责授予其设置的海事管理机构、道路运输管理机构和公路管理机构具体实施。此外全国还有不少省份通过地方性法规立法,将交通主管部门的航道行政管理的职权授予其设置的航道管理机构实施。

三、县级以上人民政府的交通运输主管部门依法委托的交通管理机构

这是指各级交通主管部门可以依法将自己所具有行政处罚职能委托给其设置的符合法定条件的公路、航道、规费征收等事业组织。

《交通行政处罚程序规定》第四条明确规定:县级以上人民政府的交通主管部门可以委托依法设置的符合《行政处罚法》第十九条规定的运输、航道、港口、公路、规费、通信等交通管理机构实施行政处罚。

根据《行政处罚法》第十九条规定,受委托组织必须符合以下条件:

(1)依法成立的管理公共事务的事业组织;

(2)具有熟悉有关法律、法规、规章和业务的工作人员;

(3)对违法行为需要进行技术检查或者技术鉴定的,应当有条件组织进行相应的技术检查或技术鉴定。

第二节 交通运输行政处罚的管辖

交通行政处罚的管辖是交通运输行政执法机关对于应予处罚的交通行政违法案件在处理上的权限和分工。管辖具体包括职能管辖、地域管辖、级别管辖、指定管辖和移送管辖的内容。

一、职能管辖

职能管辖是指交通运输行政执法机关各部门之间,依据各自的法定职权在实施行政处罚上所作的分工。这是一种横向分工,即部门间的分工,又称之为部门管辖。行政管理具有很强的专业性和技术性,从对事实的确认,行为性质、情节的评价到作出处罚决定,都体现行政管理的专业和技术特点。因此,行政处罚职能管辖从体现专业化特点出发,确定行政处罚要以专业主管部门为主要管辖方式,并把这种管辖方式上升为行政处罚的一般管辖或者原则管辖。例如,交通运输主管部门、公路管理机构、航道管理机构、海事管理机构、运输管理机构都依据各自的法定职权和法律、法规、规章的具体规定,对违反相应行政法律规范的行为作出行政处罚。

二、地域管辖

地域管辖,又称为区域管辖或者属地管辖,是指不同交通运输行政执法机关之间根据地域范围来划分其实施行政处罚的分工。这实际上是交通运输部门内部管辖分工。《行政处罚法》第二十条规定:"行政处罚由违法行为发生地的县级以上地方人民政府具有行政处罚权的行政机关管辖。法律、行政法规另有规定的除外"。这一规定体现了行政管理的属地管辖原则。

三、级别管辖

级别管辖,是上下级交通运输行政执法机关之间对违法行为进行行政处罚的权限划分。它解决的是同一部门内部不同级别的行政机关之间行政处罚权的划分。行政处罚法规定,对违法行为由县级以上地方人民政府具有行政管辖权的行政机关负责处罚。法律、行政法规另有规定除外。但是行政处罚法没有确定级别管辖的标准。《交通行政处罚程序规定》则对交通部门内容级别管辖作出了规定,如第六条、第七条规定:"对违法行为需要给予的行政处罚超出本级交通管理部门的权限时,应将案件及时报送有处罚权的上级交通管理部门调查处理"。"上级交通管理部门可以办理下一级交通管理部门管辖的行政处罚条件;下级交通管理部门对其管辖的交通行政处罚案件,认为需要由上级交通管理部门办理时,可以报请上一级交通管理部门决定"。

四、指定管辖

这是指上一级交通运输行政机关以决定的方式指定下一级交通运输行政机关对某一行政处罚行使管辖权。通常出现两个以上的交通运输行政执法机关对某一处罚管辖发生争议或者因特殊情况无法行使管辖权时,才由上级交通运输行政执法机关指定管辖。在实践中,可能会因为利益驱动、职权交叉或违法行为法条竞合而引发部门之间管辖争议问题的发生。根据《行政处罚法》第二十一条规定,发生管辖争议时,应报请共同的上一级行政机关指定管辖。

第三节 交通运输行政处罚的适用

交通运输行政处罚的适用,是指交通运输行政执法机关根据已经查明的违法行为事实、性质、情节以及危害程度,依照法律规定的原则和方法决定对管理相对人是否给予行政处罚及如何实施行政处罚的活动。

一、交通运输行政处罚适用的原则

1. 一事不再罚原则

《行政处罚法》第二十四条规定:对当事人的同一个违法行为,不得给予两次以上罚款的行政处罚。这对一事不再罚原则作出了具体规定。具体而言,一事不再罚原则指行政处罚实施机关对违法对象的同一个违法行为,不得以同一事实给予两次以上罚款的行政处罚。这里的行政处罚实施机关,不仅针对同一个实施机关而言,也指两个以上的具有行政处罚权的行政主体。如果一个行政相对人的同一个违法行为触犯了几个不同的行政管理法律规范,各个有权的行政机关可以依照不同的行政法律规范实施行政处罚,但只要其中一个部门做出罚款的处罚之后,其他任何部门不得再次实施罚款,只可以给予当事人罚款以外的其他类型的行政处罚。

2. 责令纠正违法原则

《行政处罚法》第二十三条规定,行政机关在实施行政处罚时,应当责令当事人改正或者限期改正违法行为。设立行政处罚的目的是为了纠正和制裁违法行为,教育行政相对人不能违法,切实维护守法者的合法权益。如果实施行政处罚时只是一罚了之,对违法行为不予纠正而任其存在,则违法行为的社会危害后果不能得到消除,不利于维护正常的行政管理秩序。因此行政机关在处理违法案件时,无论将作出何种行政处罚,都应要求行政相对人及时纠正违法行为。此外责令纠正违法行为原则执行与否也会关系到一事不再罚原则的适用。例如对于行政相对人的违法行为,一个行政机关查处时仅对其实施罚款的行政处罚,而未责令纠正违法行为,则其后另一个行政机关再次查处该违法行为时,不能再次进行罚款,否则就违反了一事不再罚原则。

二、交通运输行政处罚情节

由于我国行政法律规范大多都赋予了行政主体自由裁量权,行政主体有权在法定幅度内根据违法行为的具体情节作出或轻或重的行政处罚,在某些情况下甚至可以免除处罚。合理、适度地运用从轻、减轻或免于处罚的手段,有利于提高行政处罚的效果。《行政处罚法》对适用行政处罚时考虑的从轻、减轻和免于处罚的情形作了明确规定。

1. 从轻或减轻处罚

从轻处罚,是指对违法当事人在法定的处罚方式和处罚幅度内就轻、就低予以处罚,但不能超出法定的处罚方式范围以及低于法定处罚幅度的最低限度。

减轻处罚,是对违法当事人在法定处罚方式和处罚幅度的最低限以外,对行政相对人给予处罚。

行政处罚法规定的从轻或减轻处罚的情况主要有几下几种:

(1)已满14不满18周岁的人有违法行为的;

(2)主动清除或者减轻违法行为危害后果的;

(3)受他人胁迫有违法行为的;

(4)配合行政机关查处违法行为有立功表现的;

(5)其他依法从轻或者减轻行政处罚的。

2. 不予处罚

不予处罚是对某些具有违法行为的对象因有法定情形而不实施处罚,以正确实现行政处罚的适用目的。行政处罚法规定有下列情况不予处罚:

(1)精神病人在不能辨认或不能控制自己行为时,有违法行为的,这是从责任能力方面予以考虑的;

(2)不满14周岁的未成年人,这是从责任年龄方面予以考虑的;

(3)违法行为轻微并及时纠正,没有造成危害后果的;

(4)超过追责时效,违法行为如果超过法律规定的时效的,也不再予以处罚。

第四节 交通运输行政处罚的简易程序

一、交通运输行政处罚简易程序的适用范围

我国《行政处罚法》第三十三条规定,违法事实确凿并有法定依据,对公民处以50元以下,对法人或者其他组织处于1000元以下罚款或者警告的行政处罚的,可以当场作出行政处罚决定。由此可见,简易程序适用范围是作出警告和一定数额罚款的行政处罚的案件,对于其他种类的行政处罚不适用简易程序。交通运输行政处罚简易程序适用的具体条件是:

第一,违法事实确凿。这里包含两层含义:一是有证据证明违法事实存在,二是证明违法事实的情节、性质等的证据应当充分。如果要认定的违法事实中

有关定性或者处罚轻重情节等问题不清的,均不得当场作出行政处罚决定。

第二,具有法定依据。即法律、法规或规章有明确规定,对这一违法行为应当给予行政处罚。法律、法规或者规章中没有明确规定应当给予行政处罚的行为,不适用简易程序。

第三,对公民处以50元以下,对法人或其他组织处以1 000元以下罚款或者警告的行政处罚。

需要特别注意的是,以上三个条件必须同时具备,方可适用行政处罚的简易程序。

二、行政处罚简易程序的流程顺序

根据《交通行政处罚程序规定》以及《交通行政处罚行为规范》规定,交通行政执法人员适用简易程序当场作出行政处罚的,应当按照以下步骤实施:

(1)向当事人出示交通行政执法证并查明对方身份。在作出行政处罚决定之前,交通运输行政执法人员应当向受处罚的当事人表明身份,出示行政执法身份证件,以表明自己有权实施该行政处罚。

(2)制作检查、询问笔录,收集必要的证据。根据案件实际情况,交通运输行政执法人员对现场的实际状况进行记录,对相关人员进行询问,调查收集能证明违法事实、情节、危害程度等相关的证据材料。

(3)告知当事人违法事实、处罚的理由和依据。在现场收集并固定证据的基础上,交通运输行政执法人员向当事人指出其违法事实的根据,然后向当事人说明将要作出行政处罚决定的法律依据和处罚种类。

(4)告知并听取当事人享有的权利和义务。在说明违法事实和理由后,交通运输行政执法人员应当告知当事人享有的陈述申辩的权利和义务。当事人提出陈述和申辩的,交通运输行政执法人员应当听取当事人的陈述和申辩并进行复核,当事人提出的陈述和申辩中事实、理由和证据成立的,应当采纳。

(5)制作行政处罚决定书。简易程序要以书面形式作出,即使是警告也应以书面形式作出,不得口头提出警告或批评。交通运输行政执法人员在作出当场处罚决定时,必须填写统一编号的《行政(当场)处罚决定书》。当场处罚决定书应填写当事人的基本情况,违法行为发生的时间、地点,具体的违法事实,处罚的依据和种类,处罚的实施机关及执法人员,处罚的执行和法律救济手段等。违法事实的填写应简明扼要,准确反映当事人的违法行为;处罚依据中应写清违法行为违反的具体行政法律规范的名称和条款;处罚内容中应写清楚处罚的种类,若是罚款的,还应写清楚罚款的具体数额。此外当场处罚决定书还应当由行政处罚实施机关盖章。

(6)交付行政处罚决定书。当场处罚决定书作出之后应当场交付当事人一份,并留存根附卷备查。在交付当场处罚决定书时一般要当事人在当场处罚决定书或送达回证上签名或签章,以证明行政处罚决定书已经送达。作出当场处罚决定之日起5日内,将《行政(当场)处罚决定书》副本提交所属交通管理部门备案。

第五节　交通运输行政处罚一般程序

一、行政处罚一般程序的适用范围

实施交通行政处罚,除适用简易程序的外,应当适用一般程序。一般程序与简易程序相比有以下三个特点:一是比较注重调查取证的环节,与适用简易程序的案件相比,适用一般程序的案件大都是比较复杂的,需经过系统地调查取证,方能查明案件事实。二是案件的调查与处罚决定的作出是相分离的,案件的调查是承办人员经办,处罚决定的作出由部门领导决定。三是一般程序的整个过程不是个人行为,是一个执法部门的行为,而简易程序的实施实际上是现场执法人员代表执法部门所作的行为。

二、行政处罚一般程序的流程顺序

一般程序是对一般违法案件实施交通运输行政处罚的基本程序。根据《交通行政处罚程序》以及《交通行政处罚行为规范》的规定,交通运输行政处罚一般程序主要流程如下:

(一)立案

立案是指交通运输行政执法机关发现行政相对人的违法行为应予以查处的,应该登记并确定为调查处理案件。除依法可以当场作出的交通行政处罚外,交通运输行政执法机关依据监督检查职权或者通过举报、其他机关移送、上级机关交办等途径,发现公民、法人或其他组织有依法应当处以行政处罚的交通行政违法行为,应当自发现之日起7日内决定是否立案。

立案应当填写《立案审批表》,同时附上相关材料(现场笔录、举报记录、上级机关交办或者有关部门移送的材料、当事人提供的材料、监督检查报告等),由交通运输行政执法机关负责人批准。

对于决定立案的,交通运输行政执法机关负责人应当指定办案机构和两名以上办案人员负责调查处理。对于不予立案的举报,经交通管理部门负责人批准后,将结果告知具名的举报人。交通运输行政执法机关应当将不予立案的相关情况作书面记录留存。

(二)调查取证

立案后,办案人员应当全面、客观、公正地进行调查,收集、调取证据,并可以依照法律、法规的规定进行检查。案件调查人员调查、收集证据,应当遵守下列规定:

(1)首次向案件当事人收集、调取证据的,应当告知其有申请办案人员回避的权利。当事人认为办案人员与案件有直接利害关系的,有权填写《回避申请书》,申请办案人员回避;办案人员认为自己与案件有直接利害关系的,应当申请回避。办案人员的回避,由交通管理部门负责人决定。回避决定做出之前,办案人员不得停止对案件的调查处理。同意当事人的回避申请的,交通运输行政执法机关应当制作并向当事人送达《同意回避申请决定书》;不同意当事人的回避申请的,应当制作并向当事人送达《驳回回避申请决定书》。

(2)办案人员调查案件,不得少于两人。办案人员调查取证时,应当出示《交通行政执法证》。

(3)需委托其他单位或个人协助调查、取证的,应当制作并出具《协助调查通知书》。

(4)能够证明交通行政处罚案件真实情况的事实,都是证据。办案人员应当依法收集与案件有关的证据。证据包括以下几种:①书证;②物证;③视听资料;④证人证言;⑤当事人的陈述;⑥鉴定结论;⑦勘验笔录、现场笔录。

(5)办案人员所收集的证据应当满足以下要求:①合法主体按照法定程序收集取得的事实,并且符合法律、法规、规章等关于证据的规定;②确实存在着的客观事实;③和所实施的具体行政行为有关联并对证明其违法行为具有实际意义的事实。

(6)办案人员可以询问当事人及证明人。询问证人首先要告知其权利义务。证人的主要权利有:有权要求行政机关和司法机关予以保护,有权用本民族语言文字提供证言,有权阅读或要求宣读自己的证言笔录并有权申请补充或更正。证人的主要义务是:应当如实陈述所了解的案件事实,不得故意作伪证。

询问证人或者当事人应当分别进行。询问应当制作《询问笔录》。《询问笔录》应当交被询问人核对;对阅读有困难的,应当向其宣读。

询问涉及国家秘密、商业秘密和个人隐私的,交通管理部门和办案人员应当保守秘密。

(7)办案人员应当收集、调取与案件有关的原始凭证作为证据;调取原始证据有困难的,可以提取复制件、影印件或者抄录本,由证据提供人标明"经核对与原件无误",注明出证日期、证据出处,并签名或者盖章。

(8)对于视听资料、计算机数据,办案人员应当收集有关资料的原始载体。收集原始载体有困难的,可以收集复制件,并注明制作方法、制作时间、制作人等情况。声像资料应当附有该声像内容的文字记录。

(9)勘验检查的对象范围仅限于与案件有关的物品或者现场,并应当通知当事人到场,当事人拒不到场的,可以请在场的其他人员见证。勘验检查应当制作《勘验(检查)笔录》。

对有违法嫌疑的物品或者场所进行勘验(检查)时,应当有当事人或者第三人在场,并制作《勘验(检查)笔录》,载明时间、地点、事件等内容,由办案人员、当事人、第三人签名或者盖章。必要时,可以采取拍照、录像等方式记录现场情况。

(10)交通运输行政执法机关抽样取证时,应当有当事人在场,办案人员应当制作《抽样取证凭证》,对样品加贴封条,开具物品清单,由办案人员和当事人在封条和相关记录上签名或者盖章。法律、法规、规章或者国家有关规定对抽样机构或者方式有规定的,交通管理部门应当委托相关机构或者按规定方式抽取样品。对抽样的物品需要妥善保管的应当妥善保管,需要退回的应当退回。

(11)为查明案情,需要对案件中专门事项进行鉴定的,交通运输行政执法机关应当出具载明委托鉴定事项及相关材料的《鉴定委托书》,委托具有法定鉴定资格的鉴定机构进行鉴定;没有法定鉴定机构的,可以委托其他具备鉴定条件的机构进行鉴定。鉴定机构应当出具载有鉴定结论的《鉴定意见书》。

(12)在证据可能灭失或者以后难以取得的情况下,交通运输行政执法机关可以对与涉嫌违法行为有关的证据采取先行登记保存措施。采取先行登记保存措施或者解除先行登记保存措施,应当经交通运输管理部门负责人批准。

先行登记保存有关证据,应当当场清点,开具《证据登记保存清单》,由当事人和办案人员签名或者盖章,当场交当事人一份。先行登记保存期间,当事人或者有关人员不得损毁、销毁或者转移证据。

对于先行登记保存的证据,交通运输行政执法机关应当在7日内采取以下措施,并制作《证据先行登记保存处理决定书》:①根据情况及时采取记录、复制、拍照、录像等证据保全措施;②需要鉴定的,及时送交有关部门鉴定;③违法事实成立,应当予以没收的,作出行政处罚决定,没收违法物品;④违法事实不成立,或者违法事实成立但依法不应当予以查封、扣押或者没收的,决定解除先行登记保存措施。逾期未作出处理决定的,先行登记保存措施自动解除。

(13)法律、法规规定暂扣车辆、责令车辆停驶等行政强制措施的,可以根据具体情况实施,并制作和出具《车辆暂扣凭证》或《责令车辆停驶通知书》。采取行政强制措施的,应当经交通运输行政执法机关负责人批准,并告知当事人有申请行政复议和提起行政诉讼的权利。解除行政强制措施,应当经交通运输管理部门负责人批准,并向当事人出具《解除行政强制措施通知书》。

(14)必须对公民的人身或者住所进行检查的,应当依法提请公安机关执行,交通管理部门予以配合。

(15)交通运输行政执法机关在调查过程中发现当事人的违法行为,可以制作《责令改正通知书》,责令当事人立即或在一定期限内纠正其违法行为。

(16)办案人员在调查取证过程中,要求当事人在笔录或者其他材料上签名、盖章或者以其他方式确认,当事人拒绝到场,拒绝签名、盖章或者以其他方式确认,或者无法找到当事人的,办案人员应当在笔录或其他材料上注明原因,必要时可邀请有关人员作为见证人。

(17)案件调查结束后,办案人员应当按照以下方式处理:①认为违法事实成立,应当予以行政处罚的,制作《违法行为调查报告》,连同《立案审批表》和证据材料,移送交通运输行政执法机关负责法制工作的内设机构进行审核。《违法行为调查报告》应当包括当事人的基本情况、违法事实、相关证据及其证明事项、案件性质、自由裁量理由、处罚依据、处罚建议等;②认为违法事实不成立,应当予以销案的;或者违法行为轻微,没有造成危害后果,不予行政处罚的;或者案件不属于本单位管辖应当移交其他单位管辖的;或者涉嫌犯罪应当移送司法机关的,应当制作《违法行为调查报告》,说明拟作处理的理由,移送交通运输行政执法机关负责法制工作的内设机构进行审核,根据不同情况分别处理。

(三)核审

《交通行政处罚行为规范》在《交通行政处罚程序》的基础上,规定了交通运输行政执法机关负责法制工作的内设机构审核案件的程序。

1. 核审的机构

交通运输行政执法机关负责法制工作的内设机构。

2. 核审的方式

采取书面形式进行。

3. 核审的内容

交通运输行政执法机关负责法制工作的内设机构审核案件采取书面形式进行,主要内容包括:(1)案件是否属于本交通管理部门管辖;(2)当事人的基本情况是否清楚;(3)案件事实是否清楚,证据是否确实、充分;(4)定性是否准确;(5)适用法律、法规、规章是否准确;(6)行政处罚是否适当;(7)办案程序是否合法。

4.核审的结果

交通运输行政执法机关负责法制工作的内设机构应当根据下列规定提出书面审核意见:(1)违法事实清楚,证据确凿、充分,行政处罚适当、办案程序合法的,同意办案机构的意见,建议报批后告知当事人;(2)违法事实清楚,证据确凿、充分,但定性不准、适用法律不当、行政处罚不当的,建议办案机构修改;(3)违法事实不清,证据不足的,建议办案机构补正;(4)办案程序不合法的,建议办案机构纠正;(5)不属于交通管理部门管辖的,建议移送其他有管辖权的机关处理。

5.核审后报批

交通运输行政执法机关负责法制工作的内设机构审核完毕后,应当及时退卷。办案人员应将《案件处理意见书》、案卷及审核意见及时报交通运输行政执法机关负责人审查批准决定。

(四)送达《违法行为通知书》、告知相应权利

交通运输行政执法机关负责人对《案件处理意见书》批准后,拟对当事人予以行政处罚的,办案人员应当制作《违法行为通知书》,以交通运输行政执法机关的名义,告知当事人拟作出行政处罚的事实、理由、依据、处罚内容,告知当事人依法享有陈述权、申辩权或听证权,并告知当事人可以在收到该通知书之日起3日内进行陈述和申辩,符合听证条件的可以要求组织听证。当事人逾期未提出陈述、申辩或者要求组织听证的,视为放弃上述权利。

办案人员可以将《违法行为通知书》直接送达当事人,也可以委托当事人所在地的交通运输行政执法机关代为送达,还可以采取邮寄送达的方式送达当事人。采用上述方式无法送达的,由交通运输行政执法机关以公告的方式送达。

前款规定的邮寄送达,如因不可抗力或者其他特殊情况,当事人在规定的期间没有收到的,应当自实际收到之日起3日内行使权利。

(五)听取陈述、申辩或举行听证

交通运输行政执法机关在告知当事人拟作出的行政处罚后,当事人要求陈述申辩的,应当制作《陈述申辩书》,如实记录当事人的陈述申辩意见。当事人要求组织听证的,交通运输行政执法机关应当按照《行政处罚法》、《交通行政处

罚程序规定》以及《交通行政处罚行为规范》相关的规定组织听证。

交通运输行政执法机关应当充分听取当事人的意见,对当事人提出的事实、理由、证据认真进行复核,提出最终处罚决定的建议。当事人提出的事实、理由或者证据成立的,交通运输行政执法机关应当予以采纳。不得因当事人陈述、申辩、申请听证而加重行政处罚。

自当事人签收《违法行为通知书》之日起3日内,或者自《违法行为通知书》公告之日起15日内,当事人未行使陈述、申辩权或未要求听证的,视为放弃陈述、申辩权或听证权。

(六)作出行政处罚决定

1. 一般案件

案件调查完毕后,交通运输行政执法机关负责人应当及时审查有关案件调查材料、当事人陈述和申辩材料、听证会笔录和听证会报告书,根据不同情况分别做出如下处理决定:(1)违法事实清楚,证据确凿充分,依照本规定不需要经过听证程序的案件,根据情节轻重,作出处罚决定;(2)应当经过听证程序处理的案件,适用听证程序后做出处理决定;(3)案件还需要作进一步调查处理的,责令案件调查人员补充调查;(4)违法行为轻微,依法可以不予行政处罚的,不予行政处罚;(5)违法事实不能成立的,不得给予行政处罚;(6)违法行为已构成犯罪的,应当将案件有关材料移送有管辖权的司法机关处理。

2. 重大、复杂案件

重大、复杂案件,或者重大违法行为给予较重处罚的案件,应当提交交通运输行政执法机关重大案件集体讨论会议集体讨论决定。

重大案件集体讨论会议应当由办案机构组织召开,交通运输行政执法机关负责人、法制工作机构负责人及相关工作人员参加会议。必要时可邀请相关专家参加会议。

重大案件集体讨论会议应当制作《重大案件集体讨论记录》,并由全体出席会议人本人签名。

3. 作出处罚决定书或不予处罚决定书

(1)交通运输行政执法机关作出行政处罚决定必须制作《交通行政处罚决

定书》。行政处罚决定书的内容包括:①当事人的姓名或者名称、地址等基本情况;②违反法律、法规或者规章的事实和证据;③行政处罚的内容和依据;④采纳当事人陈述、申辩的情况及理由;⑤行政处罚的履行方式和期限;⑥不服行政处罚决定,申请行政复议或者提起行政诉讼的途径和期限;⑦作出行政处罚决定的交通运输行政执法机关的名称和作出决定的日期。行政处罚决定书应当加盖作出行政处罚决定的交通运输行政执法机关的印章。

(2)认为当事人的违法行为轻微,可以不予行政处罚的,交通运输行政执法机关应当制作《不予行政处罚决定书》,加盖作出不予行政处罚决定的交通管理部门的印章。

(七)宣告并送达行政处罚决定书

《交通行政处罚决定书》、《不予行政处罚决定书》应当在交通运输行政执法机关宣告后当场交付当事人,并将告知情况记入送达回证,由当事人在送达回证上签名或盖章;当事人不在场的,应当在7日内依法采如下方式送达当事人:

(1)直接送达受送达人,由受送达人在《交通行政处罚文书送达回证》上注明收到日期、签名或者盖章,受送达人在《交通行政处罚文书送达回证》上的签收日期为送达日期;

(2)当事人不在场的,交其同住的成年家属签收,并且在备注栏内写明与当事人的关系;

(3)受送达人已指定代收人,交代收人签收;

(4)受送达人拒绝接收的,送达人应当邀请有关基层组织的代表或者其他人员到场,说明情况,在《交通行政处罚文书送达回证》上写明拒收事由和日期,由送达人、见证人签名或者盖章,把交通行政处罚文书留在受送达人的住处,即视为送达;

(5)直接送达交通行政处罚文书困难的,可以委托其他交通运输行政执法机关代为送达,或者以邮寄、公告的方式送达。邮寄送达,挂号回执上注明的收件日期为送达日期;公告送达,自发出公告之日起经过60天,即视为送达。

(八)告知被调查人和具名举报人

交通运输行政执法机关对举报所涉及的违法嫌疑人做出行政处罚、不予行政处罚、销案、移送其他机关等处理决定的,应当将处理结果告知被调查人和具名举报人。

(九)办案期限

适用一般程序处理的案件应当自立案之日起 2 个月内办理完毕。因特殊需要,经交通运输行政执法机关负责人批准可以延长办案期间,但最长不得延长至 3 个月。如 3 个月内仍不能办理完毕,经上一级交通运输行政执法机关批准可再延长办案期间,但最长不得延长至 6 个月。

案件处理过程中听证、公告和鉴定等时间不计入前述所指的案件办理期限。

(十)听证

听证程序和陈述、申辩程序一样都是《行政处罚法》所确定的新的程序制度,是行政程序现代化和民主化的重要标志。确立听证、陈述、申辩制度的目的在于更进一步地听取当事人对行政机关有关案件的处理意见,赋予当事人在案件处理过程中有陈述、质证的机会,从而保障当事人的合法权利,同时也加强了对行政机关的监督,促进依法行政。

听证和陈述、申辩在实质内容上是没有区别的,听证只是在行政机关作出比较重大的行政处罚决定之前,比较系统地听取当事人的陈述和申辩。

1. 申请和受理

(1)应当听证的条件

在作出较大数额罚款、责令停产停业、吊销证照的行政处罚决定之前,交通运输行政执法机关应当告知当事人有要求举行听证的权利;当事人要求听证的,交通运输行政执法机关应当组织听证。

可见,交通运输行政处罚听证程序适用的前提:一是交通运输行政执法机关作出较大数额罚款、责令停产停业、吊销证照的行政处罚决定。"较大数额罚款",按《交通行政处罚程序规定》的规定,地方交通管理部门按省级人大常委会或者人民政府规定或其授权部门规定的标准执行;交通部直属的交通管理机构按 5 000 元以上执行,港务(航)监督机构按 10 000 元以上执行。二是当事人要求听证的,交通运输行政执法机关才组织听证。

(2)听证请求的提出形式

当事人要求听证的,可以在《违法行为通知书》的送达回证上签署意见,也可以自接到《违法行为通知书》之日起 3 日内以书面或者口头形式提出。当事人以口头形式提出的,交通运输行政执法机关应当将情况记入笔录,并由当事人在笔录上签名或者盖章。当事人要求听证的,交通管理部门应当受理,并依法组织听证。

2. 听证主持人和听证参加人

(1)听证会的参加人

听证会由主持人、案件调查人员、当事人或者其委托代理人、证人、书记员参加。

(2)听证主持人

听证主持人由交通运输行政执法机关负责人指定本交通管理部门负责法制工作的机构的非本案调查人员担任。听证主持人在听证活动中行使下列职责:①决定举行听证的时间、地点;②审查听证参加人的资格;③主持听证,并就案件的事实、证据、处罚依据等相关内容进行询问;④维持听证秩序,对违反听证纪律的行为进行警告或者采取必要的措施予以制止;⑤决定听证的延期、中止或者终止,宣布结束听证;⑥其他职责。

(3)听证员

听证员由听证主持人指定 1~2 名本交通管理部门的非本案调查人员担任,协助听证主持人组织听证。

(4)书记员

书记员由听证主持人指定 1 名非本案调查人员担任,负责《听证笔录》的制作和其他事务。

(5)听证当事人

要求举行听证的公民、法人或者其他组织是听证当事人。

(6)第三人

与听证案件有利害关系的其他公民、法人或者其他组织,可以作为第三人向听证主持人申请参加听证,或者由听证主持人通知其参加听证。

(7)委托人

当事人、第三人可以委托1~2人代为参加听证。委托他人代为参加听证的，应当向交通运输行政执法机关提交由委托人签名或者盖章的《听证委托书》以及委托代理人的身份证明文件。

(8)办案人员

办案人员应当参加听证。

(9)其他参加人

听证主持人有权决定与听证案件有关的证人、鉴定人、勘验人等听证参加人到场参加听证。

(10)听证主持人、听证员、书记员的回避

听证主持人、听证员、书记员有下列情形之一时，应当回避：①是案件的当事人或者当事人的近亲属；②与案件有利害关系；③与案件当事人有其他关系，可能影响对案件的公正听证的。当事人认为听证主持人、听证员、书记员有上述情形之一的，有权以口头或者书面形式申请其回避。当事人申请书记员、翻译人员回避的，由听证主持人决定是否回避；当事人申请听证主持人回避的，听证主持人应当及时报告交通运输行政执法机关负责人，由交通运输行政执法机关负责人决定是否回避。

3.听证准备

(1)交通运输行政执法机关应当自接到当事人要求举行听证的申请之日起3日内，确定听证主持人。

(2)办案人员应当自确定听证主持人之日起3日内，将案卷移送听证主持人，由听证主持人阅卷，准备听证提纲。

(3)听证主持人应当自接到案件调查人员移送的案卷之日起5日内确定听证的时间、地点，并于举行听证会7日前向当事人送达《听证会通知书》，告知当事人组织听证的时间、地点、听证会主持人名单及申请回避和可以委托代理人的权利。

(4)听证应当公开举行。涉及国家秘密、商业秘密或者个人隐私的，听证不公开举行。

(5)公开举行听证的，应当制作《听证公告》，公告案由以及举行听证的时间、地点等。

4. 举行听证会

听证会按以下程序进行：

(1)宣布案由和听证纪律；

(2)核对当事人或其代理人、办案人员、证人及其他有关人员是否到场,并核实听证参加人的身份；

(3)宣布听证人员名单,告知当事人有申请主持人回避、申辩和质证的权利；

(4)宣布听证开始；

(5)办案人员提出当事人违法的事实、证据,说明拟作出行政处罚的建议和法律依据；

(6)当事人或其委托代理人对案件的事实、证据,适用法律,行政处罚裁量等进行申辩和质证；

(7)主持人就案件的有关问题向当事人或其委托代理人、办案人员、证人询问；

(8)经主持人允许,当事人、办案人员就案件的有关问题可以向到场的证人发问；

(9)办案人员、当事人或其委托代理人按顺序就案件所涉及的事实、各自出示的证据的合法性、真实性及有关的问题进行辩论；

(10)辩论终结,听证主持人可以再就本案的事实、证据及有关问题向当事人或其代理人、办案人员征求意见；

(11)中止听证的,主持人应当时宣布再次进行听证的有关事宜；

(12)当事人或其委托代理人做最后陈述；

(13)主持人宣布听证结束,听证笔录交当事人或其委托代理人核对无误后签字或盖章。认为有错误的,有权要求补充或改正。当事人拒绝的,由听证主持人在听证笔录上说明情况。

5. 听证延期

有下列情形之一的,主持人可以决定延期举行听证：(1)当事人因不可抗拒的事由无法到场的；(2)当事人临时申请回避的；(3)其他应当延期的情形。

延期听证,应当在听证笔录中写明情况,由主持人签名。

6. 中止听证

有下列情形之一的,主持人可以宣布中止听证:(1)证据需要重新鉴定、勘验的;(2)当事人或其代理人提出新的事实、理由和证据,需要由本案调查人员调查核实的;(3)作为听证申请人的法人或其他组织突然解散,尚未确定权利、义务承受人的;(4)当事人因不可抗拒的事由,不能继续参加听证的;(5)听证过程中,当事人或其代理人违反听证纪律致使听证无法进行的;(6)其他应当中止听证的情形。

中止听证,应当在听证笔录中写明情况,由主持人签名。

7. 恢复听证

延期、中止听证的情形消失后,由主持人决定恢复听证并将听证的时间、地点通知听证参加人。

8. 终止听证

有下列情形之一的,应当终止听证:(1)当事人或其代理人撤回听证要求的;(2)当事人或其代理人接到参加听证的通知,无正当理由不参加听证的;(3)当事人或其代理人未经听证主持人允许,中途退出听证的;(4)其他应当终止听证的情形。

听证终止,应当在听证笔录中写明情况,由主持人签名。

9. 听证笔录

书记员应当将听证的全部活动记入《听证笔录》,《听证笔录》应当经听证参加人审核无误或者补正后,由听证参加人当场签名或者盖章。拒绝签名或者盖章的,由听证主持人记明情况,在听证笔录中予以载明。

听证结束后,听证主持人应当在5日内写出《听证报告书》并签名,连同《听证笔录》一并上报本交通运输行政执法机关负责人。

(十一) 执行

交通运输行政处罚决定一经作出送达给当事人即产生法律效力。其效力具体表现在以下三个方面:一是确定力。指行政处罚决定依法作出后,交通运输行政执法机关非经法定程序不得随意变更与撤销。二是约束力,即指行政处罚决定的约束效力。它既包括对交通运输行政执法机关的约束,又包括对当事人的约束。例如,某道路运输管理机构吊销了某经营业户的公路运输经营许可证,该业户就不能再从事公路营业性运输,同样,道路运输管理机构也不能把该业户仍作为从事营业性运输的对象进行管理。三是执行力,是指处罚决定作出后,交通运输行政执法机关具有合法的执行手段,使处罚决定的内容得以完全实现的效力。行政处罚决定作出后,必须得到执行。行政处罚的执行包括广义和狭义的执行,广义的执行既包括强制执行,还包括当事人的自觉履行,狭义的执行指的是强制执行。

1. 当事人的自觉履行

当事人的自觉履行是指行政处罚决定作出后,当事人在行政处罚决定的期限内,主动履行行政处罚决定所规定的义务。《行政处罚法》规定,行政处罚决定依法作出后,当事人应当在行政处罚决定的期限内,予以履行。当事人自觉履行行政处罚决定应当符合下列要求:(1)实际履行。行政处罚决定作出后,当事人应当以其实际行动履行处罚决定规定的义务。(2)全面履行。当事人履行行政处罚决定,应当全面地履行,而不是部分地履行所规定的义务。(3)按时履行。当事人应当在行政处罚决定书规定的期限内按时履行义务。

2. 在行政复议和行政诉讼中不停止行政处罚的执行《行政处罚法》规定

当事人对行政处罚决定不服申请行政复议或者提起行政诉讼的,行政处罚不停止执行,法律另有规定的除外。由此可见,复议、诉讼不停止行政处罚的执行是原则性规定,但《行政诉讼法》和《行政复议法》分别规定了例外条款。《行政诉讼法》规定,诉讼期间,不停止具体行政行为的执行,但有下列情形之一的,停止具体行政行为的执行:第一,被告认为需要停止执行的;第二,原告申请停止执行,人民法院认为该具体行政行为的执行会造成难以弥补的损失,并且停止执行不损害社会公共利益,裁定停止执行的;第三,法律、法规规定停止执行的。《行政复议法》第二十一条规定,复议期间具体行政行为不停止执行。但有下列情形之一的,可以停止执行:第一,被申请人认为需要停止执行的;第二,复议机关认为需要停止执行的;第三,申请人申请停止执行,复议机关认为其要求合理,裁决停止执行的;第四,法律规定停止执行的。

3.关于行政处罚决定中罚款的执行

(1)罚缴分离

《行政处罚法》规定,作出罚款决定的行政机关应当与收缴罚款的机构分离。当事人应当在收到处罚决定书之日起日内,到指定的银行缴纳罚款。银行应当收受罚款,并将罚款直接上缴国库。罚款决定与罚款收缴相分离的制度是《行政处罚法》确定的一项新制度,建立和实施这项制度有利于保证所有罚款都依法上缴国库,有利于改善行政机关的执法形象,有利于减少收缴罚款过程中的腐败行为,从而促进行政机关廉洁自律,依法行政。《交通行政处罚程序规定》和《交通行政处罚行为规范》在《行政处罚法》的基础上,针对交通行政处罚的执行作了进一步的规定:交通管理部门对当事人作出罚款处罚的,应当由当事人自收到处罚决定书之日起15日内到指定银行缴纳罚没款。当事人无正当理由逾期不缴纳罚款的,交通管理部门依法每日按罚款数额的3%加处罚款。罚款必须全部上缴财政,任何单位和个人不得截留、私分或者变相私分。

(2)当场收缴的情况

当场收缴罚款的范围:有下列情形之一的,可以由办案人员当场收缴罚款:①当场处以二十元以下罚款的;②对公民处以二十元以上五十元以下、对法人或者其他组织处以一千元以下罚款,不当场收缴事后难以执行的;③在边远、水上、交通不便地区以及其他原因,当事人向指定银行缴纳罚款确有困难,经当事人提出的。

当场收缴罚款使用的收据:交通行政处罚办案人员当场收缴罚款的,应当出具省、自治区、直辖市财政部门统一制发的罚款收据。根据《行政处罚法》规定,行政机关及其执法人员当场收缴罚款的,必须向当事人出具省级财政部门统一制发的罚款收据,不出具省级财政部门统一制发的罚款收据,当事人有权拒绝缴纳罚款。

当场收缴罚款的上缴:办案人员当场收缴的罚款,应当自收缴罚款之日起2日内交至其所在交通运输行政执法机关,交交通运输行政执法机关应当在2日内将罚款缴付指定银行。

(3)关于罚款的延期或分期缴纳

当事人确有经济困难,需要分期或者延期缴纳罚款的,应当填写《分期(延期)缴纳罚款申请书》。经交通管理部门负责人批准后,由办案人员以本交通管理部门的名义,向当事人送达《同意分期(延期)缴纳罚款通知书》或《不予分期(延期)缴纳罚款通知书》。根据《行政处罚法》规定,罚款的延期或分期缴纳必须满足三个条件:一是当事人确有困难;二是经当事人主动申请;三是必须经行政机关批准。同时应当注意的是,罚款的延期或分期缴纳绝不是不缴纳,当事人延缓的期限内仍未按期缴纳的,交通运输行政执法机关应当强制执行或申请人民法院强制执行。

4. 强制执行

强制执行包括两方面:一方面是交通运输行政执法机关对不履行处罚决定的当事人依法强制执行;另一方面还包括交通运输行政执法机关申请人民法院强制执行。当事人在法定期限内不申请行政复议或提起行政诉讼,又不履行行政处罚决定的,交通管理部门应当依法向人民法院制发《行政强制执行申请书》,申请人民法院强制执行。

5. 处罚结案报告

行政处罚案件执行完毕后,办案人员应当填写《处罚结案报告》,并将全部案件材料立卷归档,交交通运输行政执法机关负责档案工作的内设机构登记并妥善保管。

(十二)监督程序

(1)公民、法人或其他组织对交通运输行政执法机关作出的行政处罚有权申诉或检举。

(2)公民、法人或其他组织的申诉或检举,由交通运输行政执法机关负责法制工作的内设机构受理和审查,认为行政处罚有下列情形之一的,经交通管理部门负责人同意后,予以改正:①主要事实不清、证据不足的;②适用依据错误的;③违反法定程序的;④超越或滥用职权的;⑤具体行政行为明显不当的。

(3)交通管理部门负责法制工作的内设机构发现本交通管理部门作出的行政处罚有上述情形之一的,应当向交通管理部门负责人提出建议,予以改正。

(4)上级交通运输行政执法机关发现下级交通交通运输行政执法机关作出的行政处罚有上述形之一的,应当责令其改正。

(5)交通交通运输行政执法机关和交通行政执法人员违法实施行政处罚

的,应当按照《行政处罚法》有关规定追究法律责任。

交通运输行政处罚流程图见图 5-1。

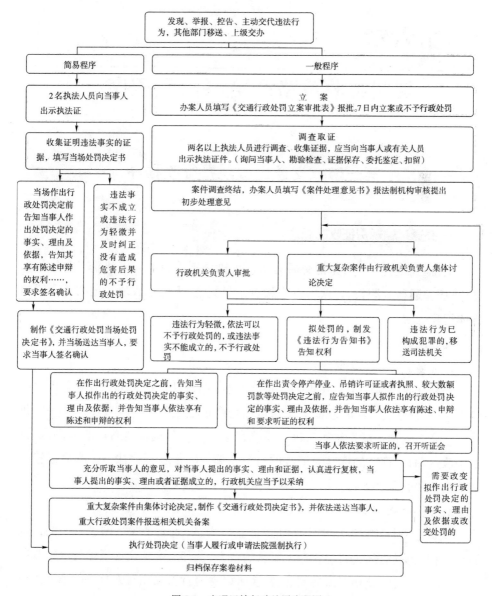

图 5-1　交通运输行政处罚流程图

第六章

规费征收及路产赔(补)偿程序

第一节 交通运输规费征收程序

一、交通运输规费征收的概述

交通运输规费征收,是指交通运输行政执法机关为了国家利益或者公共利益,依照交通行政职权,依法向管理相对人强制地、无偿地收取一定数额金钱的具体行政行为。

交通运输规费征收具有以下特征:

1.主体和内容的法定性。

一是征收主体法定。并非所有的交通运输行政执法机关都具有规费征收的权力,只有依法具有征收职能的交通运输行政执法机关才有权实施。二是征收范围法定。交通运输行政执法机关只能在法定的交通运输规费征收范围内,按照征收的项目、征收的标准对征收的对象实施。三征收程序法定。交通运输行政执法机关必须严格按照法定的程序实施交通运输规费征收。

2.手段的强制性与无偿性。

交通运输行政执法机关实施规费征收行为,实质上是履行国家赋予的征收权,这种权力具有强制管理相对人服从的效力。因此,实施交通运输行政征收行为,不需要征得行政相对人的同意,甚至可以在违背行政相对人意志的情况下进行。征收的项目、对象、标准,完全依法确定,无须与行政相对人协商一致。行政征收必须是无偿的,是财产的单向流转,无需向被征收方偿付任何报酬。行政相对人必须服从行政征收命令,否则应承担一定的法律后果。

3. 目的的公共性。

交通运输规费征收的目的是为了实现交通运输行政管理职能,服务于国家利益和公共利益。交通运输规费征收既是国家取得财政收入的一种手段,同时又是对国民经济进行宏观调控的一种重要的经济杠杆,交通运输行政执法机关还能实现对社会经济生活进行监督管理的职能。

二、交通运输规费征收的范围

在国家实行燃油税费改革后,公路养路费、航道养护费、公路运输管理费、公路客货运附加费、水路运输管理费、水运客货运附加费等六项交通运输规费征收职能被取消,按照现行交通运输管理法律法规,现有交通运输规费征收包括以下项目:

(1)事业性收费还贷公路通行费。

(2)船舶过闸费。

(3)船舶登记费。

(4)船舶及船用产品检验费。

(5)船舶港务费。

(6)港口建设费。

三、交通运输规费征收的具体程序

(一)自愿缴纳程序

自愿缴纳,即交通运输规费的缴纳主体按照法律、法规和规章规定的期限主动地履行缴纳义务。自愿缴纳是交通运输规费征收常见的征收方式。规费征收自愿缴纳按以下步骤进行:

1. 事项登记

交通运输运输规费征收机关应对凡从事属于交通运输征收事项范围的管理相对人进行征收事项的登记。交通运输规费征收机关准确及时地记载有关内容,是为了掌握征收款源,为征收工作积累资料。

2. 缴纳鉴定

交通运输规费征收机关依法律规定对缴纳主体应缴纳款项的种类、标准、缴纳环节、征收方式等进行的鉴定。它是交通规费征收环节中最重要的一环,是整个征收活动的实施标准和依据。

3. 缴纳申报

交通运输规费缴纳主体应依据有关法律法规的规定,在法定期限内到指定的交通运输规费征收机关进行缴纳申报。

4. 款项征收

交通运输规费征收机关按照规定的标准,向缴纳主体收取交通运输规费,并及时解交。

5. 监控稽查

交通运输规费征收机关应当依靠科技手段强化对规费征收工作的监控,并加强稽查,打击逃缴等违法行为,保证交通运输规费的足额、及时征收。

(二)强制征收程序

强制征收。这是交通运输规费征收中的特殊步骤,只有当缴纳主体未按法定期限和数额履行缴纳义务时,交通运输规费征收机关依法采取强制性手段进行征收。

1. 催缴

缴纳主体未按规定履行缴纳义务时,交通运输规费征收机关应以一定的方式对其进行催告,责令其限期缴纳。

2. 强制执行

经催缴后,缴纳主体仍未缴纳交通运输规费的,交通运输征收机关可依法采取强制性措施进行征收,或者申请人民法院强制执行缴费决定。

第二节 公路路产赔(补)偿程序

一、公路路产赔(补)偿的概念

公路路产赔(补)偿是指公民、法人或者其他组织因其行为直接或者间接造成公路、公路设施损坏,或者利用公路的资产,按照国家法律法规规定和相应的标准,向公路管理机构缴纳的用于路产损失修复费用的行为。

公路是国家重要的公益性基础设施,保障公路的完好、畅通对于促进经济社会的发展有着重要的意义。因此《公路法》对公路的保护和损害的赔补偿作了严格规定。《公路法》第七条规定,公路受国家保护,任何单位和个人不得破坏、损坏或者非法占用公路、公路用地及公路附属设施。《公路法》第四十四条、第四十五条、第四十八条、第五十条、第五十二条、第五十三条又作了细化规定,第四十五条、第四十八条、第五十条则分别对跨越公路、铁轮车、超限运输等所造成的损失,应当按照损坏给予补偿。

二、公路路产赔(补)偿的范围

(1)《公路法》第四十四条规定:任何单位和个人不得擅自占用、挖掘公路。因修建铁路、机场、电站、通信设施、水利工程和进行其他工程需要占用、挖掘公路或者使公路改线的,建设单位应当事先征得有关交通主管部门的同意;影响交通安全的,还须征得有关公安机关的同意。占用、挖掘公路或者使公路改线的,建设单位应当按照不低于该段公路原有技术标准予以修复、改建或者给予相应的经济补偿。

(2)《公路法》第四十五条规定:跨越、穿越公路修建桥梁、渡槽或者架设、埋设管线等设施的,以及在公路用地范围内架设、埋设管线、电缆等设施的,应当事先经有关交通主管部门同意,影响交通安全的,还须征得有关公安机关的同意;所修建、架设或者埋设的设施应当符合公路工程技术标准的要求。对公路造成损坏的,应当按照损坏程度给予补偿。

(3)《公路法》第四十八条规定:除农业机械因当地田间作业需要在公路上短距离行驶外,铁轮车、履带车和其他可能损害公路路面的机具,不得在公路上行驶。确需行驶的,必须经县级以上地方人民政府交通主管部门同意,采取有效的防护措施,并按照公安机关指定的时间、路线行驶。对公路造成损坏的,应当按照损坏程度给予补偿。

(4)《公路法》第五十条规定:超过公路、公路桥梁、公路隧道或者汽车渡船的限载、限高、限宽、限长标准的车辆,不得在有限定标准的公路、公路桥梁上或者公路隧道内行驶,不得使用汽车渡船。超过公路或者公路桥梁限载标准确需行驶的,必须经县级以上地方人民政府交通主管部门批准,并按要求采取有效的防护措施;运载不可解体的超限物品的,应当按照指定的时间、路线、时速行驶,并悬挂明显标志。

运输单位不能按照前款规定采取防护措施的,由交通主管部门帮助其采取防护措施,所需费用由运输单位承担。

《超限运输车辆行驶公路管理规定》第二十三条第二款,对公路造成损害的,还应按公路赔(补)偿标准给予赔(补)偿。

三、公路路产赔(补)偿实施程序

1. 当场处理程序

交通部令2003年第2号《路政管理规定》第三十三条规定,路产损坏事实清楚,证据确凿充分,赔偿数额较小,且当事人无争议的,可以当场处理。

当场处理公路赔(补)偿案件,应当制作、送达《公路赔(补)偿通知书》收取公路赔(补)偿费,出具收费凭证。

2. 一般程序

《路政管理规定》第三十四条规定,除本规定第三十三条规定可以当场处理的公路赔(补)偿案件外,处理公路赔(补)偿案件应当按照下列程序进行:

(1)立案;

(2)调查取证;

(3)听取当事人陈述和申辩或听证;

(4)制作并送达《公路赔(补)偿通知书》;

(5)收取公路赔(补)偿费;

(6)出具收费凭证;

(7)结案。

调查取证应当询问当事人及证人,制作调查笔录;需要进行现场勘验或者鉴定的,还应当制作现场勘验报告或者鉴定报告。

四、路产赔补偿费标准及使用管理

路产赔(补)偿费的标准必须要由省级交通、财政、物价部门共同制定。公路管理机构收取路产赔(补)偿费前应当向当地物价部门申领行政事业性收费许可证,收费时应严格执行经批准的收费标准,并使用省级财政部门统一监制的专用收费票据。

路产赔(补)偿费原则上应全额用于路产修复,属于收费经营公路的,应将路产赔(补)偿费返还公路经营主体。

第七章

交通运输行政执法文书概述

第一节 交通运输行政执法文书的概念和特征

一、交通运输行政执法文书的概念

交通运输行政执法文书是交通运输行政执法机关,在法定职权范围内实施行政监督检查,办理行政执法案件依法制作的具有法律效力或者法律意义的书面文件的总称。

这个概念包括四层含义:

1. 制作主体

交通运输行政执法文书的制作主体,是各级交通运输行政执法机关。包括交通运输行政主管部门,即交通运输部、厅、局,以及其所属的法规授权交通运输执法机构,如道路运输管理机构、海事管理机构,接受其委托的交通运输执法机构,如公路管理机构、航道管理机构等。

2. 适用范围

交通运输行政执法文书是交通运输行政执法机关实施行政监督检查,办理行政许可、行政强制、行政处罚、行政处理、行政征收等行政案件时依法制作的书面文件。它是交通运输行政执法行为的书面载体和具体文字表述。

3. 制作依据

制作交通运输行政执法文书必须严格遵循国家有关法律法规的规定以及交

通运输部制定的文书格式和规范要求。

4. 法律效力

依法制作的交通运输行政执法文书生效后具有法律意义或法律效力,对相应的交通行政相对人产生约束力,在行政相对人拒不履行有关生效执法文书时,交通运输行政执法机关可依法强制执行或者申请人民法院强制执行。

二、交通运输行政执法文书的特征

交通运输行政执法文书是法律性、应用性很强的文书,与其他法律文书具有不同的特点。

(一)制作合法性

交通运输行政执法文书是交通运输行政执法机关执法活动中使用的文书,它的制作必须符合国家有关法律法规的规定。合法性是它的基本属性。

1. 制作主体必须合法

执法文书作为执法活动的书面载体,决定了制作它的主体具有法定性,只有各级交通运输行政执法机关依法按照各自职能、权限方可以制作相应的交通运输行政执法文书。其他任何组织和个人都无权制作交通运输行政执法文书。

2. 文书的内容必须合法

交通运输行政执法文书所记载的制作的缘由、事实的审查、证据的采用、理由的分析都应该依据国家有关法律法规的具体规定来进行,所记载的内容必须完全符合法律法规的规定。

3. 必须符合法定程序的要求

执法文书是交通运输行政执法机关履行程序的主要载体和证明材料,因此执法文书应当按照具体行政行为实施的具体步骤来制作,符合法定的执法程序。特定执法文书制作时还应当依法履行必要的手续。

4. 必须符合法定的时效要求

交通运输执法文书和执法行为一样有着很强的时效性,因此执法文书的制作必须严格执行相关法律法规关于时限的规定,在法定的阶段、法定的时效内制作。

(二)填制规范性

交通运输执法文书格式统一,在形式结构、内容要素填制等具有高度的规范性。

1. 文书结构栏目固定

部相关的规章、文件已对交通运输行政执法文书的样式进行了统一和规范,在填制时必须逐项填写,不得擅自增减、随意改动执法文书的有关结构、栏目。

2. 文书用语规范

必须按《交通行政执法用语规范》的有关规定进行询问和告知,并相应填制执法文书的有关栏目。执法文书中的文字及数字等填写必须符合国家有关规范要求。

3. 填制要求统一

执法文书的制作的基本要求以及案由、案号、当事人情况等相应栏目的具体填制规范在《交通行政执法文书制作规范》中都有统一明确的要求。

(三)表述准确性

交通运输执法文书是依照法律法规规定,明确有关权利义务的书面文件,为了确保这种权利义务的稳定性,执法文书必须具备表述准确性。

1. 表述严谨

交通运输行政执法文书要使用公文语体,用词准确、精练,不得使用推测性或含义不清、有歧义的词句。

2. 语言简明

填制交通运输行政执法文书要言简意赅,通俗易懂,不使用方言土语和冷僻词语。

3. 叙述平实

填制交通运输行政执法文书要避免使用夸张、渲染、比兴等修辞手法,符合法律的表述要求。

(四)效力稳定性

交通运输行政执法文书一经送达或公布就会发生相应的法律效力。它是依法制作,以国家强制作为保障,因此具有稳定的法律效力。

1. 交通运输行政执法文书具有约束力

交通运输行政执法机关依照法定职责制作行政执法文书所确认的事实、作出的决定,一旦生效即具有法定约束力,非经法定程序不得变更、撤销。交通运输行政执法文书如确有错误,依照法定程序,经有权主体审查,方可修正。

2. 交通运输行政执法文书具有执行力

行政管理相对人必须按照执法文书上记载的内容行使权利履行义务,执法文书确定的权利义务必须得到实现,否则国家强制力将确保实现。如《交通运输行政处罚程序规定》第三十八条规定,对已经生效的处罚决定,当事人拒不履行的,由作出处罚决定的交通管理部门依法强制执行或者申请人民法院强制执行。

三、交通运输行政执法文书的作用

交通运输行政执法文书的根本作用在于服务和规范交通运输行政执法行为,保证国家有关法律法规的具体实施。具体作用表现在以下几个方面:

(一)实施法律法规的重要手段

法律法规制定和颁布的目的在于具体实施,否则只是一纸空文。交通运输执法部门在实施执法监督检查、办理行政执法案件的过程中,通过依法制作相应的执法文书,依法履行行政执法职责,从而保障相关法律法规的规定得以具体实施。因此,交通运输行政执法文书是交通运输行政执法机关具体实施法律法规的重要手段。即交通运输行政执法机关通过制作行政执法文书,正确适用国家有关的法律、法规、规章,保护和充分发挥交通基础设施建设成果,维护交通运输市场和交通建设市场秩序,依法惩处交通运输违法行为,为经济社会发展提供有力保障。

(二)执法活动过程的记录载体

每一个交通运输行政案件从立案、调查、审核、批准到执行,每个具体环节都要制作相应的执法文书,因此交通运输行政执法文书客观记录交通运输执法机关执法的全过程,成为交通运输行政执法工作的重要载体,可以准确、客观地反映交通运输行政执法的情况。同时交通运输行政执法文书也是解决执法过程中产生的争议的重要依据。当行政管理相对人就有关行政案件申请行政复议、提起行政诉讼或者对执法机关和执法人员提出申诉、控告时,交通运输行政执法文书即成为判断案件事实、执法程序是否合法、法律依据适用是否准确等问题的重要证明。

(三)执法评议考核的主要依据

行政执法文书记录了交通运输行政执法活动的全过程,可以客观、真实、准确地反映行政执法办案的质量,因此评查行政执法文书的使用和制作成为交通运输行政执法评议考核的重要内容之一。通过对行政执法文书卷宗的评查,可以考核交通运输行政执法机关的执法职责是否履行到位,执法动机和目的是否正当,法律法规适用是否准确,执法程序执行是否合法。同时执法文书制作水平也是交通运输行政执法人员综合素质的客观体现,它可以反映执法人员自身文化素质、对法律和业务知识的掌握以及执法能力的高低、执法作风的优劣等情况。

(四)法制宣传教育的生动教材

在交通运输行政执法过程中宣传国家有关法律、法规、规章也是交通行政执法部门的一项重要工作任务。因而交通运输行政执法文书成为通过具体案例进行交通运输法制宣传教育的生动教材。通过行政案件执法文书的制作与发送,可以使行政管理相对人对国家法律法规有了更深的认识和更多的了解。交通运输违法案件处理制作的执法文书,既可以使当事人知道自己违法的原因和应当受到的处罚,也可以使他知道自己具有的权利,以及法律救济的途径,以此也可以教育其他管理相对人遵纪守法,从而达到法制宣传教育的目的。

第二节 交通运输行政执法文书的结构

一、交通运输执法文书的结构

交通运输行政执法文书的形式结构是指交通运输行政执法文书外在的组织形式,最常见的形式结构主要由首部、主体(正文)和尾部三部分组成。

第七章 交通运输行政执法文书概述

1. 首部

首部是交通运输执法文书的开篇部分。一般包括文种名称、案件编号、当事人的基本情况。

2. 主体

主体是交通运输执法文书的核心部分,行政处罚文书的主要内容为:违法事实和证据、法律依据、交通运输行政部门的处罚决定。行政许可文书的主要内容为:对当事人的申请事项的审查情况、法律依据和行政许可决定(或不予行政许可决定)。

3. 尾部

尾部是交通运输行政执法文书的结尾部分,主要是告知行政相对人权利义务,即告知权利救济的方式和途径,交通运输行政部门签署日期、用章。

二、交通运输执法文书的结构类型

根据交通运输执法文书的内容和形式可以划分为不同的结构类型,可以将交通运输执法文书分成填充类,笔录类和拟制类三类。

(一)填充类交通运输执法文书

填充类文书的形式结构与内容结构都比较单一,制作者只需根据应处理或宣示的事项在相应的空当中按要求进行填写就完成了制作任务,这一类文书与其他类型的文书相比制作要简单得多。《证据登记保存清单》、《车辆暂扣凭证》、《责令车辆停驶通知书》等就是典型的填充类文书。

(二)笔录类交通运输执法文书

笔录类交通运输执法文书的行政机关依照法定程序,以文字形式如实记录行政执法活动的法律文书。在交通运输行政执法文书中,《现场笔录》、《询问笔录》、《勘验(检查)笔录》等是典型的笔录类文书。

(三)拟制类交通运输执法文书

拟制类交通运输执法文书,是形式结构非常齐备的法律文书。这一类文书制作时既需要如实叙述案件或事件事实,也必须阐明提出相应的理由和法律依据,如《行政处罚决定书》、《行政许可决定书》等等。这类文书在制作难度上明显超过填充类文书和笔录类文书,是文书制作的重点。

第三节 行政执法文书的基本内容

一、交通运输行政执法文书中的案由

(一)交通运输行政执法案由的概念

交通运输行政执法的案由是指交通运输行政案件案件的由来,即当事人因何原因需要交通运输行政执法机关进行处理。确定了交通运输行政执法案件的案由,实际上就是给了交通运输行政案件一个名称。交通运输行政执法案件的案由是否准确、简明、统一,对当事人和交通运输行政执法机关都具有十分重要的意义。准确、简明、统一的案由,一方面有利于交通运输行政执法机关了解案件的基本情况,并以此开展调查取证,准确适用法律法规,作出决定;同时也可以使当事人对案件的性质一目了然,便于当事人针对争议点举证质证。

(二)交通运输行政执法案由的法律特征

1. 法定性

案由是交通运输行政执法人员对案件性质的认定,因此案由具有法定性,必须是法律明确规定事项。调查取证、法律适用和实施行政制裁措施都是围绕案由而展开的,如果在调整取证过程中发现原来的案由不准确,不能清楚表明违法行为的性质等,应当更改案由。

2. 概括性

作为交通运输行政执法文书基本内容的一部分,案由是对案件内容、性质、特征等的高度概括,因此交通运输行政案件的案由表述一定要简洁、明了。

(三)书写交通运输行政执法案由的基本要求

书写交通运输行政执法文书中的案由要清楚介绍交通运输行政案件的当事人和涉嫌违法行为性质。《交通行政执法文书制作规范》第七条明确规定:"交通行政执法文书中"案由"填写为"当事人姓名(名称)+涉嫌违法行为性质+

案",例如:张某未取得从业资格证从事道路运输案。"

二、交通运输行政执法文书中的事实

(一)交通运输行政执法文书中事实的概念

按照汉语词典的解释,事实即事情的实际情况或实有的事情。事实可分为法律事实与客观事实两种,法律事实是指经过一定执法程序后能够认定的事实,是通过执法者与相对人各方证据的交锋及对抗,裁判者最终能够认定的事实。法律事实的形成必须符合法律规定的形式并受制于法律的评价。交通运输行政执法文书中的事实属于法律事实,是指对已发生案件的回顾描述。其要素包括案件的时间、地点、当事人、案由、经过、结果等。

(二)交通运输行政执法文书中事实常用的叙述方法

按照叙述的顺序,可讲将叙述方法分为顺叙、倒叙、插叙、平叙等几种方法。

交通行政执法文书是交通运输行政执法过程的记录,是对应执法程序的各个环节相应制作的,因此,行政执法文书中对事实最常用的叙述方法即顺叙法。即在陈述行政案件事实时,对当事人、案件的时间、地点、行为性质、法律依据等情况按照法定程序的顺序进行叙述。

(三)交通运输行政执法文书中事实的叙述要求

一般来说,交通运输行政执法文书中对案件事实的叙述,要做到叙述详尽,逻辑推理严密,叙述按照事件发生的时间顺序,客观、全面、真实的反映案情,并要抓住重点,详述主要情节和因果关系。概括来讲主要要做到:

1. 全面客观

即要求在叙述案件事实时,应该实事求是的阐明案件的基本事实。不能带有制作者的主观判断和主观情绪,不得有结论性的认定。围绕案件性质,将案件的所有细节叙述清楚。对当事人有利或不利的方面都应该全面的进行叙述,不能有所侧重或回避。

2. 重点突出

即按照交通运输行政案件的特点和实际,对事实的重要部分要详写,非重要部分略写。同时在叙述过程中做到逻辑严谨。

三、交通运输行政执法文书中的证据

交通运输行政执法中的证据是交通运输行政执法机关在行政执法程序中作出具体行政行为,根据行政法律规范所设置的事实要素而收集并用以证明相对人法律行为或事实的资料和材料。包括物证、书证、证人证言、鉴定结论、勘验、检查笔录等。

(一)证据的作用

交通运输行政执法文书中的证据具有两方面的作用,首先证据是交通运输行政执法机关判断案件事实,具体适用法律规定,作出行政决定的重要依据。交通运输行政执法的基本原则是必须以事实为根据,以法律为准绳。而准确判断案件的事实的基础就是调查收集相应的证据。同时交通运输行政执法证据也是解决执法过程中产生的争议的重要依据。行政复议和行政诉讼案件中,作出行政决定的交通运输行政机关负有举证责任。因此当行政管理相对人就有关行政案件申请行政复议、提起行政诉讼时,交通运输行政执法机关调查取得的证据即成为行政复议机关和人民法院判断交通运输行政执法机关认定案件事实是否准确、执法程序是否合法、法律依据适用是否正确等问题的重要证明。

(二)阐明证据的常用方法

通常交通运输行政执法文书中阐明证据都采用逐一罗列法,即将与本案有关的所有证据,在执法文书中一一列举。这种方法,简单明了,是最常用的证据阐明方法。采用此方法时应当注意:第一,证据的关联性和全面性。所谓关联性是指,在证据的列举时要对证据进行甄别,只列举与本案有关联的证据。全面性是指在列举证据时要将所有与本案有关的证据,都包含进去,无论该证据是对执法者有利还是有害。第二,要对证据进行必要的整理和分类。有些案件证据繁多,如不进行必要的分类整理,可能造成执法文书的紊乱。因此,为使执法文书更加清晰准确,应按照一定的标准对证据进行分类整理,如按照时间顺序,证据类别、证明程度等,对证据进行整理。

四、交通运输执法文书中的法律依据

（一）交通运输行政执法文书中法律依据的概念

交通运输行政执法文书中的法律依据是指在交通运输执法过程中，交通运输行政执法机关办理行政案件所依据的法律、法规、规章等法律规范。

（二）交通运输行政执法文书的法律依据适用应遵循的原则

法律适用问题在交通运输行政执法中占有重要的地位，也是保证执法规范的关键性因素，在法律适用方面应注意以下问题：

1. 法律优先的原则

即在上位法已有规定的情况下，下位法不得与之相抵触。实践中，若是法律、法规、规章均对某事项作了规定，规定不一致的，交通运输行政执法机关适用的顺序依次是法律、法规、规章。

2. 平等对待的原则

即要求"同等情况同等对待，不同情况区别对待或按比例对待"。国务院发布的《全面推进依法行政实施纲要》在关于合理行政的描述中提出："行政机关实施行政管理，应当遵循公平、公正的原则。要平等对待行政管理相对人，不偏私、不歧视。"指出了交通运输行政执法机关在法律依据适用过程中必须承担的一项基本的义务，就是要平等地对待行政相对人。

3. 必要性原则

即在存在多个限制个人利益的手段可供选择的情况下，交通运输行政执法机关应当选择对行政相对人利益限制或损害最少的，但同时又是为实现公共利益所绝对必要的手段。交通运输行政执法机关在行使某项行政权力前，必须将其对相对人可能所造成的损害与达成行政目的可能所获得的利益之间进行权衡，只有在后者重于前者时才能采取；反之，则不能采取。

（三）交通运输行政执法文书中法律依据适用的基本要求

（1）法律依据应当写明法律、法规或规章的全称，有款、项、目的，必须具体到款、项、目，特别是项的表述要规范。

（2）引用法律依据的顺序按效力高低引用，不得援引法律、法规和规章以外

的其他规范性文件作为法律依据。

第四节 交通运输行政执法文书种类

一、交通运输行政执法文书的分类

交通运输行政执法文书,可以从不同的角度进行分类:

(1)按交通运输行政执法文书的性质分类可以分为:交通运输行政许可文书、交通运输行政检查文书、交通运输行政强制文书、交通运输行政处罚文书、交通运输行政处理文书。

(2)按交通运输行政执法文书使用范围分类可以分为:内部交通运输行政执法文书和外部交通运输行政执法文书。内部交通运输行政执法文书主要是用于交通运输行政执法机关内部办案流转使用的文书,对外不具有法律效力。如立案建议书、案件处理意见书等。外部交通运输行政执法文书是制作送达管理相对人,具有法律效力的执法文书。如违法行为通知书、行政处罚决定书、行政许可决定书等。

(3)按交通运输行政执法文书用途分类可以分为:证据类交通运输行政执法文书、执行类交通运输行政执法文书、过程类交通运输行政执法文书。证据类文书,是交通运输行政执法机关在执法过程中依法收集证据材料时使用的文书。如现场检查笔录、勘验检查记录、询问笔录等。执行类文书,是交通运输行政执法机关在执法过程中告知当事人权利、作出行政决定时使用的文书。如各类通知书、决定书等。过程类文书,是交通运输行政执法机关在行政执法过程中依法审核、处理案件工作中内部操作使用的文书。如立案建议书、重大案件集体讨论记录、案件处理意见书等。

(4)按交通运输行政执法文书格式分类可以分为:填空类交通运输行政执法文书、笔录类交通运输行政执法文书、拟制类交通运输行政执法文书。

二、交通运输行政执法文书的种类

1. 交通运输行政许可文书

根据交通部2004年10号令《交通行政许可实施程序规定》,交通运输行政许可文书包括:

(1) 交通行政许可申请书

(2) 交通行政许可申请不予受理决定书

(3) 交通行政许可补正通知书

(4) 交通行政许可申请受理通知书

(5) 交通行政许可(当场)决定书

(6) 交通行政许可征求意见通知书

(7) 延长交通行政许可期限通知书

(8) 交通行政许可期限法定除外时间通知书

(9) 交通行政许可决定书

(10) 不予交通行政许可决定书

(11) 交通行政许可听证公告

(12) 交通行政许可告知听证权利通知书

2. 交通运输行政处罚文书

根据交通部《交通行政执法文书制作规范》,交通运输行政处罚文书包括:

(1) 现场笔录

(2) 举报记录

(3) 立案审批表

(4) 协助调查通知书

(5) 询问笔录

(6) 勘验(检查)笔录

(7) 抽样取证凭证

(8) 委托鉴定书

(9) 鉴定意见书

(10) 证据登记保存清单

(11) 证据登记保存处理决定书

(12) 车辆暂扣凭证

(13) 责令车辆停驶通知书

(14) 解除行政强制措施通知书

(15) 责令改正通知书

(16) 回避申请书

(17) 同意回避申请决定书

(18) 驳回回避申请决定书

(19) 案件处理意见书

(20) 违法行为通知书

(21) 陈述申辩书

(22) 听证通知书

(23) 听证公告

(24) 听证委托书

(25) 听证笔录

(26) 听证报告书

(27) 重大案件集体讨论记录

(28) 行政(当场)处罚决定书

(29) 行政处罚决定书

(30) 不予行政处罚决定书

(31) 分期(延期)缴纳罚款申请书

(32) 同意分期(延期)缴纳罚款通知书

(33) 不予分期(延期)缴纳罚款通知书

(34) 行政强制执行申请书

(35) 文书送达回证

(36) 处罚结案报告

3. 交通运输行政检查文书

交通运输行政检查文书包括：

(1) 现场笔录

(2) 询问笔录

(3) 勘验（检查）笔录

(4) 抽样取证凭证

4. 交通运输行政强制文书

交通运输行政强制文书包括：

(1) 车辆暂扣凭证

(2) 责令车辆停驶通知书

(3) 解除行政强制措施通知书

(4) 海事类行政强制文书

第五节　交通运输行政执法文书制作的基本要求

制作交通运输行政执法文书的基本要求有以下几方面：

一、符合法律规定

行政执法文书制作必须符合法律规定，才具有约束力、执行力和强制力。

1. 制作主体合法

　　交通运输行政执法文书只能由各级交通运输行政执法机关依法按照各自职能、权限相应制作。向当事人告知和送达的通知书、告知书、决定书等对外文书必须以交通运输行政主管部门或法规授权的交通运输执法机关的名义作出，并加盖本机关公章。受委托的交通运输执法机构只能以委托其的交通运输行政主管部门的名义作出。

2. 制作程序合法

　　交通运输行政执法文书应当按照交通运输行政执法机关作出的具体行政行为的顺序、步骤来制作。例如调查案件制作调查取证类执法文书如现场笔录、询问笔录等，办案人员不得少于两人，并应当出示《交通行政执法证》。重大行政案件应经集体讨论决定，制作重大案件集体讨论记录，并由全体出席人员本人签名。

3. 制作内容合法

行政执法文书中记载的所认定的事实必须经过认真审核认定;所取得的证据材料必须是通过合法手段收集;所适用的法律依据准确无误。例如证据登记保存清单中记载的证据,应当是能证明有关案件事实的证据材料。行政许可决定书和行政处罚决定书中填写的法律依据名称和条款应当准确。

4. 制作时效合法

执法文书的制作必须严格执行法律法规有关时限的规定。凡是相关法律、法规、规章明确规定时效的,必须在法定时效内制作完成。如《交通行政许可实施程序规定》中规定,交通行政许可申请材料不齐全或者不符合法定形式,申请人当场不能补全或者更正的,交通行政许可实施机关应当当场或者在5日内向申请人出具《交通行政许可申请补正通知书》,一次性告知申请人需要补正的全部内容,如果逾期不告知的,自收到申请材料之日起即为受理。交通运输行政许可实施机关在作出准予或者不予许可决定后,应当在10日内向申请人制作并送达《交通行政许可决定书》或者《不予交通行政许可决定书》。

二、内容完整准确规范

交通运输行政执法人员在制作执法文书时,要熟悉交通运输行政执法文书的惯用体例,要做到格式统一、内容齐全。

1. 格式统一

部相关的规章、文件已对交通运输行政执法文书的样式进行了统一。应根据执法的实际情况和具体过程,选用不同的交通运输行政执法文书,按照规定的格式,使用A4型纸填写或者打印制作。不同的交通运输行政执法文书在书写格式、事项内容、办案人签名、加盖印章方面有不同的要求,制作时应严格遵循相应的文书制作规范。

2. 文书栏目填制完整、准确

格式文书中设定的栏目,应逐项填写,不得遗漏和随意修改,无需填写的,应用斜线划去。确因错误需要进行修改的,可以用杠线划去修改处,在其上方或者接下处写上正确内容,并在改动处加盖印章,或者由当事人签名、盖章或捺指印确认。不同交通运输行政执法文书中的相同栏目填制内容应当一致。如不同执法文书中的"当事人"填制时应保持一致。

当事人情况应根据案件情况确定"个人"或者"法人或者其他组织","个人"、"法人或其他组织"两栏不能同时填写。当事人为公民的,姓名应填写身份证或户口簿上的姓名;住址应填写常住地址或居住地址;"年龄"应以公历周岁为准;当事人为法人或者其他组织的,填写的单位名称、法定代表人(负责人)、地址等事项应与工商登记注册信息一致,不得随意省略和使用代号。

询问笔录、现场笔录、勘验(检查)笔录、听证笔录等文书,应当当场制作并交当事人阅读或者向当事人宣读,由当事人逐页签字或盖章确认。当事人认为笔录内容无误的,应在笔录上写明"以上笔录无误"字样,并签名注明日期。当事人发现笔录有误,可以要求修改笔录,在每一处修改的地方,要让被询问人一一签名,予以确认。当事人要求作较大修改的,可以要求当事人在笔录后另外书写,并签名确认。当事人拒绝签字盖章或拒不到场的,执法人员应当在笔录中注明,并可以邀请在场的其他人员签字。

执法依据应当写明法律、法规、规章的规范文号或名称全称,并具体到条款、项,不得使用不规范的简称。

作出罚款决定,行政处罚决定书应写明指定的收款银行及地址。

交通行政执法文书中注明加盖交通行政执法机关印章的地方必须加盖印章,加盖印章应当清晰、端正。

3. 内容填制应当规范

执法文书应当使用蓝黑色或黑色签字笔或钢笔填写,做到文字规范、字迹清楚、文面整洁。执法文书首页不够填写的可附页记录,并标注页号,由执法人员和当事人签名并标注日期。两联以上的文书应当使用无碳复写纸印制,第一联留存归档。

执法文书中除编号、数量等必须使用阿拉伯数字的外,应当使用汉字。

案由填写应为:当事人姓名(名称)+涉嫌违法行为性质+案;当场处罚决

定书、立案审批表、违法行为通知书、行政处罚决定书等对外送达的交通运输行政执法文书应当编注案号,即:行政执法机关简称+执法门类+文书类别+年份+文书顺序号。

执法文书尾部要求签名或注明日期的,必须准确无误,并由执法人员、审核人、审批人等手签姓名,不得机打。

需要交付当事人的文书中设有签收栏的,由当事人直接签收;也可以由其同住的成年家属或委托代理人签收。文书中没有设签收栏的,应当使用文书送达回证。

三、表述清楚

交通运输行政执法文书应当使用公文语体,用词准确、精练,主旨明确。

1. 写清案件事实

一要写清事实要素,主要包括行政相对人实施行为的时间、地点、目的、动机、情节、手段、危害后果、证据及调查取证过程中的态度或辩解。二要写清关键情节。所谓关键情节主要是指决定或影响案件决定性的情节,涉及当事人法律责任的情节和影响严重程序的情节,这些情节在执法文书中必须叙述清楚。三要写清主要证据,特别要写清足以证明事实的主要证据,证据是事实赖以存在的基础,没有证据,事实就难以确认。

2. 清晰分析事理

执法文书中的理由包括认定事实的理由和适用法律的理由两个组成部分。首先,对事实的认定,要以证据来支撑。其次,分析理由要有针对性。无论是认定事实的理由还是适用法律的理由,都必须遵循"以事实为依据,以法律为准绳"的原则。特别是在交通运输行政执法中逐步推行的说理式文书更应注重此项要求。

其次准确适用法律。法律规定是执法文书中阐明理由和做出处理决定的准绳,在说理部分必须注意准确地适用法律规范。引证法律条文时要力求明确具体。若法律条文分款分项,则应有针对性地引用某条款某项,在不影响文字表述的前提下,应尽可能将法律条文的原文引出或写出原条文第×条第×款第×项,以达到表意完整、阐述有力的目的。此外，还应注意引证法律条文的次序。一般先引法律规定，再引法规规定，最后引规章规定；先引定性规定，再引处罚性规定。

四、用语规范

语言是人们交流思想的重要工具，交通运输行政执法文书所要传递的意思也要通过一定的语言形式体现出来，交通运输行政执法作为既涉及国家行政权力运作，又与社会群众切身利益密切相关的行政行为，执法语言运用的好坏直接关系到执法文书的质量和交通运输部门的权威。

1. 准确性

要如实反映案件事实，切实分析事理，逻辑推理严明，观点保持前后一致，做到法律、事实、论证的有机结合。要熟悉并正确使用行政执法专用术语，注意准确使用有关概念和数字，避免语意的不确定性，增强执法文书的法律性和严肃性。在句法上要严谨，不要使用推测性或含义不清、有歧义的词句。

2. 简洁性

制作交通运输行政执法文书时要善于概括，在说清事实、说明道理的基础上，要避免上下文在文字上、意思上的重复。用词造句简洁明了，行文干脆利落，做到言尽意止。

3. 平实性

交通运输行政执法文书的语言应当朴实，避免使用夸张、渲染、比兴等修辞手法，用平实的语言记叙事实、说明情况、阐述道理。选用通俗易懂的词语，不使用方言土语和冷僻词语。

4. 规范性

应当按《交通行政执法用语规范》的有关规定进行询问和告知，相应填制执法文书。例如，调查取证制作询问笔录时，用语为"现在向你询问有关问题，我们依法对询问情况制作笔录，请如实回答。如果你不如实回答，你将承担相应的法律责任"。

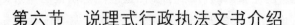

第六节　说理式行政执法文书介绍

随着我国依法行政进程及和谐社会构建的深入推进,社会公众的法律意识不断增强,目前普通行政执法书模式已经逐渐不能适应国务院《依法行政实施纲要》关于行政执法的要求,尤其体现在目前行政执法文书的说理性方面明显不足,这个不足,已经成为引起管理当事人与行政机关之间产生执法异议并因而提起行政复议和行政诉讼的一个重要因素,因此当前推行说理式执法文书显得极为迫切,直接关系到行政管理和行政执法水平的进一步提升。从目前全国各地推行说理式行政执法文书的情况看,由于行政处罚决定书是行政机关实施行政处罚最重要的执法文书,同时也是最终对当事人产生影响的法律文书,因此各地各部门推行说理式行政执法文书基本都以行政处罚决定书为重点。

推行说理式行政处罚决定书主要有以下几方面要求:

(1)说明案件事实

案件事实是定案的根据,法律文书的说理离不开案件事实。说理式行政处罚决定书,要围绕违法行为构成要件列举证据,并对证据的合法性、关联性、客观性加以论证,从而推导出案件违法事实,使阐明的事实具有说服力。案件事实的表述应完整准确,包括人物、时间、地点、事由、过程、结果。要抓住重点,详细叙述案件主要情节和因果关系。对影响案件裁量的情形应当写明。同时,案件事实的叙述要全面,按照事件发生的时间顺序客观、全面、真实地反映案情,对办案程序等方面的内容,也要求按照发生的时间顺序进行表述。叙述事实时要客观,不能有任何带有主观评论性语言。

(2)列出证据及其证明事项

列出认定违法事实的每份证据的名称及其证明事项,不仅充分显示出行政执法机关对证据的重视,更使得事实与证据间的关联性更加明显,对证据链的完整性提出高要求,据此得出的结论更具说服力。以往的处罚决定书几乎不能使当事人从中看出哪些证据证明了哪些事实。说理式处罚决定书清楚地罗列了行政机关收集的证据,使证据的证明效力明晰的展现出来。这样也可以使当事人比较清楚地了解哪些证据可能是对自己有利的、是可以利用的,使证据更能全面的发挥其效力,有利于当事人维护自身合法权益,使得行政处罚更加公正合理。

(3)说清自由裁量理由

说理式行政处罚决定书必须详尽解释和说明自由裁量权,最终确定行政处罚幅度,要把法律的规定同当事人的具体违法事实、情节及后果结合起来,从违法行为的构成要件确认当事人行为确实构成违法,解释和说明最终确定该处罚幅度的理由。

(4)体现当事人的观点

说理式处罚决定书还要将当事人的主要观点在文书中予以反映,并针对当事人的申辩,告知行政机关决定是否予以采纳及其理由,显示了行政机关对当事人合法权利的尊重。当事人的申辩是法律赋予其维护自身权利的重要手段。行政机关详诉对当事人申辩是否采纳的理由也是"说理式"重要的体现。

第七节 交通运输行政执法文书制作的电子化趋势

随着依法行政进程的深入推进,对交通运输行政执法的规范性以及科技含量提出了新的更高的要求,目前全国各地不少交通运输管理部门积极响应,掀起了行政执法信息化建设的高潮。特别是行政执法文书制作的电子化趋势尤为明显,一些地区的执法文书制作已初步实现了电子化,收到了节省人力、保证质量的效果,探索出了规范行政执法行为、提高行政执法效率的新途径。

实现交通运输行政执法文书制作的电子化,有以下优点:

1. 提高了行政执法效率

交通运输行政执法文书的电子化制作,能大幅度提高交通运输行政执法文书制作速度,提高交通运输行政执法办案的效能。同时也节省人力和物力,减少交通运输行政执法人员在文书制作方面工作量,以腾出更多的精力加大交通运输行政管理的力度。

2. 规范了行政执法行为

交通运输行政执法文书制作的电子化基本都依托一定的行政执法系统软

件。通过行政执法系统软件,打印制作行政执法文书,使得执法文书的制作受到相应执法软件设定的程序、规定的约束,从而实现交通运输行政执法权力的公开透明运行,降低了人为因素对交通运输行政执法工作的干扰,从机制上避免了交通运输行政执法行为的不规范。

3. 美化了行政执法文书

交通运输执法文书手工操作,由于执法人员素质参差不齐,很难做到文书的美观一致,少数执法文书甚至字迹潦草、错别字比比皆是,严重降低了交通运输行政执法的权威性。执法文书电子化制作后,所有文书均由计算机打印,文书制作能很容易的实现美观规范。

4. 便于行政执法的统计与分析

交通运输行政执法文书制作依托的执法系统软件基本具备较强的数据集成及统计分析功能,通过生成统计报表和有关数据分析图,是交通运输行政执法机关能更快、更全面、更直观地对交通运输行政执法工作的情况及工作趋势进行了解,从而为交通运输行政执法指导提供有力的参考。

第八章

交通运输行政许可文书的制作

第一节 交通运输行政许可文书概述

交通运输行政许可文书是公民、法人和其他组织向具有行政许可权限的交通行政许可主体(以下简称交通行政许可机关)提出行政许可申请所提供的书面凭证以及交通行政许可机关实施行政许可所使用的,以固定格式记载一定许可事项内容的法律文书。交通运输行政许可文书贯穿于交通行政许可程序的全过程,从申请人提出交通行政许可申请到交通行政许可主体做出行政许可决定,直至对许可事项的监督检查。

一、交通运输行政许可文书的特点

交通运输行政许可文书是交通运输行政执法文书的一种,具有交通运输行政执法文书的制作合法性、内容法定性、形式规范性、表述准确性和效力稳定性的普遍特点,但是也有依申请作出、确认申请人资格(资质)、体现公开公平公正原则、按照规定程序和便民高效相结合的原则实施等自身的特点。

1. 交通运输行政许可文书是依申请作出的执法文书

交通行政处罚、行政强制、行政检查等执法文书都是交通行政许可机关主动作出的,是依职权做出的行政行为,而交通行政许可是依申请人的申请作出的行政行为,如果没有申请人提出行政许可申请,行政许可程序就不会启动,许可主体就不需要制作交通运输行政许可文书。

2. 交通运输行政许可文书有确认申请人资格(资质)的作用

交通运输行政许可文书是交通行政许可机关应申请人的申请制作的文书,其目的是为了确认申请人的申请是否可以受理、确认申请人是否能够取得从事特定活动的资格(资质),不同于行政处罚文书禁止当事人从事特定活动、行政强制文书强制性要求当事人从事特定活动、行政检查文书查验当事人从事特定活动是否符合法律法规规章的规范等目的,有不同的作用。

3. 交通运输行政许可文书体现公开公平公正的原则

交通行政行为都要体现出公开、公正、公平的原则的要求,而其中的交通运输行政许可文书与其他种类的行政执法文书相比,在公平原则的规定上有更为突出的要求。这种要求反映了行政机关平等对待申请人,申请人有依法取得行政许可的平等权利。

4. 交通运输行政许可文书按照规定程序和便民高效相结合的原则实施

交通行政执法文书都要求按照规定程序实施,但是与交通行政处罚、行政强制、行政检查等文书对程序性要求更加严格所不同的是,行政许可在按照规定程序实施的前提下,应更加体现便民高效的原则。

二、交通运输行政许可文书的分类

(1)按照文书制作人分类可以分为申请人文书和行政机关文书。申请人填制并提交交通行政许可机关的各类文书属于申请人文书,如《交通行政许可申请书》;由交通行政机关制作的交通运输行政许可文书是行政机关文书,如《交通行政许可决定书》(《交通行政许可(当场)决定书》、《不予交通行政许可决定书》)。

(2)按照文书受理的时间顺序分类可以分为申请文书、受理文书、审查文书、决定文书。申请人为申请行政许可向交通行政许可机关提交的文书是申请文书,如《交通行政许可申请书》;交通行政许可机关收到申请人提交的申请时进行处理并向申请人出具的决定是否受理的文书是受理文书,如《交通行政许可申请受理通知书》(《交通行政许可申请不予受理决定书》);交通行政机关受理申请人的申请后进行审查的各类文书是审查文书,如《交通行政许可征求意

第八章
交通运输行政许可文书的制作

见通知书》;交通行政机关审查结束后根据审查结果做出是否予以许可的各类文书是决定文书,如《交通行政许可决定书》(《交通行政许可(当场)决定书》、《不予交通行政许可决定书》)。

(3)按照文书适用的对象分类可分为内部文书和外部文书。交通行政机关向申请人、利害关系人出具的或向社会发布的文书属于外部文书,交通行政许可机关在行政许可过程中为完善许可程序而实施内部流转的文书系内部文书。内部文书只对行政机关内部产生效力,不作用于行政相对人,不需要加盖行政许可实施机关的(行政许可专用)印章。

第二节 交通运输行政许可文书的制作要求及范例

一、交通运输行政许可文书制作的基本要求

(1)实施交通运输行政许可应当使用《交通行政许可实施程序规定》、《道路旅客运输及客运站管理规定》、《道路货物运输及站场管理规定》、《道路危险货物运输管理规定》、《道路运输从业人员管理规定》、《国际道路运输管理规定》等规章规定的行政许可文书。

(2)每种许可文书都应按照行政许可的办理环节相应使用,不得串用、混用、甚至不用。

(3)交通运输行政许可项目名称和许可条件必须统一,文书中涉及许可事项、申请人等内容时应前后一致。每项许可自申请提出,到作出行政许可决定,其文书编号都应统一。

(4)申请人的填写如下:

①属于法人或其他组织的应填写全称(一般以其印章为准)。处于设立阶段的企业,以工商行政管理机关预先核准的企业名称作为申请人报送审批名称。

属于公民,以合法有效身份证件记载的姓名作为申请人。

②申请人住址及邮政编码。法人或其他组织以其主要办公地或经营地为其住址;公民以其住所作为住址,经常居住地与住所不一致的,以其经常居住地为

住址。邮编以其所填写的住址为准。

③申请人联系方式。以申请人现有或常用的联系电话、电子信箱、传真为准。

④委托代理人的姓名及联系方式。委托代理人的身份证件姓名与书面委托的姓名应当一致,注意委托代理的权限是否与从事的代理内容一致。

(5)文书制作应工整清楚、语句准确简练,不得随意涂改,不得出现错别字和病句。

(6)需交付当事人的许可文书中应注明作出许可决定的实施机关的名称、实施日期并加盖印章。

(7)文书填写完毕后,空白栏目应用斜线画去。

二、交通运输行政许可文书种类

根据《交通行政许可实施程序规定》,交通运输行政许可文书共有12种一般格式文本,同时结合《道路旅客运输及客运站管理规定》、《道路货物运输及站场管理规定》、《道路危险货物运输管理规定》、《道路运输从业人员管理规定》、《国际道路运输管理规定》等专门的规章规定,还包括其他的交通运输行政许可专用格式文本。

(一)交通运输行政许可文书一般格式文本种类

(1)《交通行政许可申请书》

(2)《交通行政许可申请不予受理决定书》

(3)《交通行政许可申请补正通知书》

(4)《交通行政许可申请受理通知书》

(5)《交通行政许可(当场)决定书》

(6)《交通行政许可征求意见通知书》

(7)《延长交通行政许可期限通知书》

(8)《交通行政许可期限法定除外时间通知书》

(9)《交通行政许可决定书》

(10)《不予交通行政许可决定书》

第八章
交通运输行政许可文书的制作

（11）《交通行政许可听证公告》

（12）《交通行政许可告知听证权利书》

（二）其他交通行政许可专用格式文本种类

1. 道路运输行政许可专用格式文本种类

由于道路运输管理存在门类的多样性、内容的复杂性、许可条件及标准的差异性较大的特点，《交通行政许可实施程序规定》中的12种一般格式文本，还不能完全满足具体的道路运输管理各门类的许可程序的要求，因此交通运输部为了保证道路运输行政许可的便民、高效，较好的体现其专业性强的特点，在《交通行政许可实施程序规定》之后，所公布的道路运输管理方面的规章中，结合道路运输管理的特点，附加了专用行政许可格式文本。

（1）《道路旅客运输及客运站管理规定》规定的其他行政许可专用格式文本：

①《道路旅客运输经营申请表》

②《道路旅客运输班线经营申请表》

③《道路旅客运输站经营申请表》

④《道路客运经营行政许可决定书》

⑤《道路客运班线经营行政许可决定书》

⑥《道路旅客运输站经营行政许可决定书》。

（2）《道路货物运输及站场管理规定》规定的其他行政许可专用格式文本：

①《道路货物运输经营申请表》

②《道路运输站（场）经营申请表》

③《道路货物运输经营许可决定书》

④《道路货物运输站（场）经营许可决定书》

（3）《道路危险货物运输管理规定》规定的其他行政许可专用格式文本：

①《道路危险货物运输经营申请表》

②《道路危险货物运输申请表》

③《道路危险货物运输行政许可决定书》

（4）《道路运输从业人员管理规定》规定的其他行政许可专用格式文本：

①《经营性道路客货运输驾驶员从业资格考试申请表》

②《道路危险货物运输从业人员从业资格考试申请表》

(5)《国际道路运输管理规定》规定的其他行政许可专用格式文本:

①《国际道路运输经营许可申请表》

②《中华人民共和国国际道路运输经营许可决定书》

③《中华人民共和国国际道路运输班线经营许可决定书》

④《中华人民共和国外国(境外)运输企业在中国设立常驻代表机构许可决定书》

2. 海事行政许可专用格式文本种类

(1)《海事行政许可受理通知书》

(2)《海事行政许可不予受理通知书》

(3)《海事行政许可补正通知书》

(4)《授权委托书》

(5)《海事行政许可事项核查意见书》

(6)《海事行政许可审查意见书》

(7)《海事行政许可事项关系他人重大利益告知书》

(8)《海事行政许可笔录》

(9)《海事行政许可审查延期建议书》

(10)《海事行政许可延期告知书》

(11)《海事行政许可决定书》

(12)《不予海事行政许可决定书》

(13)《海事行政许可听证公告》

(14)《海事行政许可听证申请通知书》

(15)《海事行政许可听证会通知书》

(16)《海事行政许可听证笔录》

(17)《海事行政许可听证意见书》

(18)《海事行政许可准予变更决定书》

(19)《海事行政许可不予变更决定书》

(20)《海事行政许可准予延续决定书》

(21)《海事行政许可不予延续决定书》

三、交通运输行政许可文书具体制作要求

（一）交通行政许可申请书

1. 适用情形

本文书是公民、法人或其他组织,向交通行政许可机关提出申请行政许可事项而填制的文书。

2. 填制说明

（1）申请的交通行政许可事项及内容

交通运输行政法律规范所设定的行政许可事项,为申请的行政许可范围。

申请人在交通运输行政许可事项范围内,填制所要申请的许可项目名称及内容。

（2）申请材料目录

目录的填写,应对照交通行政许可机关公示的全部申请材料目录,逐一填写,并写明各项材料的份数。

（3）申请日期、申请人签字或盖章

申请人按以上要求逐项填写完毕后,以当日的申请时间,作为申请日期。

签字或盖章应当与申请人名称一致,委托代理的,由代理人签字。

3. 注意事项

申请人在填写本文书提交申请人时,具体办理行政许可的工作人员,须告知申请人,应当如实向交通行政许可机关提交有关材料和反映情况,并对申请材料实质内容的真实性负责。

4. 范例

交通行政许可申请书

申请人名称	××市华东驾培中心	申请人联系方式	电话	05××-8765×××
			手机	13912345×××
申请人住址及邮政编码	××市××路×号 ××0000		Email	/
			传真	05××-4567×××
委托代理人的姓名及联系方式	张×× 18912345×××			
申请的交通行政许可事项及内容	普通机动车驾驶员培训(二级)			
申请材料目录	(1)申请人身份证明及复印件； (2)经营场所使用权证明或产权证明及复印件； (3)教练场地使用权证明或产权证明及复印件；租用教练场地的，还应当有书面租赁合同和出租方土地使用证明，租赁期限不少于3年； (4)教练场地技术条件说明； (5)教学车辆技术条件、车型及数量证明； (6)教学车辆购置证明； (7)各类设施、设备清单； (8)拟聘用人员名册及资格、职称证明，其中还应提交相关人员安全驾驶经历证明，安全驾驶经历的起算时间自申请材料递交之日起倒计； (9)其他按规定需提交的相关材料(略)			
申请日期	××年××月××日	申请人签字或盖章	××市华东驾培中心 (盖章)	

注：1. 申请书由交通行政许可的实施机关负责免费提供；

2. 申请人应当如实向实施机关提交有关材料和反映情况,并对申请材料实质内容的真实性负责。

(二)交通行政许可申请不予受理决定书

1. 适用情形

本文书是申请人向交通行政许可机关提出行政许可的申请后,经依法审查,认为申请事项依法不属于本实施机关职权范围,而是属于其他行政许可机关职权范围,向申请人出具的不受理该行政许可申请的凭证。

2. 填制说明

(1)被告知人为《交通行政许可申请书》或《申请表》中的申请人。

(2)指向的提出时间,为交通行政许可机关收到《交通行政许可申请书》或《申请表》的时间。

(3)指向的提出许可事项,为《交通行政许可申请书》或《申请表》中的申请事项名称。

(4)告知申请人向有关行政许可机关申请行政许可和行政复议、司法救济途径时,应准确指向具有管辖权限范围行政机关或司法机关的名称。

3. 注意事项

(1)本文书一式两份,一份送申请人,一份实施机关存档。

(2)应当准确向有关行政许可机关申请行政许可和行政复议、司法救济途径时,实施机关不了解的,应当主动查询或者向有关机关咨询。

4. 范例

交通行政许可申请不予受理决定书

编号：×交运许字(2010)第×号

××市××公司_____：

  你于____××__年____××__月____××__日提出_____××-××省际客运班线__的____申请。

  经审查，该申请事项不属于本行政机关职权范围，建议向__×省运输管理局__提出申请。

  根据《行政许可法》第三十二条规定，决定对你提出的申请不予受理。

  申请人如对本决定不服，可以在收到本决定书之日起60日内向__×市交通运输局____申请复议，也可以在收到本决定书之日起三个月内直接向人民法院提起行政诉讼。

  特此通知。

××行政许可机构(印章)

××年××月××日

(三) 交通行政许可申请补正通知书

1. 适用情形

本文书是申请人向交通行政许可机关提出行政许可的申请后,实施机关在对申请人所提交全部申请材料进行形式审查,发现申请材料不齐全或者不符合法定形式,且申请人当场不能补全或者更正时,而当场或者在5日内一次性告知申请人需要补正的全部材料而制作的凭证。

2. 填制说明

(1) 被告知人为《交通行政许可申请书》或《申请表》中的申请人。

(2) 指向的提出时间,为交通行政许可机关收到《交通行政许可申请书》或《申请表》的时间。

对照公示的申请材料目录,逐项有序的分别写明"补充……"、"更正……"材料名称。

3. 注意事项

(1) 本文书一式两份,一份送申请人,一份实施机关存档。

(2) 应当准确、完整的告知申请人需要补正或更正的申请材料。

4. 范例

交通行政许可申请补正通知书

编号:×交运许字(2010)第×号

××市××公司_____:

你于____××__年__××__月__××__日提出道路旅客运输站经营申请。

根据《行政许可法》第三十二条第一款第(四)项的规定,请你对申请材料作如下补正:更正:1.客运站竣工验收证明;补充:2.负责人身份证明及其复印件_____

_____。

特此通知。

××行政许可机构(印章)

××年××月××日

(四)交通行政许可申请受理通知书

1. 适用情形

本文书是申请人向交通行政许可机关提出行政许可的申请后,实施机关认为申请事项属于本机关职权范围,申请材料齐全,符合法定形式,或者申请人已提交全部补正申请材料,而向申请人出具的正式受理行政许可申请的凭证。

2. 填制说明

(1)被告知人为《交通行政许可申请书》或《申请表》中的申请人。

(2)指向的提出时间,为交通行政许可机关收到《交通行政许可申请书》或《申请表》的时间。

(3)指向的提出许可事项,为《交通行政许可申请书》或《申请表》中的申请事项名称。

3. 注意事项

(1)本文书一式两份,一份送申请人,一份实施机关存档。

(2)在作出此通知书之前,实施机关应当准确、完整、正确地对申请材料进行形式审查。

(3)该文书出具之日,标志着法定的行政许可期限开始计算。

(4)当场作出许可决定的,可不出具本文书。

4. 范例

交通行政许可申请受理通知书

编号：×交运许字(2010)第×号

××市××运输公司_____：
  你于____××__年___××__月___××__日提出__道路危险货物运输经营(第三类)__申请。
  经审查，该申请事项属于本机构职责范围，申请材料符合法定的要求和形式，根据《行政许可法》第三十二条的规定，决定予以受理。

××行政许可机构(印章)
××年××月××日

(五)交通行政许可(当场)决定书

1. 适用情形

本文书是交通行政许可机关对申请人提交的申请材料经审查后,认为材料齐全,符合法定形式,无需再对申请材料的实质内容进一步核实,行政许可事项没有直接关系他人重大利益的,实施机关能够当场准予申请人从事许可行为的凭证。

2. 填制说明

(1)被告知人为《交通行政许可申请书》中的申请人。

(2)指向的提出时间,为交通行政许可机关收到《交通行政许可申请书》或《申请表》的时间。

(3)许可决定依据,应当填写该行政许可事项法定依据的全称及条、款、项。

(4)准予许可的事项,应当填写准予被许可人从事许可事项的名称及范围。

(5)注明向申请人颁发的行政许可证件名称。

3. 注意事项

本文书一式两份,一份送申请人,一份实施机关存档。

4. 范例

<h1 style="text-align:center">交通行政许可(当场)决定书</h1>

编号：×交运许字(2010)第×号

××市如意汽车修理部_____：
　　你于___××__年__××__月__××__日提出__三类汽车维修经营__申请。
　　经审查，你提交的申请材料齐全，符合__《中华人民共和国道路运输条例》第三十九条；《机动车维修管理规定》第七条、第十一条、第十四条__规定的形式，根据《行政许可法》第三十四条第二款的规定，决定准予交通行政许可，准予你依法从事下列活动：__三类汽车维修经营__。
　　本机关将在作出本决定之日起 10 日内向你颁发、送达__《道路运输经营许可证》__证件。

××行政许可机构(印章)
××年××月××日

（六）交通行政许可征求意见通知书

1. 适用情形

本文书是交通行政许可机关对行政许可申请进行审查时，发现行政许可事项直接关系他人重大利益，为了保证行政许可活动的顺利进行，而制作的通知有利害关系各方就申请的许可项目有权进行陈述、申辩的凭证。

2. 填制说明

（1）被告知人为与行政许可事项有直接关系的利害关系人。

（2）申请人系指《交通行政许可申请书》或《申请表》中的申请人。

（3）指向的提出时间，为交通行政许可机关收到《交通行政许可申请书》或《申请表》的时间。

（4）指向的提出许可事项，为《交通行政许可申请书》或《申请表》中的申请事项名称。

（5）本机关地址为许可办理机关地址，即该利益关系人可到何地向交通行政许可机关提出意见。

（6）联系人及联系方式写明具体办理这一许可事项的工作人员姓名与联系电话等。

（7）所附申请书及必要的相关申请材料的列明，主要是指申请事项直接涉及他人重大利益的相关材料复印件或有关说明。

3. 注意事项

（1）本文书一式两份，一份送申请人，一份实施机关存档。

（2）交通行政许可机关应当查实具有与申请许可事项有直接重大利害的关系人。

（3）如果利害关系人是不特定的人，可以采用公告的方式通知。

4. 范例

交通行政许可征求意见通知书

编号：×交运许字(2010)第×号

×××：

  (申请人)　×市××公司　于　××　年　××　月　××　日提出　道路货物运输站经营　的申请。经审查，该申请事项可能与你(单位)有直接重大利益关系。根据《中华人民共和国行政许可法》第三十六条的规定，现将该申请事项告知你(单位)。请于接到该通知书之日起 3 日内提出意见。逾期未提出意见的，视为无意见。

  本机关地址　×市××路×号　。
  联系人及联系方式　×××05××-8765×××　。
  特此告知。

  附：申请书及必要的相关申请材料(复印件)。

××行政许可机构(印章)
××年××月××日

(七)延长交通行政许可期限通知书

1. 适用情形

本文书是交通行政许可机关在向申请人作出正式受理决定后,由于在规定的期限内不能作出行政许可决定,经实施机关负责人批准后,延长10日,而通知申请人延长办结行政许可时限的凭证。

2. 填制说明

(1)被告知人为《交通行政许可申请书》或《申请表》中的申请人。

(2)指向的提出时间,为交通行政许可机关收到《交通行政许可申请书》或《申请表》的时间。

(3)指向的提出许可事项,为《交通行政许可申请书》或《申请表》中的申请事项名称。

(4)指向的受理时间,为实施机关制作的《交通行政许可申请受理通知书》的日期。

(5)应当写明延长期限的理由。

3. 注意事项

本文书一式两份,一份送申请人,一份实施机关存档。

延期至××年××月××日,这个日期延长期限最长不得超过10个工作日。

4. 范例

延长交通行政许可期限通知书

编号：×交公许字（2010）第×号

××市××运输公司_____：

  你于___××_年___××_月___××_日提出___超限运输行驶公路的_申请，已于___××_年___××_月___××_日受理。由于___许可申请需征求沿线外省若干部门意见的___原因，二十日内不能作出行政许可的决定。根据《中华人民共和国行政许可法》第四十二条的规定，经本行政机关负责人批准，审查期限延长十日，将于___××_年___××_月___××_日前作出决定。

  特此通知。

××行政许可机构（印章）

××年××月××日

（八）交通行政许可期限法定除外时间通知书

1. 适用情形

本文书是交通行政许可机关在向申请人作出正式受理决定后，依照法律、法规、规章的规定需要听证、招标、拍卖、检验、检测、检疫、鉴定和专家评审的，所需时间不计算在行政许可办结法定期限内时，为让申请人及时了解审查进程和期限，而制作的告知申请人法定除外时间的凭证。

2. 填制说明

(1) 被通知人为《交通行政许可申请书》或《申请表》中的申请人。

(2) 指向的提出时间，为交通行政许可机关收到《交通行政许可申请书》或《申请表》的时间。

(3) 指向的提出许可事项，为《交通行政许可申请书》或《申请表》中的申请事项名称。

(4) 指向的受理时间，为实施机关制作的《交通行政许可申请受理通知书》的日期。

(5) 法定除外时间需要注明法定的理由和依据，法定除外时间应写明所依据法律规范的全称及具体条、款、项。

(6) 在选择项中，根据适用的情形在相应栏目前"（　）"中打"√"。

3. 注意事项

本文书一式两份，一份送申请人，一份实施机关存档。

4.范例

交通行政许可期限法定除外时间通知书

编号：×交运许字(2010)第×号

××市××客运公司＿＿＿＿＿＿＿＿：

你于＿××＿年＿××＿月＿××＿日提出＿道路客运(班线)经营＿申请，已于＿××＿年＿××＿月＿××＿日受理。根据＿《中华人民共和国道路运输条例》第十二条＿的规定，需要：

（　）1.听证，所需时间为＿＿＿＿＿＿＿＿＿＿＿＿。
（√）2.招标，所需时间为＿＿×日＿＿＿＿＿＿＿。
（　）3.拍卖，所需时间为＿＿＿＿＿＿＿＿＿＿＿＿。
（　）4.检验，所需时间为＿＿＿＿＿＿＿＿＿＿＿＿。
（　）5.检测，所需时间为＿＿＿＿＿＿＿＿＿＿＿＿。
（　）6.检疫，所需时间为＿＿＿＿＿＿＿＿＿＿＿＿。
（　）7.鉴定，所需时间为＿＿＿＿＿＿＿＿＿＿＿＿。
（　）8.专家评审，所需时间为＿＿＿＿＿＿＿＿＿。

根据《中华人民共和国行政许可法》第四十五条的规定，上述所需时间不计算在规定的期限内。

特此通知。

××行政许可机构(印章)
××年××月××日

注：根据上述8种不同情况，在符合的情形前括号内画"√"。

第八章 交通运输行政许可文书的制作

（九）交通行政许可决定书

1. 适用情形

本文书是交通行政许可机关对申请行政许可事项全部审查完毕，认为申请符合法定条件、标准，经实施机关负责人批准，准予申请人从事许可行为的凭证。

2. 填制说明

（1）被告知人为《交通行政许可申请书》中的申请人。

（2）指向的提出时间，为交通行政许可机关收到《交通行政许可申请书》或《申请表》的时间。

（3）指向的提出许可事项，为《交通行政许可申请书》或《申请表》中的申请事项名称。

（4）许可决定依据，应当填写该行政许可事项法定依据的全称及条、款、项。

（5）准予许可的事项，应当填写准予被许可人从事许可事项的名称及范围。

（6）注明向申请人颁发的行政许可证件名称。

3. 注意事项

（1）本文书一式两份，一份送申请人，一份实施机关存档。

（2）引用的法律规范要做到准确、严谨，必须是作出本项许可的直接依据，不得引用无关条款，以免误导。

（3）交通行政许可涉及占用公路、航道等基础交通设施，准予许可的事项应当明确施工时间、地点、方式等内容。

4. 范例

交通行政许可决定书

编号：×交公许字(2010)第×号

××有限责任公司：

  你于 ×× 年 ×× 月 ×× 日提出 在312国道K××+××m右侧实施公路用地范围内埋设管线的 申请。

  经审查，你提交的申请材料齐全，符合 《中华人民共和国公路法》第四十五条 规定的条件、标准，根据《中华人民共和国行政许可法》第三十四条第一款、第三十八条第一款的规定，决定准予交通行政许可，准予你依法从事下列活动：1.在312国道K××+××m至K××+××m右侧实施公路用地范围内埋设自来水管一道，管道管径为0.2m，长度150m；2.施工单位应按照公路工程技术施工标准实施，管顶顶部距路面不少于1.5m；3.施工单位应做好现场管理、规范施工，确保安全。4.施工时间为×月×日至×月×日。

  本机关将在作出本决定之日起十日内向你颁发、送达 ×××× 证件。

××行政许可机关(印章)

××年××月××日

（十）不予交通行政许可决定书

1. 适用情形

本文书是交通行政许可机关对申请行政许可事项全部审查完毕，认为不符合法律规定的条件或标准，决定不予批准而制作的否定式行政许可凭证。

2. 填制说明

（1）被告知人为《交通行政许可申请书》或《申请表》中的申请人。

（2）指向的提出时间，为交通行政许可机关收到《交通行政许可申请书》或《申请表》的时间。

（3）指向的不准予许可事项，为《交通行政许可申请书》或《申请表》中的申请事项名称。

（4）不准予行政许可的理由简明扼要，以法定条件、标准作为依据。

（5）不准予行政许可决定依据，应当填写该行政许可事项法定依据的全称及条、款、项。

（6）告知申请人对不服本决定的行政和司法救济途径。

3. 填制要求

本文书一式两份，一份送申请人，一份实施机关存档。

4. 范例

<h1 style="text-align:center">不予交通行政许可决定书</h1>

编号：×交运许字(2010)第×号

××市××运输公司_____：

  你于___××___年___××___月___××___日提出__道路危险货物运输经营__申请。经审查，你的申请存在_你单位专用车辆技术性能不符合国家标准《营运车辆综合性能要求和检验方法》(GB 18565—2001)的要求_问题，不符合 《中华人民共和国道路运输条例》第二十四条;《道路危险货物运输管理规定》第八条__的规定，根据《行政许可法》第三十八条第二款的规定，决定不予交通行政许可。

  申请人如对本决定不服，可以在收到本决定书之日起60日内向__××市交通运输局__申请复议，也可以在收到本决定书之日起三个月内直接向人民法院提起行政诉讼。

××行政许可机构(印章)
××年××月××日

(十一) 交通行政许可听证公告

1. 适用情形

本文书是交通行政许可机关对行政许可申请进行审查,发现该申请的许可事项依照法律、法规和规章的规定需要听证,或者实施机关认为需要听证,且不涉及国家秘密、商业秘密、个人隐私的情况下,为了保证行政许可活动的顺利进行,向社会公告举行听证时,而制作的告示。

2. 填制说明

(1) 被告知人为不特定的公民、法人或者其他组织。

(2) 指向的申请人,为《交通行政许可申请书》或《申请表》中的申请人。

(3) 指向的提出时间,为交通行政许可机关收到《交通行政许可申请书》或《申请表》的时间。

(4) 指向的提出许可事项,为《交通行政许可申请书》或《申请表》中的申请事项名称。

(5) 在选择项中,根据适用的情形在相应栏目前"(　)"中打"√"。

(6) 注明申请参加行政许可听证的截止时间。

(7) 对外公示的公告,应当注明举行听证会的实施机关的名称、公告日期并加盖印章。

(8) 本机关地址为许可办理机关地址,即该相关人员可到何地向交通行政许可机关提出意见。

(9) 联系人及联系方式写明具体办理这一许可事项的工作人员姓名与联系电话等。

3. 注意事项

本文书除实施机关存档外,公告样式及内容在不变更的情形下,根据实际需要,决定正式公告的大小尺寸。

4.范例

交通行政许可听证公告

编号:×交运许字(2010)第×号

××市××公司于＿×× 年＿×× 月＿×× 日提出＿道路货物运输站经营＿的申请。经审查,该申请事项属于:

(　)1.根据法律、法规、规章规定应当听证的事项;

(√)2.本机关认为该申请事项涉及公共利益,需要听证。

根据《中华人民共和国行政许可法》第四十六条的规定,拟举行听证,请要求听证的单位或者个人于＿×× 年＿×× 月＿×× 日前向本机关登记,并提供联系电话、通信地址、邮政编码。逾期无人提出听证申请的,本机关将依法作出交通行政许可决定。

本机关地址＿××市××路×号＿。

联系人及联系方式＿×××　　05××-8765××××＿。

特此公告。

××行政许可机构(印章)

××年××月××日

注:根据上述两种不同情况,在符合的情形前括号内画"√"。

(十二)交通行政许可告知听证权利书

1. 适用情形

本文书是交通行政许可机关对行政许可申请进行审查,发现申请人与他人之间有重大利益冲突时,实施机关在作出行政许可决定前,告知申请人、利害关系人享有要求听证的权利,而制作的通知凭证。

2. 填制说明

(1)被告知人为申请人、利害关系人。

(2)指向的申请人,为《交通行政许可申请书》或《申请表》中的申请人。

(3)指向的提出时间,为交通行政许可机关收到《交通行政许可申请书》或《申请表》的时间。

(4)指向的提出许可事项,为《交通行政许可申请书》或《申请表》中的申请事项名称。

(5)本机关地址为许可办理机关地址,即申请人、利害关系人可到何地向交通行政许可机关提出意见。

(6)联系人及联系方式写明具体办理这一许可事项的工作人员姓名与联系电话等。

(7)所附申请书及必要的相关申请材料的列明,主要是指申请人与他人之间存在重大利益的相关材料复印件或有关说明。

3. 注意事项

(1)本文书应当根据申请人、利害关系人分别制作。每份一式两份,一份送申请人(利害关系人),一份实施机关存档。

(2)交通行政许可机关应当查实具有与申请许可事项有直接重大利害的关系人。

4. 范例

交通行政许可告知听证权利书

编号：×交运许字(2010)第×号

×××　　　　　　：

　　××市××公司于＿＿××＿年＿××＿月＿××＿日提出＿道路货物运输站经营＿的申请。经审查，该申请事项可能与你(单位)有重大利益关系。根据《中华人民共和国行政许可法》第四十七条的规定，现将该申请事项告知你(单位)，你(单位)可以要求对此申请举行听证。接到该通知书之日起5日内如未提出听证申请的，视为放弃此权利。

　　本机关地址××市××路×号＿＿＿＿＿＿＿＿＿＿。
　　联系人＿＿＿×××＿＿＿＿＿＿＿＿＿＿＿＿＿＿。
　　联系方式＿05××－8765×××＿＿＿＿＿＿＿＿＿＿。
　　特此告知。

附：申请书及必要的相关申请材料(复印件)。

××行政许可机构(印章)
××年××月××日

第三节　交通运输行政许可文书实例

一、交通运输行政许可文书实例(当场决定简易程序)

案件背景：2010年4月8日，××运输有限公司向××市运输管理处申请道路货物(危险货物除外)运输经营(普货)，××市运管处当场作出了准予许可的决定。

交通行政许可申请书

申请人名称	××运输有限公司	申请人联系方式	电话	/
			手机	1385290××××
申请人住址及邮政编码	××市宝塔路××号××0000		Email	/
			传真	/
委托代理人的姓名及联系方式	崔×× 1385290××××			
申请的交通行政许可事项及内容	道路货物(危险货物除外)运输经营(普货)			
申请材料目录	1. 投资人、负责人身份证明及复印件,经办人的身份证明及复印件和委托书。 2. 机动车辆行驶证、车辆检测合格证明复印件;或拟购置运输车辆的承诺书。 3. 聘用或拟聘用驾驶员的机动车驾驶证、从业资格证及其复印件。 4. 安全生产管理制度文本。			
申请日期	2010年04月08日	申请人签字或盖章	××运输有限公司	

货运1表第1页　共4页

道路货物运输经营申请表	受理申请机关专用

说明

1. 本表根据《道路货物运输及站场管理规定》制作，申请从事道路货物运输经营应当向县级道路运输管理机构提出申请，填写本表，并同时提交其他相关材料（材料要求见第4页）。
2. 本表可向各级道路运输管理机构免费索取，也可自行从交通运输部网站（www.moc.gov.cn）下载打印。
3. 有关常见问题可查询交通运输部网站。
4. 本表必须用钢笔填写或计算机打印，要求用正楷，字迹工整。

申请人基本信息

申请人名称	××运输有限公司		
	要求填写企业（公司）全称、企业预先核准全称或个体经营者姓名		
负责人姓名	张××	经办人姓名	崔××
	如系个人申请，不必填写"负责人姓名"及"经办人姓名"项		
通信地址	××市宝塔路××号		
邮　　编	××2000	电　　话	8765××××
手　　机	138120×××××	电子邮箱	/

申请许可内容　　　　　　请在□内画√

拟申请的道路货物运输经营范围或拟申请扩大的道路货物运输经营范围：

普通货运	☑	专用运输	□	大型物件运输	□

如拟申请扩大道路货物运输经营范围，请选择现有的经营范围：

普通货运	□	专用运输	□	大型物件运输	□

货运1表第2页 共4页

货物运输车辆信息

已购置货物运输车辆情况

序号	厂牌型号	数量	载重质量(t)	车辆技术等级	外廓尺寸(mm)
1	跃进×××	1	1.74	1级	5960×1960×2200
2					
3					
4					
5					
6					

表格不够,可另附表填写。外廓尺寸指车辆长×宽×高。

拟购置货物运输车辆情况

序号	厂牌型号	数量	载重质量(t)	车辆技术等级	外廓尺寸(mm)
1	东风×××	1	10	1级	5995×2090×2260
2					
3					
4					
5					
6					

表格不够,可另附表填写。外廓尺寸指车辆长×宽×高。

如申请扩大经营范围,请填写"现有运输车辆情况"表

现有运输车辆情况

序号	道路运输证号	厂牌型号	车辆数量	载重质量(t)	车辆技术等级	外廓尺寸(mm)
1						
2						
3						
4						
5						
6						

表格不够,可另附表填写。外廓尺寸指车辆长×宽×高。

货运1表第3页 共4页

拟聘用营运货车驾驶员情况

序号	姓名	性别	年龄	取得驾驶证时间	从业资格证号	从业人员资格类型
1						
2						
3						
4						
5						
6						
7						
8						
9						
10						
11						
12						
13						
14						
15						
16						
17						
18						
19						
20						
21						
22						
23						
24						
25						
26						
27						
28						
29						
30						

表格不够,可另附表填写。

货运1表第4页　共4页

申请材料核对表　　　　请在☐内画√

1. 道路货物运输经营申请表(本表)　　　　　　　　　　　　　　☐

2. 负责人、办理人身份证明和委托书　　　　　　　　　　　　　☐

3. 现有机动车辆行驶证、车辆技术等级证书或车辆技术检测合格证复印件,拟购置运输车辆的承诺书　　　　　　　　　　　　　　　　　　　　　　　　　　☐

4. 已聘用或拟聘用驾驶员的机动车驾驶证、从业资格证及其复印件　　☐

5. 安全生产管理制度文本　　　　　　　　　　　　　　　　　　☐

只有上述5份材料齐全有效后,您的申请才能受理。

声明

我声明本表及其他相关材料中提供的信息均真实可靠。

我知悉如此表中有故意填写的虚假信息,我取得的道路运输经营许可将被吊销。

我承诺我将遵守《中华人民共和国道路运输条例》及其他有关道路运输法规的规定。

负责人签名_____　　　　日期_____

负责人职位_____

如系个人申请不必填写"负责人职位"项。

交通行政许可申请受理通知书

编号：×交运许字（2010）第×号

××运输有限公司　　　：

你于2010年04月08日提出<u>道路货物（危险货物除外）运输经营（普货）</u>申请。

经审查，该申请事项属于本机构职责范围，申请材料符合法定的要求和形式，根据《行政许可法》第三十二条的规定，决定予以受理。

××行政许可机构（印章）
2010年04月08日

交通行政许可（当场）决定书

编号：×交运许字（2010）第×号

××运输有限公司　　　：

你于2010年04月08日提出<u>道路货物（危险货物除外）运输经营（普货）</u>申请。

经审查，你提交的申请材料齐全，符合<u>《中华人民共和国道路运输条例》第二十五条</u>规定的形式，根据《行政许可法》第三十四条第二款的规定，决定准予交通行政许可，准予你依法从事下列活动：<u>道路货物（危险货物除外）运输经营（普货）</u>。

本机关将在作出本决定之日起十日内向你颁发、送达<u>《道路运输经营许可证》</u>证件。

××行政许可机构（印章）
2010年04月08日

二、交通运输行政许可文书实例（一般程序）

1. 案件背景

2010年4月1日××市交通汽车运输有限公司向××省运输管理局提出

开行××市至××市际班线的申请,××省运输管理局受理了该行政许可申请,在审查过程中发现该行政许可事项可能与第三人有直接重大利益关系,故出具了《交通行政许可征求意见通知书》,并且实施了招标、听证等程序,向当事人下达了《交通行政许可期限法定除外时间通知书》,审查结束,于5月5日作出了准予行政许可的决定。

交通行政许可申请书

申请人(及法定代表人)名称	××市交通汽车运输有限公司	申请人联系方式	电话	05××-8515×××
			手机	1895298××××
申请人住址及邮政编码	××市港东南路××号××0000		Email	××××@126.com
			传真	05××-8515×××
委托代理人的姓名及联系方式	郭×　　　1895298××××			
申请的交通行政许可事项及内容	新辟市际道路客运班线(××市至××市市际班线)			
申请材料目录	(一)经办人的身份证明及其复印件,所在单位的工作证明或者委托书。 (二)《道路运输经营许可证》复印件。 (三)可行性报告,包括申请客运班线客流状况调查、运营方案、效益分析以及可能对其他相关经营者产生的影响等。 (四)进站方案。已与起讫点客运站和停靠站签订进站意向书的,应当提供进站意向书。 (五)运输服务质量承诺书。 (六)与所申请客运班线类型相适应的企业自有营运客车的行驶证、《道路运输证》复印件或者由所在地市级道路运输管理机构出具的企业自有营运客车情况证明。 (七)拟投入车辆承诺书,包括客车数量、类型及等级、技术等级、座位数以及客车外廓长、宽、高等。若拟投入客车属于已购置或者现有的,应提供行驶证、车辆技术等级证书(车辆技术检测合格证)、客车等级评定证明及其复印件。 (八)拟聘用驾驶人员的驾驶证和从业资格证及其复印件,公安部门出具的3年内无重大以上交通责任事故的证明。 (九)参加招投标的,在招投标过程中还应当提交下列材料: 1.投标函; 2.投标项目实施方案及说明; 3.投标项目服务质量承诺; 4.投标人资质、资信证明文件; 5.所在地县级以上公安部门或安全生产监督部门出具的上一年度至招投标时企业交通安全营运情况证明; 6.法律、法规、规章和招标文件要求具备的其他相关证明材料。			
申请日期	2010年4月1日	申请人签字或盖章	××市交通汽车运输有限公司(盖章)	

注:1.本申请书由交通行政许可的实施机关负责免费提供;
　　2.申请人应当如实向实施机关提交有关材料和反映情况,并对申请材料实质内容的真实性负责。

申请表第 1 页　共 4 页

增加道路客运班线经营申请表

受理申请机关专用

说明

1. 本表根据《道路旅客运输及客运站管理规定》制作，申请从事道路旅客运输班线经营应当按照《道路旅客运输及客运站管理规定》第二章的有关规定向相应道路运输管理机构提出申请，填写本表，并同时提交其他相关材料（材料要求见第 4 页）。
2. 本表可向各级道路运输管理机构免费索取，也可自行从交通运输部网站（www.moc.gov.cn）下载打印。
3. 本表需用钢笔填写或计算机打印，请用正楷，要求字迹工整。

申请人基本信息

申请人名称　　××交通汽车运输有限公司
　　　　　　　要求填写企业（公司）全称或企业预先核准全称、个体经营者姓名
负责人姓名　　张×　　　　　　经办人姓名　　李×
　　　　　　　如系个人申请，不必填写"负责人姓名"及"经办人姓名"项
通信地址　　××市港东南路××号
邮　　编　　××0000　　　　　电　　话　　0＊＊＊－12345678
手　　机　　13＊＊＊＊0000　　电子邮箱　　／
经营许可证编号×12345678

已获得道路班车客运经营许可的经营者，申请新增客运班线的，需填写下列内容

已获许可经营范围　　　　　请在□内画√
县内班车客运□　县际班车客运□　市际班车客运□　省际班车客运☑

已获许可客运班线类型
一类班线□　二类班线☑　三类班线□　四类班线□

现有营运客车情况

	总　　数	高级客车	中级客车
客车数(辆)	999	499	500
座位数(个)	9999	4999	5000

· 136 ·

申请表第2页 共4页

申请许可客运班线情况   请在 ☐ 内画 ✓

始发地 ××市
终到地 ××市
拟始发地客运站 ××市××客运站   是否已签意向书 ☑
拟终到地客运站 ××市××客运站   是否已签意向书 ☑
途经主要地点 ××市、××县、××市、××市
途中停靠站点 无
营运里程 200   公里
    其中：高速公路里程 150   公里 占总营运里程 75   %
日发班次 2   个
申请经营期限 3   年
客运班线类型   一类班线 ☐   二类班线 ☑
              三类班线 ☐   四类班线 ☐
班车类别   普通 ☐   直达 ☑

拟投入营运客车情况

序号	厂牌型号	数量	座位数（个）	车辆类型及等级	车辆技术等级	车辆外廓长宽高（毫米）	新购还是现有
1	苏州金龙 KLQ6856Q	1辆	33+1+1	中型高级	1	8490×2420×3345	现有
2	亚星奔驰 YBL6123H	1辆	47+1+1	大型高级	1	12000×2550×3750	新购
3	略						
4							
5							
合计	略						

表格不够，可另附表填写。

经营方式
    公车公营 ☑   承包 ☐   挂靠 ☐

对开客运经营者名称 无
（如果有）

申请表第 3 页 共 4 页

拟聘用营运客车驾驶员情况

序号	姓名	性别	年龄	取得相应驾驶证时间	从业资格证号	从业资格证类型	三年内是否发生重大以上交通责任事故
1	赵×	男	30	2000.1.1	1234××900	大型旅客	否
2	孙×	男	40	2000.1.1	1234××901	大型旅客	否
3							
4							
5							
6							
7							
8							
9							
10							
11							
12							
13							
14							
15							
16							
17							
18							
19							
20							
21							
22							
23							
24							
25							
26							
27							
28							
29							
30							

表格不够，可另附表填写。

申请表第 4 页　共 4 页

| 申请材料核对表 | 请在 □ 内画 √ |

一、在申请开业同时申请道路客运班线经营的，除提供申请开业的相关材料外，还需提供下列材料：

1. 《道路旅客运输班线经营申请表》（本表）　　　　　　　　　　　　　☑

2. 可行性报告，包括申请客运班线客流状况调查、运营方案、效益分析以及可能对其他相关经营者产生的影响等　　　　　　　　　　　　　　　　　　　　　　　　　　　　　☑

3. 进站方案。已与起讫点客运站和停靠站签订进站意向书的，应提供进站意向书　　☑

4. 运输服务质量承诺书　　　　　　　　　　　　　　　　　　　　　☑

二、已获得道路班车客运经营许可的经营者，申请新增客运班线时，除提供上述 4 项材料外，还应提供下列材料：

1. 《道路运输经营许可证》复印件　　　　　　　　　　　　　　　　　☑

2. 与所申请客运班线类型相适应的企业自有营运客车的行驶证、《道路运输证》复印件　☑

3. 拟投入车辆承诺书，包括客车数量、类型及等级、技术等级、座位数以及客车外廓长、宽、高等。若拟投入客车属于已购置或者现有的，应提供行驶证、车辆技术等级证书（车辆技术检测合格证）、客车等级评定证明及其复印件　　　　　　　　　　　　　　　　　　　　☑

4. 拟聘用驾驶人员的机动车驾驶证、从业资格证及其复印件，公安部门出具的 3 年内无重大以上交通责任事故的证明　　　　　　　　　　　　　　　　　　　　　　　☑

5. 经办人的身份证明及其复印件，所在单位的工作证明或者委托书　　　　　☑

只有上述材料齐全有效后，你的申请才能受理。

声明

我声明本表及其他相关材料中提供的信息均真实可靠。

我知悉如此表中有故意填写的虚假信息，我取得的道路客运班线经营许可将被撤销。

我承诺将遵守《中华人民共和国道路运输条例》及其他有关道路运输法规、规章的规定。

负责人签名　　张×　　　　　　　　　日期　2010 年 4 月 1 日

负责人职位　　总经理

　　如系个人申请不必填写"负责人职位"项。

交通行政许可申请受理通知书

编号：××交运许字(2010)第×号

××市交通汽车运输有限公司：

你于2010年4月1日提出 新辟××市至××市市际道路客运班线 申请。

经审查，该申请事项属于本机构职责范围，申请材料符合法定的要求和形式，根据《行政许可法》第三十二条的规定，决定予以受理。

××行政许可机构（印章）
2010年4月1日

交通行政许可征求意见通知书

编号：××交运许字(2010)第×号

××市运输公司：

（申请人） ××市交通汽车运输有限公司 于 2010 年 4 月 1 日提出 新辟××市至××市市际道路客运班线 的申请。经审查，该申请事项可能与你（单位）有直接重大利益关系。根据《中华人民共和国行政许可法》第三十六条的规定，现将该申请事项告知你（单位）。请于接到该通知书之日起3日内提出意见。逾期未提出意见的，视为无意见。

本机关地址 ××市运河路南8号 。

联系人及联系方式 鲍×× 0××-8523×××× 。

特此告知。

附：申请书及必要的相关申请材料（复印件）。

××行政许可机构（印章）
2010年4月2日

交通行政许可期限法定除外时间通知书

编号：×交运许字(2010)第×号

××市交通汽车运输有限公司　　：

　　你于＿＿××＿年＿××＿月＿××＿日提出＿新辟××市至××市市际道路客运班线＿申请，已于＿××＿年＿××＿月＿××＿日受理。根据＿《中华人民共和国道路运输条例》第十二条＿＿的规定，需要：

　　（　）1. 听证，所需时间为＿＿＿＿＿＿＿＿＿＿＿＿。
　　（√）2. 招标，所需时间为＿20 日＿＿＿＿＿＿＿＿。
　　（　）3. 拍卖，所需时间为＿＿＿＿＿＿＿＿＿＿＿＿。
　　（　）4. 检验，所需时间为＿＿＿＿＿＿＿＿＿＿＿＿。
　　（　）5. 检测，所需时间为＿＿＿＿＿＿＿＿＿＿＿＿。
　　（　）6. 检疫，所需时间为＿＿＿＿＿＿＿＿＿＿＿＿。
　　（　）7. 鉴定，所需时间为＿＿＿＿＿＿＿＿＿＿＿＿。
　　（　）8. 专家评审，所需时间为＿＿＿＿＿＿＿＿＿＿。

　　根据《中华人民共和国行政许可法》第四十五条的规定，上述所需时间不计算在规定的期限内。

　　特此通知。

××行政许可机构（印章）
＿××＿年＿××＿月＿××＿日

注：根据上述 8 种不同情况，在符合的情形前括号内画"√"。

交通行政许可听证公告

编号：×交运许字(2010)第×号

　　××市交通汽车运输有限公司 于 ×× 年 ×× 月 ×× 日提出 新辟××市至××市市际道路客运班线 的申请。经审查，该申请事项属于：

　　(　　)1. 根据法律、法规、规章规定应当听证的事项；

　　(√)2. 本机关认为该申请事项涉及公共利益，需要听证。

　　根据《中华人民共和国行政许可法》第四十六条的规定，拟举行听证，请要求听证的单位或者个人于 ×× 年 ×× 月 ×× 日前向本机关登记，并提供联系电话、通信地址、邮政编码。逾期无人提出听证申请的，本机关将依法作出交通行政许可决定。

　　本机关地址 ××市运河路南8号 。

　　联系人及联系方式 鲍×× 0××-8523×××× 。

　　特此公告。

××行政许可机构(印章)

×× 年 ×× 月 ×× 日

注：根据上述两种不同情况，在符合的情形前括号内画"√"。

交通行政许可决定书

编号：×交运许字(2010)第×号

××市交通汽车运输有限公司   ：

  你于 2010 年 4 月 1 日提出 道路客运线路经营 申请。

  经审查，你提交的申请材料齐全，符合 《中华人民共和国道路运输条例》 第八条 规定的条件、标准，根据《中华人民共和国行政许可法》第三十四条第一款、第三十八条第一款的规定，决定准予交通行政许可，准予你依法从事下列活动： 道路客运线路经营(××市至××市) 。

  本机关将在作出本决定之日起 10 日内向你颁发、送达 《道路运输经营许可证》 证件。

××行政许可机构(印章)
××年××月××日

2. 案件背景

×××市安达汽车修理公司2009年3月18日向连云港市运管处申请从事二类汽车维修经营(大中型客车、小型车辆),连云港运管处经受理、审查,于3月25日作出了准予的许可决定。

交通行政许可申请书

申请人(及法定代表人)名称	×××市安达汽车修理公司(李×)	申请人联系方式	电话	85585××
			手机	138051312××
申请人住址及邮政编码	××区海宁路×号		Email	
			传真	85585××
委托代理人的姓名及联系方式	陈×(85585××、139051344××)			
申请的交通行政许可事项及内容	机动车维修经营:二类汽车维修(大中型客车、小型车辆)			
申请材料目录	1.《交通行政许可申请书》; 2.企业预先核准通知书、法定代表人、委托代理人的身份证明及复印件; 3.经营场地、停车场面积材料、土地使用权及产权证明复印件; 4.技术人员汇总表及相应职业资格证明; 5.维修设备、设施汇总表; 6.维修检测设备及计量设备检定合格证明复印件; 7.安全生产管理制度文本; 8.环境保护措施			
申请日期	2009年3月18日	申请人签字或盖章	×××市安达汽车修理公司(盖章)	

注:1.本申请书由交通行政许可的实施机关负责免费提供;
  2.申请人应当如实向实施机关提交有关材料和反映情况,并对申请材料实质内容的真实性负责。

交通行政许可申请受理通知书

编号：×交运许字(2009)第×号

×××市安达汽车修理公司 ：

你于2009年3月18日提出 机动车维修经营：二类汽车维修（大中型客车、小型车辆） 申请。

经审查，该申请事项属于本机构职责范围，申请材料符合法定的要求和形式，根据《行政许可法》第三十二条的规定，决定予以受理。

××行政许可机关（印章）

××年××月××日

交通行政许可决定书

编号：×交运许字(2009)第×号

×××市安达汽车修理公司 ：

你于 ×× 年 ×× 月 ×× 日提出 机动车维修经营：二类汽车维修（大中型客车、小型车辆） 申请。

经审查，你提交的申请材料齐全，符合 《中华人民共和国道路运输条例》第三十九条、《机动车维修管理规定》第十一条 规定的条件、标准，根据《行政许可法》第三十四条第一款、第三十八条第一款的规定，决定准予交通行政许可，准予你依法从事下列活动： 机动车维修经营：二类汽车维修（大中型客车、小型车辆） 。

本机关将在作出本决定之日起10日内向你颁发、送达 机动车维修经营许可 证件。

××行政许可机构（印章）

××年××月××日

3. 案件背景

中国石化集团××石油勘探局2009年9月30日向××省交通运输厅申请穿越高速公路埋设管线,××省交通运输厅经补正、受理、审查,于10月15日作出了准予的许可决定。

交通行政许可申请书

申请人(及法定代表人)名称	中石化集团××石油勘探局	申请人联系方式	电话	05147762×××
			手机	138×××1234
申请人住址及邮政编码	××市文汇西路×号		Email	
			传真	7762××
委托代理人的姓名及联系方式	龚治美(电话:4980×××、1380×××4321)			
申请的交通行政许可事项及内容	穿越高速公路埋设管线			
申请材料目录	1.《交通行政许可申请书》。 2.××碱厂原料结构调整工程××采输卤项目建议书及批文:国经贸投资[2001]1000号文;中国石化财[2003]451号文;中石化股份计项[2003]125号文。 3.××碱厂原料结构调整工程××采输卤项目环保部门意见:环审[2002]272号文。 4.地形图两份			
申请日期	2004年9月28日	申请人签字或盖章	中石化集团××石油勘探局(盖章)	

注:1.本申请书由交通行政许可的实施机关负责免费提供;
2.申请人应当如实向实施机关提交有关材料和反映情况,并对申请材料实质内容的真实性负责。

交通行政许可申请补正通知书

编号：×交路许字(2009)第×号

中石化集团××石油勘探局：

你于 2009 年 9 月 28 日提出 <u>穿越××高速公路上行 K××+××m 埋设管线的</u> 申请。

根据《行政许可法》第三十二条第一款第(四)项的规定,请你对申请材料作如下补正： <u>补充:1.××高速段线路施工技术方案及工艺;2.工程线路平面走向图及线路说明;3.申请人与公路管理机构签订的路产赔补偿方案。</u>

特此通知。

××行政许可机关(印章)

2009 年 9 月 28 日

交通行政许可申请受理通知书

编号：×交路许字(2009)第×号

中石化集团××石油勘探局：

你于 2009 年 9 月 28 日提出 <u>穿越××高速公路上行 K××+××m 埋设管线的</u> 申请。

经审查,该申请事项属于本机构职责范围,申请材料符合法定的要求和形式,根据《行政许可法》第三十二条的规定,决定予以受理。

××行政许可机关(印章)

××年××月××日

交通行政许可决定书

编号：×交路许字(2009)第×号

中石化集团××石油勘探局：

你于 __2009__ 年 __9__ 月 __24__ 日提出 __穿越××高速公路上行K××+××m埋设管线的__ 申请。

经审查，你提交的申请材料齐全，符合 __《中华人民共和国公路法》第四十五条、五十六条__ 规定的条件、标准，根据《行政许可法》第三十四条第一款、第三十八条第一款的规定，决定准予交通行政许可，准予你依法从事下列活动：1.同意你单位在其他手续齐全的前提下，根据《××碱厂原料结构调整项目××采输卤工程输卤部分线路平面走向图(连徐高速公路改线图)》在××高速公路上行K××+××m至K××+××m进行处进行管线铺设及顶管穿越。2.你单位在实施顶管穿越及管线铺设时，要严格按照相关法律、法规及公路工程技术标准要求、施工组织方案，做好现场管理、规范施工，确保高速公路安全、畅通，并服从路政人员监管。3.根据有关法律、法规等要求，需你单位向其他单位和部门联系或申请许可的，你单位自行联系。

本机关将在作出本决定之日起10日内向你颁发、送达 __××__ 证件。

××行政许可机关(印章)

××年××月××日

4.案件背景

2009年12月5日江苏××建设公司向××市地方海事局提出了通航水域水上水下施工作业的行政许可，××市地方海事局经受理、审查，于12月20日作出了准予的许可决定。

中华人民共和国

水上水下施工作业通航安全审核

申 请 书

申请人须知

一、本申请书为《中华人民共和国水上水下施工作业通航安全管理规定》所要求,是申请人履行正当手续的法律依据。

二、申请人必须遵守《中华人民共和国水上水下施工作业通航安全管理规定》并按规定要求办理申请手续。

三、本申请书应用钢笔,按要求认真、如实、准确填写。

四、填写说明:

1."作业程序"是作业者使用船舶、设施、设备和技术进行施工作业的方式、方法和步骤。

2."应急的措施"是指作业者为防止污染和意外事故采取的措施以及一旦发生污染和意外事故时的应急措施。

3."相关部门"是指审批工程或施工作业项目所涉及的本主管机关以外的部门。

4."设备"应择其最主要、最关键的填写。

涉及吊装的应填报主要的吊索的尺寸和破断力;涉及拖航的应填报主拖缆的直径、长度和质地。

5."附送资料"应详细填写资料的名称、文号、图号等。

6.各栏如若不够填写,可附页。

7."审批意见"由受理本申请的本主管机关填写。

五、施工作业项目、地点、范围、施工作业船舶等发生变更,原申请人须重新办理申请手续。

六、同一工程重新办理申请,或工程被取消,或申请人的作业资格被取消时,原申请书均不退还申请人。

七、本申请书一式两份,批准后分别由批准机关和申请人保存。

项目名称	兴建秦淮河××大桥施工	计划开工日期	2010年1月10日
建设单位	江苏××建设公司	预计完工日期	2010年12月31日
施工单位	江苏××建设公司		
地点范围	××渡口下游1km处		

施工作业程序

（略）

应急措施

（略）

主要施工作业船舶及设备	
名　称	主要技术参数
×工3号	工程船:船长23m,宽6.2m,深2.7m

附送资料:

1. 水上水下施工作业许可申请

(1)有关主管部门对该项目的批准文件及复印件(需办理批准手续的项目) ☑

(2)与通航安全有关的技术资料及施工作业图纸 ☑

(3)施工方案;已建立安全及防污染责任制、保障措施和应急预案的证明材料 ☑

(4)与施工作业有关的合同或协议书及复印件(必要时) ☑

(5)施工作业单位的资质认证文书及其复印件 ☑

(6)施工作业船舶的船舶证书和船员适任证书及其复印件(如施工船舶不在本辖区可暂不提供原件) ☑

(7)已通过评审的通航安全评估报告和环境影响技术评估报告(必要时) ☐

(8)航行通(警)告发布申请(必要时) ☐

(9)专项维护申请(必要时) ☑

(10)委托证明及委托人和被委托人身份证明及其复印件(委托时) ☐

2. 港口水域内进行采掘、爆破等活动许可申请

(1)港口行政管理部门、公安部门对爆破作业的同意文书及复印件(需要时) ☐

(2)采掘、爆破作业方案;已建立安全及防污染责任制、保障措施和应急预案的证明材料 ☐

(3)与采掘、爆破作业有关的合同或协议书及复印件 ☐

(4)采掘、爆破作业单位的资质认证文书及其复印件 ☐

(5)施工作业船舶的船舶证书和船员适任证书及其复印件(如施工船舶不在本辖区可暂不提供原件) ☐

(6)专项维护申请(必要时) ☐

(7)已通过评审的通航安全评估报告和环境影响技术评估报告(必要时) ☐

续上表

(8)航行通(警)告发布申请(必要时) ☐

(9)委托证明及委托人和被委托人身份证明及其复印件(委托时) ☐

3.通航水域内沉船沉物打捞作业审批申请

(1)施工作业单位的能力证明文件及其复印件 ☐

(2)与施工作业有关的合同或协议书及其复印件 ☐

(3)船舶污染损害责任、沉船打捞责任保险文书或财务担保证明及其复印件(紧急清障时可事后补办) ☐

(4)打捞作业计划和方案;已建立安全及防污染责任制、保障措施和应急预案的证明材料(紧急清障时可事后补办) ☐

(5)施工作业船舶的船舶证书和船员适任证书及其复印件 ☐

(6)沉船所有权证书或相关证明及其复印件 ☐

(7)已通过评审的通航安全评估报告和环境影响技术评估报告(必要时) ☐

(8)航行警(通)告发布申请(必要时) ☐

(9)专项维护申请(必要时) ☐

(10)委托证明及委托人和被委托人身份证明及其复印件(委托时) ☐

申请人	名称	××建设公司		
	地址	××市××区××路35号	邮编	210001
	开户银行	××银行白下分行	联系人	张×
	开户账号	67666666666666		
	电话	025-12345678	申请日期	2009年12月5日

施工作业示意图：

（略）

备注

（略）

第八章 交通运输行政许可文书的制作

海事行政许可申请受理通知书

编号：__苏×许20090031号__

××建设公司__：

你于__2009__年__12__月__5__日，提交的关于__××渡口下游1km处兴建秦淮河××大桥施工__的海事行政许可申请，经审查符合受理规定，现予以受理，并收存下列材料。本机构将自即日起__20__工作日内依法做出决定。

☑ 1. 请于__2009年12月25日后__到__本局行政服务中心__领取__决定书__。

☐ 2. 我局（处）将于_____将_____直接_____。

☐ 3. _____。

（"××市地方海事局行政许可专用章"）

联系方式：　　　　　　　　　　　　__2009__年__12__月__5__日

申报材料清单

序号	材料名称	份数	备注
1	水上水下施工作业通航安全审核申请书	1	
2	南京市经贸委对该项目的批准文件及复印件	1	
3	与通航安全有关的技术资料及施工作业图纸	1	
4	施工方案	1	
5	施工作业单位的资质认证文书及其复印件	1	
6	施工作业船舶证书和船员适任证书及其复印件	1	
7	与施工作业有关的合同或协议书及复印件	1	
8	专项维护申请	1	
9			
10			

申请人确认以上材料与提交的一致。　　申请人签字__张××__

　　　　　　　　　　　　　　　　　　日期：__2009__年__12__月__5__日

注：不适用者划去，领取决定文书时请出示本通知书和领取人身份证明。

海事行政许可决定书

编号：苏×许20090031号

××建设公司 ：

你于 2009年12月5日 向我局（处）提出 ××渡口下游1km处兴建秦淮河××大桥施工 申请。

经审查，你的申请符合 《中华人民共和国内河交通安全管理条例》 的规定，决定准予在××渡口下游1km处兴建秦淮河××大桥施工，请按照《中华人民共和国内河交通安全标志》（GB 13851—2008）的规定，在施工水域上下游设置明显警示标牌 。

（海事局印章）

2009 年 12 月 20 日

水上水下施工作业许可证

××海事准字(2010)第 0023 号

经审核,准许 ××渡口下游 1km 处兴建秦淮河××大桥施工

自 2010 年 1 月 5 日至 2010 年 12 月 31 日,由 江苏××建设公司

在 桥址上下游各 100m 水域

范围内进行 大桥兴建施工 作业。

特发此证。

(海事局印章)

2009 年 12 月 20 日

海事业务审批表

申请人		××建设公司			
申请项目		兴建秦淮河××大桥施工			
具体内容		××渡口下游1km处			
受理情况	受理人	李××	受理时间	2009年12月5日	
审核审批意见	材料齐全,施工方案切合通航安全管理实际,请予审核。 初审人:胡××　　2009　年　12　月　15　日				
	本项目申请符合《中华人民共和国内河交通安全管理条例》,拟同意其申请,并要求其按照《中华人民共和国内河交通安全标志》(GB 13851—2008)的规定,在施工水域上下游设置明显警示标牌。 复审人:丁××　　2009　年　12　月　17　日				
	同意审核意见,准予申请,请按照要求作出许可决定、制作许可证,并送达海事行政许可决定书。 审批人:王××　　2009　年　12　月　19　日				
证书	制作证书名称:海事行政许可决定书、水上水下施工作业许可证				
	制证流水号(登记号):苏×20090031号				
	制证人:吴×× 2009年12月20日			校核人:宋×× 2009年12月20日	
文书	文书名称:				
	制作文书人:　　　　年　　月　　日				
备注	海事行政许可决定书于2009年12月22日由申请人领取。领取人签字:×××				

6.案件背景:2009 年 3 月 25 日××单位向××市航道管理处提出了在××河上新建大桥的行政许可,××机关经受理、审查,作出了准予的许可决定。

交通行政许可申请书

申请人(及法定代表人)名称	名称:××单位	申请人联系方式	电话	××××
			手机	××××
申请人住址及邮政编码	住址:××市××路××号 邮编:××××		Email	××××
			传真	××××
委托代理人的姓名及联系方式	姓名:×××,联系电话:××××			
申请的交通行政许可事项及内容	申请在××河××段新建××大桥。拟建桥梁地点:××河××市城区航道上,桥梁一孔通航,中孔跨径120m,通航净宽110m,净高7.0m,桥梁轴线的法线与航道水流方向一致。桥型结构为钢筋混凝土预应力连续箱梁桥。			
申请材料目录	1.桥涵标的设置与维护管理方案 2.通航孔主桥墩墩柱防护措施的设置方案 3.桥名牌、桥梁净高提示牌设置方案 4.保障航道正常通行和航道及其设施安全的方案 5.护岸绿化恢复、补偿方案措施 6.清除施工遗留物方案和措施 7.××大桥桥位处航道平面图、断面图 8.××大桥桥梁总平面布置图 9.××大桥桥型布置图			
申请日期	2009 年 3 月 25 日	申请人签字或盖章	(印章) ××行政许可机关	

交通行政许可申请受理通知书

编号：×交航许字（2009）第×号

××（单位）：

你于 2009 年 3 月 25 日提出 在京杭运河苏北段新建××大桥 的 申请。

经审查，该申请事项属于本机构职责范围，申请材料符合法定的要求和形式，根据《中华人民共和国行政许可法》第三十二条的规定，决定予以受理。

××行政许可机关（印章）

2009 年 3 月 25 日

交通行政许可决定书

编号：×交航许字（2009）第×号

××市公路管理处：

你于 2009 年 3 月 25 日提出 在京杭运河苏北段新建××大桥申请。

经审查，你提交的申请材料齐全，符合 《中华人民共和国航道管理条例》及其《实施细则》、《内河通航标准》（GB 50139—2004）、《内河助航标志》（GB 5863—93）、《内河助航标志的主要外形尺寸》（GB 5864—93）、《跨越国家航道桥梁通航净空尺度和技术要求的审批办法》、《××省航道管理条例》 规定的条件、标准，根据《行政许可法》第三十四条第一款、第三十八条第一款的规定，决定准予交通行政许可，准予你依法从事下列活动： 在京杭运河北段航道上新建××大桥。

本机关将在作出本决定之日起10日内向你颁发、送达 ×× 证件。

××行政许可机关（印章）

2009 年 3 月 25 日

第九章

交通运输行政检查文书的制作

第一节 交通运输行政检查文书的概述

交通运输行政检查文书是交通运输行政执法机关依据其行政职权对行政相对人在相关活动中是否遵守国家有关交通运输管理的法律、法规及规章的情况进行了解所使用的,记载有关事项和内容的执法文书。

一、交通运输行政检查文书的特点

除具有交通运输执法文书普遍特点外,交通运输检查文书还具有以下特点:

1. 交通运输行政检查文书记载的内容比较客观

交通运输行政检查文书记录的是检查活动、检查过程中的情况以及与检查活动相关的活动,即不限于检查活动,还包括勘察、抽样取证、现场实验等各种收集证据的活动。这些活动的共同特征是要客观记录事实、记录实物证据,并要了解实物证据被发现时所处的状态、位置、相互关系及其他有证明作用的情况。为了让人们了解检查活动中发现的事实、状态等情况并使这些情况起到证明的作用,就需要将其记录下来。

除了现场的原始状态外,检查活动中还存在其他具有证明作用的情况。如检查、勘验由谁进行、有谁在场、采用了什么方法等。这些情况有的与证明检查收集的证据的可靠性有关,有的与进一步检验以揭示所发现的情况与待证事实的关联性有关。对这些情况都需要加以客观记录。

2. 交通运输行政检查文书的内容形式多样

交通运输行政检查文书的内容不仅仅是用文字记载,它还包括照相、录音、录像、绘图等方式。早期交通运输行政检查文书主要是采用文字记载,辅之照相、绘图等方式作为文书的附注。目前随着现代信息技术的发展,摄像、录音等方法越来越多地被用于交通运输行政检查活动的记录。这些技术方法比之于文字记载能够更准确、全面地反映交通运输行政检查活动中发现的客观情况,而且能动态地反映勘验、检查活动的全过程,也使得文书内容更为丰富。

二、交通运输行政检查文书的种类

(一)现场笔录

现场笔录是交通运输行政执法机关依法进行现场检查时用于记载现场检查情况的法律文书。主要对现场有关人员基本情况、检查过程、检查结果的客观记录。

(二)询问笔录

询问笔录是交通行政执法人员办理行政案件时根据法律、法规的规定,依照法定程序,向行政相对人或知情人等有关人员调查了解情况时所作的文字记录。

(三)勘验(检查)笔录

勘验(检查)笔录是交通行政执法人员对与行政违法行为有关现场、物品进行勘验、检查时,对勘验检查过程、方法和结果所作出的文字记录。

(四)抽样取证凭证

抽样取证凭证是指交通运输执法人员在执法过程中,抽取涉嫌违法物品样品保存作证据或送交有关部门鉴定而制作的文书。

第二节 交通运输行政检查文书的制作要求及范例

一、现场笔录

(一)适用

《现场笔录》是指用于记录现场有关人员基本情况、主要违法事实和主要证据的文书,由执法人员在执法现场当场制作。

(二)填制说明

(1)"执法地点"栏应当填写执法时所处的位置,体现现场特征。

具体到门牌号、房间号、道路名称、公路线路名称、桩号、上下行或者方位等。

(2)"执法时间"栏应包括现场执法的起始时间,具体到时、分。

(3)执法人员、执法证号和记录人。

执法人员调查案件必须两人以上,并按要求填写姓名、执法证号、记录人姓名。

①执法证号指相应的执法人员所持交通运输部行政执法证件或者省政府执法证件号码;

②记录人指本文书的记录、制作人员,可以由两名执法人员中的一名兼任,也可以由另外的执法人员担任。

(4)现场人员基本情况。

①"姓名"一般填写的是现场驾驶员、现场操作人员、项目现场负责人以及其他在现场人员的姓名;

②"身份证号"即"姓名"栏所填写人的身份证号码;

③"与案件关系"指"姓名"栏所填写人是案件的当事人、当事人代理人或者证人;

④"单位及职务"填写的是"姓名"栏所填写人所属单位名称及现场人员(驾驶员)在单位中的任职;

⑤"联系电话和地址"即"姓名"栏所填写人的常用电话和常住地址;

⑥"车(船)号"和"车(船)型"填写现场人员的车(船)类型和牌照号码。

(5)主要内容。

①填写现场检查中发现的主要违法行为所发生的时间、地点、事件经过及主要证据等相关内容,要求准确、全面地反映执法现场的客观状态;

②执法人员在填写完毕后应当交现场人员阅读或者向现场人员宣读,由现场人员签字或者盖章(或手印)确认并注明时间;

③现场人员拒绝签名或盖章的,由执法人员在备注栏注明情况,有其他人员

在场的可以由其他人员签名见证；

④"执法人员签名"由上述记录的现场两个以上执法人员本人签名并签署现场检查时间。

(三)注意事项

(1)现场笔录是执法人员对现场检查情况的客观记录，执法人员在记录现场情况时不能作任何的主观推想和猜测，不能对现场人员的行为最终定性，不提出任何处理意见。

(2)《现场笔录》与《询问笔录》、《勘验(检查)笔录》，根据实际执法情况，可以一并使用，也可以单独使用。

(3)无需填写的栏目用斜线划去。

(四)范例

现场笔录范例见下页。

第九章 交通运输行政检查文书的制作

现 场 笔 录

执法地点	××高速公路 K69+950m		执法时间	2009年4月8日 8时10分至8时20分	
执法人员	金××	执法证号	3200104107××	记录人	金××
	张××		3200104192××		
现场人员基本情况	姓名		韩××	性别	男
	身份证号		×××××××× ××××××××	与案件关系	当事人代理人
	单位及职务		××通信发展有限公司	联系电话	135××××××78
	联系地址		××市××东路××号		
	车(船)号			车(船)型	
主要内容	在检查中发现：××通信发展有限公司在××高速公路外线K69+950m处打开高速公路隔离栅4片，其中2片已被损坏，当事人还在高速公路边坡内堆放了部分施工材料。 以下空白。 上述笔录我已看过，情况属实无误。 　　　　　　　　　　　　　　　　　现场人员签名：韩×× 　　　　　　　　　　　　　　　　　时间：2009年4月8日				
备注：					
执法人员签名：金××　　　　张××　　　时间：2009年4月8日					

二、询问笔录

(一)适用

《交通行政处罚程序规定》第十六条第(二)项明确规定"询问证人和当事人,应当个别进行并告知其作伪证的法律责任;制作《询问笔录》须经被询问人阅核后,由询问人和被询问人签名或者盖章,被询问人拒绝签名或者盖章,由询问人在询问笔录上注明情况"。

(二)填制说明

(1)"询问时间"应包括起始时间,具体到分,并注明"第×次询问";第×次是指针对同一询问人所进行的多次询问的记录。

(2)询问地点应具体到门牌号、房间号、道路名称、公路线路名称、桩号、上下行或方位等。

(3)询问人应为两名以上执法人员,记录人可以是询问人中的一位;询问前需告知被询问人执法人员的执法单位和执法证件号码。

(4)被询问人是与案件有关的行为人或者证明人,被询问人的姓名、年龄、身份证号、联系电话、工作单位及职务、联系地址等详细信息要准确填写;有证件的要查看证件,没有证件的,要将写好的信息向被询问人询问、核对,防止信息记载错误。

(5)询问的内容如下:

①询问被询问人与案件或当事人(法人、其他组织)的关系;如果被询问人就是当事人,需如实反映以下两个基本情况:一是当事人的基本情况。当事人是公民还是法人或者其他组织,包括车(船)的基本情况;二是当事人违法的事实、时间、地点、行为。如果被询问人不是当事人,而是证人或者相关人员,要完整记录证人或者相关人员知晓的案件情况。

②询问笔录应当记录被询问人提供的与案件有关的全部情况,包括案件发生的时间、地点、情形、事实经过、因果关系及后果等;询问人要紧扣有关违法行为和事实进行询问,语言要精练,记录要真实;

③询问人提出的问题,如被询问人不回答或者拒绝回答的,应当写明被询问

人的态度,如"不回答"或者"沉默"等,并用括号标记。

(6)执法人员制作笔录结束前要请被询问人在核对无误后,写上"以上笔录我看过,与我所述一致"字样,并签注姓名和日期。有多页笔录的,应当逐页签名或盖章;对阅读有困难的,应当向其宣读。

(三)注意事项

(1)询问笔录由执法人员在询问时现场制作,应做到一人一录,不得在一份询问笔录中询问多人。

(2)询问笔录与其他证据相互印证,不得相互矛盾(特别是时间、地点、数量、金额等具体情节);必要时要核查有关证件、材料。

(3)对笔录上涂改的地方,要让被询问人签字、盖章或按手印予以确认。当事人要求作较大修改的,可以要求当事人在笔录后另外书写并签名确认。

(4)如果出现当事人拒绝在询问笔录上签字的情况,根据《最高人民法院关于行政诉讼证据若干问题的规定》第 15 条的规定,当事人拒绝签名或者不能签名的,应当注明原因。有其他证人在现场的,可以由其他证人签名。没有其他证人在场的,应当告知被询问人不签字的后果和不影响证据的确认效果,由在场执法人员签名。执法人员在询问笔录上应当注明情况。

(5)询问涉及国家秘密、商业秘密和个人隐私的,询问人员应当保守秘密。

(四)范例

询 问 笔 录

时间:2009 年 6 月 6 日 19 时 20 分至　19 时　30 分　　第　1　次询问

地点:　××高速公路东桥互通出口

询问人:　何××、费××　　　　　记录人:　费××

被询问人:　王×　与案件关系:　超限车辆驾驶员

性别:　男　　年龄:　39

身份证号:　372××××××01　　联系电话:　136×××××

工作单位及职务:　××市××运输有限公司驾驶员

联系地址:××市××区××路88号

我们是 ××省高速公路路政总队××支队××大队 的执法人员 何×× 、 费×× ,这是我们的执法证件,执法证件号码分别是 320×××× 、 320×××× ,请你确认。现依法向你询问,请如实回答所问问题,执法人员与你有直接利害关系的,你可以申请回避。

问:你驾驶的车辆的车牌号码是多少?是什么类型的车?是几轴车?

答:××B12345,中型厢式货车,是两轴车。

问:这辆车的车主是谁?驾驶员叫什么名字?

答:车主是××市××运输有限公司,驾驶员就是我(王×)。

问:你车上装的是什么?车上的货物是从哪里运往哪里?

答:车上装的是布,从××运到××。

问:根据东桥收费站出具的高速公路车辆通行费发票(票据号码:24880479)显示你车实际车货总重已达到22.60t,已超限2.6t,你知不知道?

答:知道。

问:现根据七部委2004年4月30日发布的《关于全国开展车辆超限超载治理工作实施方案》认定的标准,你车已经超限,先中止你的违法行为,责令你当场自行卸去超限部分货物,如拒不卸驳载将按照《中华人民共和国公路法》和《××省高速公路条例》的规定,对你采取保存车辆和暂停车辆等行政强制措施,直至你卸驳载完毕,并可处以30000元以下的罚款。你是否明白?

答:明白。

问:你还有什么需要补充说明的吗?

答:没有。

问:请你核对以上笔录,是否与你陈述一致,如一致请签名。

答:好的。

以下空白

被询问人签名及时间：　　　　　　询问人签名及时间：

　　　　　　　　　　　　　　　　何×× 2009年6月6号

王× 2009年6月6号　　　　　　　费×× 2009年6月6号

备注：

三、勘验检查笔录

(一) 适用

勘验检查是《交通行政处罚程序规定》赋予执法人员的一种勘查取证权。《交通行政处罚程序规定》第十六条第(三)项规定"对与案件有关的物品或者现场进行勘验检查的,应当通知当事人到场,制作《勘验检查笔录》,当事人拒不到场的,可请在场的其他人员见证"。

勘验检查笔录包括对勘验对象的记载、制作的平面图、现场拍取的照片等,勘验检查笔录的目的就是要通过文字、照片、图片等手段完整再现案件现场;必要时,可以采取拍照、录像等方式记录现场情况。

(二) 填制说明

(1)"勘验(检查)时间"填写执法人员在现场勘验(检查)的起止时间,具体到分。

(2)"勘验(检查)场所"填写勘验(检查)现场或者场所的准确位置。

(3)"天气情况"填写勘验(检查)当时的天气情况,应写明"雨、雪、雾、阴、晴"中具体的一种天气情况。

(4)勘验(检查)人情况。勘验工作必须由两人或者两人以上进行,填写勘验者、记录人的姓名、单位及执法证号。

(5)写明当事人(当事人代理人)的姓名(名称)、单位及职务、证明身份的证件名称及号码、住址、电话等内容。

当事人代理人要提供与当事人有关代理的证明。

(6)对有违法嫌疑的物品或者场所进行勘验(检查)时,应当有当事人或者第三人(被邀请人)在场,为了体现勘验的公正、公平,防止引起当事人的不信任感,影响到勘验的真实性,应当尽量邀请与本案无利害关系的单位、人员参加勘验;一般被邀请人是违法行为检查现场的当地基层组织代表或与违法案件无直接利害关系的人员或其他现场人员。

(7)勘验情况及结果如下:

①应当简要描述勘验(检查)的方式、过程,勘验(检查)的内容、范围,被检查人或者被检查单位的有关人员是否到场等内容。

应当客观真实地填写勘验现场发现的问题及勘验结论,需要绘制勘验图的,可另附纸。

②对现场绘制的勘验图、拍摄的照片和摄像、录音等资料应当在笔录中注明。

(8)签字确认。勘验完毕由勘验人员、当事人(当事人代理人)和被邀请人签字。当事人(当事人代理人)或者被邀请人拒绝签字的,由勘验人员应在笔录上注明情况。

(三)范例

勘验(检查)笔录

案由：××市××制品有限公司损坏公路附属设施案

勘验(检查)时间：2010年3月31日12时25分至3月31日13时15分

勘验(检查)场所：××高速公路94K+700m　　天气情况：晴

勘验(检查)人：秦××　单位及职务：××大队路政员　执法证号：××××××

勘验(检查)人：吴××　单位及职务：××大队路政员　执法证号：×××××××

当事人(当事人代理人)姓名：夏××　性别：男　年龄：39

身份证号：×××××××　单位及职务：××市×××制品有限公司驾驶员

住址：××省××市××巢区××镇××村委会××村　联系电话：××××××

被邀请人：张××　单位及职务：××高速公路交警大队副大队长

记录人：吴××　单位及职务：××××××××××大队路政员

勘验(检查)情况及结果：损坏路产情况:1)二波波形梁护栏板4片;2)护栏立柱4根;3)护栏支承架12个;4)防眩板3块;5)立柱基础4立方米。（以下空白）

当事人(当事人代理人)签名：夏××　勘验(检查)人签名：秦××

被邀请人签名：张××　　　　　　　　　　　　　　吴××

　　　　　　　　　　　　　　　记录人签名：吴××

备注:附现场照片、路产损失位置图。

四、抽样取证凭证

(一)适用

《交通行政处罚行为规范》第十八条规定"交通行政执法机关抽样取证时,应当有当事人在场,办案人员应当制作《抽样取证凭证》,对样品加贴封条,开具物品清单,由办案人员和当事人在封条和相关记录上签名或者盖章。

法律、法规、规章或者国家有关规定对抽样机构或者方式有规定的,交通行政执法机关应当委托相关机构或者按规定方式抽取样品"。

(二)填制说明

(1)"被抽样取证人(单位)",如果被抽样取证人是个人的,仅填写被抽样取证人的姓名、地址和联系电话;如果被抽样取证人是单位的,除填写被抽样取证单位全称以外,还要填写法定代表人、现场负责人、地址和联系电话。

(2)"抽样取证时间"填写抽样取证行为的起始时间,具体到分。

(3)"抽样地点"填写抽样取证行为地所处的位置,具体到门牌号、房间号、体现现场特征。

(4)"抽样取证机关"应当填写交通运输行政执法机关名称。

(5)被抽样物品清单有以下两方面:

①物品名称要准确,有证号(牌号)的要写明证号(牌号);"规格及批号"栏应当按照物品(产品)包装、标签上标明的批准文号、规格等填写;"数量"栏填写准确;"被抽样物品地点"栏写明物品被抽样时所在的地点,如果物品在车上就填"在×××号车上";如果物品在被取证人家里,则填写其家庭地址,如果被取证物品是其经营场所,则应当填写经营的地点。

②被抽样物品登记表栏目不够用的,可以续用多张抽样取证凭证;抽样登记表栏目没有用完,有空行的,要用斜线将空行画掉。

(三)注意事项

(1)抽取样品应当按照有关技术规范要求进行。

(2)抽样送检的样品应当在现场封样,由执法人员与被抽样取证人共同签字或盖章。

(四)范例

抽样取证凭证

被抽样取证人(单位):__××市红鹤化工厂__ 法定代表人__陈×__

现场负责人:__王×__

地址:__××市××路123号__ 联系电话:__169××××9__

抽样取证时间:2010年__2__月__27__日__15__时__0__分至__2__月27日15时15分

抽样地点:__××市红鹤化工厂宿舍院内__

抽样取证机关:__××市运输管理处__ 联系电话:__05××××3__

依据《中华人民共和国行政处罚法》第三十七条第二款规定,对你(单位)的下列物品进行抽样取证。

序号	被抽样物品名称	规格及批号	数量	被抽样物品地点
1	四氮烯	瓶	1	在红鹤化工厂院内

被抽样取证人或其代理人签名: 执法人员签名执法证号:

__王×__ 付× 32××××

张× 32××××

××交通运输行政执法机关(印章)

2010年2月27日

备注:
(本文书一式两份:一份存根,一份交被抽样取证人或其代理人)

第十章

交通运输行政强制措施文书的特点

第一节 交通运输行政强制措施文书的概述

行政强制措施是行政强制措施,是指行政机关在行政管理过程中,为制止违法行为、防止证据损毁、避免危害发生、控制危险扩大等情形,依法对公民的人身自由实施暂时性限制,或者对公民、法人或者其他组织的财物实施暂时性控制的行为。交通运输行政强制措施即交通运输行政主体为实现行政管理目的,保障行政执法的顺利进行,促使当事人履行相应的法定义务,依据其行政职权在交通运输执法活动中按照法定程序对行政相对人的车辆、船舶等运输工具采取的强制性的具体行政行为的总称。交通运输行政强制措施文书即交通运输行政执法机关在交通运输政执法活动中,依法对公民、法人或其他组织采取强制措施的过程中,经过规定的程序形成的法律文书。

一、交通运输行政强制措施文书的特点

交通运输行政强制措施文书除具有行政执法文书的一般特点外,还具有以下特点:

(1)交通运输行政强制措施文书的制作主体多元化。

当前具体实施交通运输行政管理职能的主体较多,既有交通运输行政主管部门,又有道路运输管理机构、公路管理机构、航道管理机构、海事管理机构、港口管理机构等交通运输行政执法机构。在不同执法领域,依据不同的管理规定,不同的交通运输行政执法机关能实施交通运输行政强制行为,使得交通运输行

第十章
交通运输行政强制措施文书的特点

政强制措施文书的制作主体具有复杂性的特征。

(2)交通运输行政强制措施文书记载对象的相对特定。

行政强制措施是行政主体进行社会管理的一种方式,其运行的目的是督促或强制相对人履行其应履行的义务。交通行政强制的对象为行政相对人的车辆、船舶等运输工具。因此,交通行政强制文书所记载的对象不同于一般的交通行政文书,一般的交通行政文书记载内容往往丰富多样,如执法现场的情况,证人证言等等,而交通行政强制文书记载的对象仅限于交通行政管理机关针对行政相对人的运输工具所实施的强制措施以及相关程序、后果等。

(3)交通运输行政强制措施文书强制性较强。

强制性虽然行政行为的共性,但在行政强制行为中,却更加突显与重要,也即是说,强制性是行政强制的根本性特征。交通运输行政强制行为具有的行政强制的固有与根本属性,决定了交通运输行政强制文书效力的强制性,也就是说交通运输行政强制文书具有与其他交通运输行政文书更高的法律强制力。如询问笔录、勘验(检查)笔录、抽样取证凭证等交通运输行政文书,均不具有直接的法律效力,只有在作为证据使用的时候才具有间接的法律效力,而交通运输行政强制文书本身具有直接的法律效力,一旦生效,行政相对人必须遵守和执行,否则将承担相应的法律后果。

二、交通运输行政强制措施文书的种类

1. 车辆暂扣凭证

车辆暂扣凭证是交通运输行政执法人员在实施道路运输监督检查中,经过调查发现车辆从事道路运输经营活动,但没有车辆营运证且无法提供其他有效证件,而对车辆进行暂扣时向行政相对人开具的凭证。

2. 责令车辆停驶通知书

责令车辆停驶通知书,是由于车辆对公路造成较大损害,交通行政执法机关责令行政相对人停驶车辆,将车辆停放于指定场所时适用的文书。

3. 解除行政强制措施通知书

解除行政强制措施通知书是指经过交通行政执法机关调查核实,依法对暂

扣物品解除强制措施并告知当事人的文书。交通行政执法机关在做出解除行政强制措施决定时,还应当视情况制作解除行政强制措施的物品清单。

4.海事类行政强制文书

海事强制文书适用于海事行政强制程序,根据具体强制措施的不同,分为海事行政强制调查报告、海事行政强制措施决定书、海事行政强制现场笔录、解除海事行政强制措施通知书、海事行政强制执行审批表、海事行政强制执行告诫书和海事行政强制执行书等。

根据《海事行政强制实施程序暂行规定》,海事管理机构实施行政强制措施时,应依法制订相应的行政强制文书:

(1)执法人员发现需对行政管理相对人采取海事行政强制措施的情形时,应当立即调查取证,提出处理意见,制作《海事行政强制调查报告》,连同有关案卷材料经本海事机构的法制部门或者法规员审核后,报送海事管理机构负责人审查决定。

(2)经审查需采取海事行政强制措施的,执法人员应当制作《海事行政强制措施决定书》。海事行政强制措施应当由两名以上海事执法人员实施,并向当事人出示海事行政执法证,送达《海事行政强制措施决定书》,并当场告知采取行政强制措施的理由、依据及当事人依法享有的陈述申辩等权利。

(3)海事管理机构实施海事行政强制措施时,应当制作《海事行政强制现场笔录》。

(4)当场采取海事行政强制措施,应当收集有关证据,当场制作并送达《海事行政强制措施决定书》。

(5)当事人实施海事行政强制措施的原因消除后,需要解除强制措施的,应当报经海事管理机构负责人审查同意后,及时制作并向当事人送达《解除海事行政强制措施通知书》。

(6)海事管理机构实施强制执行前,由申请强制执行的部门制作《海事强制执行审批表》经本海事机构法制部门或者法规员审核后报海事管理机构负责人审批。

(7)海事管理机构负责人同意实施海事行政强制执行的,执法人员应当制

第十章 交通运输行政强制措施文书的特点

作并向当事人送达《海事行政强制执行告诫书》告诫当事人应当履行的义务。

（8）海事管理机构在实施可能会实施强制执行的海事行政强制措施时，可以按本规定的有关程序，同时制作和送达《海事强制措施决定书》和《海事行政强制执行告诫书》。

（9）经告诫，当事人未在规定期限内履行《海事行政强制执行告诫书》载明的义务的，海事管理机构应当制作并向当事人送达《海事行政强制执行书》，直接实施强制执行或者指定第三方代履行。

第二节 交通运输行政强制措施文书的制作要求及范例

一、车辆暂扣凭证

（一）适用

（1）《车辆暂扣凭证》是交通运输行政执法人员在实施监督检查中，经过调查发现车辆从事道路运输经营活动，但没有《道路运输证》且无法提供其他有效证件，而对车辆进行暂扣的凭证。

（2）《中华人民共和国道路运输条例》第六十三条规定："道路运输管理机构的工作人员在实施道路运输监督检查过程中，对没有车辆营运证又无法当场提供其他有效证明的车辆予以暂扣的，应当妥善保管，不得使用，不得收取或者变相收取保管费用"。

（二）填制说明

（1）"被暂扣车辆情况"栏应填写清楚车辆本身的信息，包括机动车牌号码、厂牌型号等。

（2）"车辆所有人情况"栏应填写清楚车主是公民还是法人或者其他组织。

（3）"车辆驾驶人情况"栏应写明驾驶人姓名、驾驶证号、住址。

（4）"与车辆所有人关系"栏，按照调查结果填写：与车辆所有人为同一人、近亲属、借用车辆、雇佣关系、车辆所有人的职工等内容。

（5）"暂扣时间地点"栏应写明车辆被扣留的起始时间和车辆被扣留存放的

具体地点。

(6)"接受处理单位"要写清楚当事人接受处理的执法机构名称,并加括号注明地址。

(7)"车辆简况"栏应当注明轮胎、门锁、车身、车灯、玻璃、后视镜是否完好,检查车上其他设备及物品并做好记录(可对车辆外观、车辆设备及物品制作视听资料)。

(8)车辆有异常情况的,在备注栏中注明情况。

(9)当事人签名栏:车辆所有人为公民,或者其代理人在现场的,由车辆所有人或其代理人签名并注明日期;车辆所有人为单位且其代理人在现场的,由代理人签名并注明日期;车辆所有人或其代理人不在现场的,由车辆驾驶人签名并注明日期。

第十章
交通运输行政强制措施文书的特点

（三）范例

<h3 style="text-align:center">车辆暂扣凭证</h3>

＿＿××＿暂扣（2010）＿00008＿号

被暂扣车辆情况	号牌号码		苏 L-12345	厂牌型号	××牌 HFC1027 轻型普通货车	
	车辆所有人情况	公民姓名	李××	住址	××市×路×号	
		法人或者其他组织名称	/	地址	/	
	车辆驾驶人情况	姓名	李××	驾驶证号	32011119650506×××	
		住址	××市×路×号	与车辆所有人关系	与车辆所有人为同一人	
	备注			/		

暂扣时间：＿2010＿年＿3＿月＿1＿日＿15＿时＿30＿分
地点：＿××市××停车场＿

  我单位在＿2010年3月1日＿（时间）＿××＿（地点）依法实施道路运输检查时，发现车辆号码为＿苏 L-12345 黄＿的车辆在从事道路运输活动，没有按照《中华人民共和国道路运输条例》第二十四条的规定提供《道路运输证》或其他有效证明，依据《中华人民共和国道路运输条例》第六十三条的规定，决定暂扣车辆。请持本凭证到＿××市运输管理处（××市××路××号）＿接受处理（联系电话：＿0511-8520×××＿）。逾期不接受处理的，将依法作出行政处罚决定。当事人对暂扣车辆决定不服的，可根据《中华人民共和国行政复议法》或《中华人民共和国行政诉讼法》，在收到本凭证之日起六十日内向＿××市交通局＿申请行政复议，也可以在三个月内向人民法院提起行政诉讼。
车辆简况：＿轮胎、门锁、车身、车灯、玻璃、后视镜完好，车上无其他物品及货物。＿
（附照片两张）
当事人或其代理人签名及时间：
  ＿李×× 2010年3月1日＿   执法人员签名及执法证号：
                 ＿吴× 321100××＿
                 ＿张× 321100××＿
              ××交通运输行政执法机关（印章）
                  2010 年 3 月 1 日

（本文书一式两份：一份存根，一份交当事人或其代理人）

二、责令车辆停驶通知书

(一)适用

(1)《责令车辆停驶通知书》是指由于车辆对公路造成较大损害,交通运输行政执法机关责令当事人停驶车辆,停放于指定场所的文书;该文书仅适用于根据《公路法》相关规定责令车辆停驶停放于指定地点的行为。

(2)《路政管理规定》第三十八条明确规定"对公路造成较大损害、当场不能处理完毕的车辆,公路管理机构应当依据《公路法》第八十五条第二款的规定,签发《责令车辆停驶通知书》,责令该车辆停驶并停放于指定场所。调查、处理完毕后,应当立即放行车辆,有关费用由车辆所有人或者使用人承担"。

(二)填制说明

(1)"被责令停驶车辆情况"栏应当填写清楚车辆本身的信息,包括机动车牌号码、厂牌型号。

(2)真实、准确填写车辆所有人和驾驶人的相关信息。

(3)"与车辆所有人关系"栏,按照调查结果填写与车辆所有人为同一人、近亲属、借用车辆、雇佣关系、车辆所有人的职工等内容。

(4)"责令停驶时间及地点"栏应当填写清楚车辆被责令停驶的准确时间和具体地点。

(5)责令车辆停驶决定应当填写被责令停驶车辆的车辆号牌号码、该车造成公路损害的地点,写明具体的公路名称和起止桩号。

(6)当事人签名栏:车辆所有人为公民,或者其代理人在现场的,由车辆所有人或者其代理人签名并注明日期;车辆所有人为单位并其代理人在现场的,由代理人签名并注明日期;车辆所有人或者其代理人不在现场的,由车辆驾驶人签名并注明日期。

(7)备注栏应当注明车辆被停驶时是否已经损坏,损坏的部件及程度、车上其他设备及物品是否清点完毕等。

第十章
交通运输行政强制措施文书的特点

(三) 范例

责令车辆停驶通知书

<u>　××　</u>暂停(2009)<u>　00276　</u>号

<table>
<tr><td rowspan="7">被责令停驶车辆情况</td><td colspan="2">号牌号码</td><td>苏 B12345</td><td>厂牌型号</td><td>×牌×型中型厢式货车</td></tr>
<tr><td rowspan="3">车辆所有人情况</td><td>公民姓名</td><td>／</td><td>住址</td><td>／</td></tr>
<tr><td>法人或者其他组织名称</td><td>××运输有限公司</td><td>地址</td><td>××省××市××区××路88号</td></tr>
<tr><td rowspan="2">车辆驾驶人情况</td><td>姓名</td><td>王×</td><td>驾驶证号</td><td>×××××</td></tr>
<tr><td>住址</td><td>××市×区×路×号</td><td>与车辆所有人关系</td><td>驾驶员</td></tr>
<tr><td colspan="2">备注</td><td colspan="3">／</td></tr>
</table>

责令停驶时间：<u>2009</u>年<u>6</u>月<u>6</u>日<u>14</u>时<u>12</u>分

地点：<u>××高速公路东桥互通出口</u>

经调查，车辆号码号牌为<u>苏 B12345</u>的车辆在<u>××高速</u>公路<u>东桥互通出口</u>处，对公路造成较大损害。依据《中华人民共和国公路法》第八十五条第二款的规定，责令停止行驶，停放于<u>××市××区××路××号</u>，请于<u>7</u>日内到<u>××高速公路路政总队××支队××大队</u>接受处理。

接受处理机关地址：<u>××市××区××路××号</u>联系电话：<u>0516-××××</u>

当事人签名及时间：　　　　执法人员签名及执法证号：
　<u>王×</u>　　　　　　　　　<u>何×× 3203849213 费××3203423251</u>

　　　　　　　　　　　　　　　　××交通运输行政执法机关(印章)
　　　　　　　　　　　　　　　　2009年6月6日

三、解除行政强制措施通知书

(一)适用

(1)《解除行政强制措施通知书》指经交通行政执法机关调查核实,依法对被实施行政强制的物品等解除强制措施并告知当事人的文书。

(2)该文书适用于对返还被依法实施行政强制的物品、车船、证件解除行政强制措施的行为,所有解除强制措施的行政行为均应当使用此文书。

(二)填写说明

(1)"通知人"栏填写被依法实施行政强制物品人的姓名(名称)。

(2)"案由"栏填写案件的案由。

(3)"法律依据"栏填写被依法实施行政强制的物品的法律、法规依据名称及形式同前条。

(4)"时间"栏填写执行行政强制措施,即对当事人物品依法实施行政强制的时间。

(5)"财物"栏填写当事人被依法实施行政强制的物品名称。

(6)"强制措施内容"栏填写对当事人采取的行政强制措施名称。

(7)"文号"栏填写执法机关执法的强制措施通知书的文号。

(8)填写解除强制措施的原因和具体时间。

(三)注意事项

交通行政执法机关在做出解除行政强制措施决定时,应当视情况制作解除行政强制措施的物品清单。

第十章 交通运输行政强制措施文书的特点

(四)范例

解除行政强制措施通知书

　　××　行解(2010)　00008　号

李××：

　　因你(单位)涉嫌　取得道路货物运输经营许可的道路货物运输经营者使用无道路运输证的车辆参加货物运输　一案,本机关根据　《中华人民共和国道路运输条例》第六十三条　规定,依法于　2010　年　3　月　1　日对你(单位)　苏L-12345(黄)轻型普通货车　(财物)采取了　暂扣车辆　的强制措施(文号：　××暂扣(2010)00008　号)。现因　案件已处理完毕　,决定自　2010　年　3　月　3　日起予以解除。

××交通运输行政执法机关(印章)

2010年3月3日

(本文书一式两份：一份存根,一份交当事人或其代理人)

四、海事行政强制文书制作要求

1.海事行政强制文书制作一般要求

(1)海事行政强制文书中的时间一般要具体到分,有起始时间的,开始和结束的时间都要注明。

(2)海事行政强制文书中"地点"栏应填写执法时所处的位置,具体到门牌号、房间号,体现现场特征。

(3)海事执法人员不得少于两人。

(4)现场人员与案件关系应填写"当事人"或"证人"等。

(5)"主要内容"栏填写现场检查中发现的主要违法行为所发生的时间、地点、事件经过及主要证据等相关内容,要求准确、全面反映现场的客观状态。

(6)海事行政强制文书中尾部应由现场人员确认"情况属实"并签字或按手印。现场人员拒绝签名或按手印的,应说明清楚,由执法人员与记录人签名。

2.海事类文书注意事项

(1)海事行政强制文书只能在海事管理机构实施海事行政强制措施或海事行政强制执行时使用。

(2)海事行政强制措施应当由两名以上海事执法人员实施,并向当事人出示海事行政执法证,送达相应的海事行政强制文书,并当场告知采取行政强制措施的理由和依据。

(3)海事执法人员应告知行政相对人依法享有的陈述申辩等权利以及相关期限,并听取行政相对人的陈述和申辩。

(4)记录类文书未填写的空白处应标注"以下空白",或者填充空白符号。

(5)一式两份的文书一份交给行政相对人,一份由海事管理部门留作存根。

第十一章

交通运输行政处罚文书的制作

第一节 交通运输行政处罚文书概述

交通运输行政处罚文书是交通运输行政执法机关对违反交通运输行政管理法律规范的公民、法人或者其他组织实施行政处罚所使用的,依据《行政处罚法》和《交通行政处罚行为规范》制作的执法文书。

一、交通运输行政处罚文书的特点

除具有交通运输执法文书普遍特点外,交通运输行政处罚文书还具有以下特点:

1. 交通运输行政处罚文书的内容有严格的规定

交通运输行政处罚文书的具体内容必须符合有关交通运输法律、法规和规章的规定,并严格按照交通运输行政处罚实施的具体过程和环节相应制作。违反法定程序和内容的行政处罚文书是没有法律效力的。

2. 交通运输行政处罚文书格式统一和要求规范

在交通运输行政处罚过程中制作的交通运输行政处罚文书应当完全符合《交通行政执法文书制作规范》规定的格式,不能擅自增减处罚文书种类,或对相应的行政处罚文书格式和内容进行修改。制作每一类交通运输行政处罚文书时也要严格依照有关的制作要求,做到表述清楚,用语规范。

3. 交通运输行政处罚文书带有明显的制裁性

和交通运输行政许可文书更多的体现行政许可的授权性一样,由于行政处罚是明显的制裁性行政行为,交通行政处罚文书更多的体现出了制裁性。交通运输行政处罚文书制作的根本目的是维护国家法律法规的权威和交通运输管理秩序,对违反交通运输行政管理规定的当事人进行法律制裁。

二、交通运输行政处罚文书的种类

交通运输行政处罚案件需要经过立案、调查、处理、结案四个基本程序,按照《交通行政处罚行为规范》的规定,每一程序环节都应制作相应的文书。交通运输行政处罚文书有以下36种:

(1) 现场笔录

(2) 举报记录

(3) 立案审批表

(4) 协助调查通知书

(5) 询问笔录

(6) 勘验(检查)笔录

(7) 抽样取证凭证

(8) 委托鉴定书

(9) 鉴定意见书

(10) 证据登记保存清单

(11) 证据登记保存处理决定书

(12) 车辆暂扣凭证

(13) 责令车辆停驶通知书

(14) 解除行政强制措施通知书

(15) 责令改正通知书

(16) 回避申请书

(17) 同意回避申请决定书

(18) 驳回回避申请决定书

(19) 案件处理意见书

(20) 违法行为通知书

第十一章 交通运输行政处罚文书的制作

(21) 陈述申辩书

(22) 听证通知书

(23) 听证公告

(24) 听证委托书

(25) 听证笔录

(26) 听证报告书

(27) 重大案件集体讨论记录

(28) 行政(当场)处罚决定书

(29) 行政处罚决定书

(30) 不予行政处罚决定书

(31) 分期(延期)缴纳罚款申请书

(32) 同意分期(延期)缴纳罚款通知书

(33) 不予分期(延期)缴纳罚款通知书

(34) 行政强制执行申请书

(35) 文书送达回证

(36) 处罚结案报告

第二节　交通运输行政处罚文书的制作要求及范例

一、举报记录

(一) 适用

《举报记录》是指交通运输行政执法机关接到电话、信函、来人等各种渠道的举报揭发违法行为所进行的记录。

(二) 填制说明

(1) "举报时间"栏应当填写接到举报的时间,具体到时、分。

(2) "举报类别"栏应当根据举报方式填写:电话、信函或来人等。

(3) "举报内容"栏应当写清举报的时间、地点、主要情节、同案人、知情人、证明人等,还应当反映出举报人不愿留下姓名或者要求保密以及声明其举报材料的可靠程度等内容。

(三)注意事项

(1)来人举报的,记录完毕后,应当交举报人阅读或者向举报人宣读,并由举报人和记录人分别签字或盖章确认并注明时间;电话举报的,应当在"备注"栏记录举报人来电的电话号码;信函举报的,应当在"备注"栏注明附件,同时将举报信附后。

(2)举报内容若案情复杂,可以请举报人递交书面举报材料。

(四)范例

举 报 记 录

举报时间:__2010__年__2__月__27__日__9__时__11__分;举报类别:__来人举报__

举报人:__王××__　性别:__男__　年龄:__35周岁__

住所或工作单位:__××省××市汽车运输有限公司__

联系电话:__159××××4__

身份证号:__××××××××××__

举报内容:我住××区××路××号,××市××化工厂宿舍院内,2010年2月27日凌晨5点半,我从窗台看见院内有三四个工人在往一货车上装载货物,早上8点半,我起床去上班,路过车辆旁边,看见该车车牌号码被刻意遮盖,车门上喷有"××货运"标识,也没有人值守,透过车厢缝隙,能看见里面装满了货物,上面有爆炸品的标识。综合上述情况,我认为该车有未取得道路运输经营许可,私自从事危险货物运输的重大违法嫌疑,为保证公共安全,故特地前来贵单位举报此事,请你单位依法予以查处。

　　我声明所举报情况属实,如不实我愿意承担相应的法律责任。(以下空白)

举报人签名及时间:　　　　　　　记录人签名及时间:

王×× 2010年2月27日12:30分　　陈×× 2010年2月27日12:30分

备注:

二、立案审批表

（一）适用

《立案审批表》是指交通运输行政执法机关在办理一般程序案件中，用以履行建议立案报批手续的文书。

根据《交通行政处罚行为规范》第五条规定，"除依法可以当场作出的交通行政处罚外，交通行政执法机关通过举报、其他机关移送、上级机关交办等途径，发现公民、法人或其他组织有依法应当处以行政处罚的交通行政违法行为，应当自发现之日起7日内决定是否立案。交通行政执法机关主动实施监督检查过程中发现的违法案件，可不经过立案环节"。

（二）填制说明

（1）"案件来源"栏应当根据实际情况分别注明执法检查发现、群众举报、电话投诉、上级机关交办等。

（2）"受案时间"栏应当填写受理案件的具体时间。

（3）案由统一填写为"当事人姓名（名称）+涉嫌违法行为性质+案"，例如，×××未经许可擅自超限行驶公路案。

（4）当事人基本情况：

根据案件情况确定"公民"或者"法人或者其他组织"。

"公民"、"法人或者其他组织"两栏不能同时填写，当事人为公民的，姓名应当填写身份证或户口簿上的姓名；住址应当填写常住地址或居住地址；"年龄"应当以公历周岁为准。

当事人为法人或者其他组织的，填写的单位名称、法定代表人（负责人）、地址等事项应当与工商登记注册信息一致，不得随意省略和使用代号。

（5）案件基本情况。应当写明立案的事实根据，摘要介绍案情和叙述违法事实。如果是执法检查中发现的违法事实，应当写明检查方式、违法行为人、违法行为以及违法标的物的形态、质量和数量；如果是单位和个人举报或者是接受移交的案件，应当将举报人、移送机关陈述、介绍的违法事实需要如实写明。

（6）立案依据。由受案机构负责人填写违法行为违反的法律条款，应当写

明法律、法规规章的全称,并具体到款、项、目,无需提出处罚种类和数额;

(7)受案机构意见。根据案情提出"建议立案调查"或"不予立案"等明确意见;由受案机构经办部门人员签名并注明提出意见的日期。

(8)负责人审批意见。交通行政执法机关负责人根据案情提出明确意见。同意立案的,应当写明"同意立案",同时明确两名以上具体承办人;不同意立案的,应当写明"不予立案";交通行政执法机关负责人应当签名并注明日期。

(三)范例

立案审批表

××× 罚案(2010)××号

案件来源	执法检查发现			受案时间	2010年2月27日	
案由	张×涉嫌未取得道路危险货物运输经营许可,擅自从事道路危险货物运输案。					
当事人基本情况	公民	姓 名	张×	性 别	男	年 龄	26
		住 址	××区××路××号	身份证号	××××	联系电话	138××××
	法人或其他组织	名 称	/		法定代表人	/
		地 址	/		联系电话	/
案件基本情况	我队组织执法人员在执法检查中发现×G8×××车一辆,所有人为张三,辆上装有30箱货物,外包装上印有"爆炸品"标识,经了解,车上货物是他为××市一化工厂运送的,运费约1500元,经查,张三已经取得道路普通货物运输经营许可,但未取得道路危险货物运输经营许可。张三的行为有未取得道路危险货物运输经营许可,擅自从事道路危险货物运输的重大嫌疑。					
立案依据	《道路危险货物运输管理规定》第四十八条第一款第(一)项。			受案机构意见	符合立案条件,建议立案调查。 签名:江× 时间:2010年2月27日	
负责人审批意见	同意立案,请一中队张×、李×承办此案。 签名:孙× 时间:2010年2月27日					
备注						

三、协助调查通知书

（一）适用

《协助调查通知书》是交通运输行政执法机关调查案件时，请求有关单位和人员进行协助调查时使用的文书。

《交通运输行政处罚行为规范》第十一条规定："需委托其他单位或个人协助调查、取证的，应当制作并出具《协助调查通知书》"。

（二）填制说明

(1)主送栏写明需要协助调查单位或人员，如需要某单位进行协助调查，主送栏应当填写该单位的名称；如需要个人进行协助调查的，主送栏应当填写协查人的姓名。

(2)写明所要协助调查的案由。

(3)写明执法人员到相关单位和人员处的具体时间。

（三）范例

协助调查通知书

<u>　××××　</u>协调（2010）<u>　××　</u>号

××××有限公司　：

为查清<u>　张×涉嫌未取得道路危险货物运输经营许可，擅自从事道路危险货物运输　</u>一案有关事实情况，本单位将于<u>　2010年3月1日下午14:30分　</u>(具体时间)进行调查取证，请予以协助。

特此通知。

联系人：<u>　张　×　　</u>

联系电话：<u>　135××××　　</u>

××交通运输行政执法机关（印章）

2010年2月28日

四、委托鉴定书

(一)适用

《委托鉴定书》是指交通运输行政执法机关在调查取证过程中,对相关专业问题委托专业机构进行鉴定的文书。

《交通行政处罚行为规范》第十九条规定"为查明案情,需要对案件中专门事项进行鉴定的,交通行政执法机关应当出具载明委托鉴定事项及相关材料的《委托鉴定书》,委托具有法定鉴定资格的鉴定机构进行鉴定;没有法定鉴定机构的,可以委托其他具备鉴定条件的机构进行鉴定。鉴定机构应当出具载有鉴定结论的《鉴定意见书》"。

(二)填制说明

(1)主送栏应当写明受委托鉴定机构的全称。

(2)详细写明受委托鉴定物品的名称、规格型号和数量。

(3)写明委托鉴定的事项、鉴定目的及相关要求。

(三)注意事项

委托单位向受委托机构提交的相关材料要齐全。

(四)范例

委托鉴定书

××危险化学品鉴定中心：

因调查有关交通违法案件的需要，本机关现委托你单位对下列物品进行鉴定。

物品名称	规格型号	数量	备注
四氮烯	罐	1	/
/	/	/	/
/	/	/	/
/	/	/	/
/	/	/	/

鉴定要求：1. 请鉴定该罐所装液体是是否为四氮烯或者其他危险化学品；
2. 如属于危险化学品请标明其主要成分的含量。

请于 2010 年 3 月 5 日前向本单位提交鉴定结果。

××交通运输行政执法机关（印章）
2010 年 2 月 28 日

注：鉴定结果请提出具体鉴定报告书，并由鉴定人员签名或盖章，加盖公章。

五、鉴定意见书

（一）适用

《鉴定意见书》是指受交通运输行政执法机关的委托，相关专业机构对专业问题出具的专业鉴定意见和结论。

（二）填制说明

（1）"鉴定内容及目的"栏：鉴定内容按实际情况填，目的是为××行政处罚案件提供证据。

（2）"委托鉴定单位"栏填写委托进行鉴定的单位名称，一般为送鉴交通行政执法机关名称。

（3）"鉴定人"栏写明鉴定人的姓名、职务、鉴定资格。

（4）填写鉴定的地点和时间。

（5）鉴定意见也称鉴定结论，是鉴定意见书的主要内容。鉴定结论应是明确的、有依据的科学结论。

（6）由鉴定人本人签名或者盖章；加盖鉴定单位的公章，并注明时间。

（三）注意事项

（1）鉴定人必须精通某种专业知识，且与本案无任何利害关系，或者由其他不影响公正鉴定的人进行，鉴定人要公正，客观地写出鉴定意见。

（2）交通运输行政执法机关认为鉴定意见书有疑问的，可要求鉴定人作出解释、补充鉴定或重新委托进行鉴定。

（3）交通行政机关应当为鉴定人提供工作便利，就需要鉴定的内容向鉴定人提出明确要求，并提供鉴定必需的鉴定物。

（4）鉴定人应及时就指定事项进行鉴定，将其所作的判断制作成明确、完整、具体的鉴定结论并签名。

（5）鉴定意见书应当附有鉴定机构和鉴定人鉴定资格的说明。

第十一章 交通运输行政处罚文书的制作

（四）范例

鉴定意见书

鉴定内容及目的：<u>送检单位要求鉴定送检样品是否为危险化学品,并要求检测出样品的成分及含量,以此确定送检样品是否属于危险化学品,以作为张×涉嫌未取得道路危险货物运输经营许可,擅自从事道路危险货物运输案的证据使用。</u>

委托鉴定单位：<u>××市运输管理处</u>
鉴定人：<u>田×</u>　　职务和职称：<u>教授,化学高级分析师</u>
地点：<u>××市××研究院危险化学品鉴定中心401实验室</u>
时间：<u>2010年3月2日上午10点25分</u>
鉴定意见：<u>送检样品主要成分为乙醇和水,俗称四氯烯,其中乙醇的含量为75%,对照《危险化学品名录》表中的标准,认定送检样品属于危险化学品。</u>

鉴定人签名或盖章：<u>　田×　</u>

××市××研究院危险化学品鉴定中心(印章)
2010年3月10日

六、证据登记保存清单

(一)适用

《证据登记保存清单》是指交通运输行政执法机关在查处案件过程中,对可能灭失或者以后难以取得的证据进行登记保存时使用的文书。

证据登记保存是《中华人民共和国行政处罚法》和《交通行政处罚程序规定》赋予交通行政执法的一项保存证据权。《交通行政处罚程序规定》第十六条第(六)项明确规定"证据可能灭失或者以后难以取得的情况下,经交通管理部门负责人批准,可以先行登记保存,制作《证据登记保存清单》,并应在七日内作出处理决定"。

(二)填制说明

1. 当事人情况

根据案件情况确定"公民"或者"法人或者其他组织","公民"、"法人或者其他组织"两栏不能同时填写。

当事人为公民的,姓名应当填写身份证或者户口簿上的姓名;住址应当填写常住地址或者居住地址;"年龄"应当以公历周岁为准。

当事人为法人或者其他组织的,填写的单位名称、法定代表人(负责人)、地址等事项应当与工商登记注册信息一致,不得随意省略和使用代号。

2. 接受处理时间和单位

"接受处理时间"根据《行政处罚法》规定要求,为出具《证据登记保存清单》之日起的7日内。

"接受处理单位"要写清楚当事人接受处理的交通执法机构名称,并加括号注明地址。

3. 证据物品清单

证据物品名称要准确,有证号(牌号)的要写明证号(牌号);"规格"栏填写证据物品的规格型号;"数量"填写准确;"登记保存地点"写明证据物品被保存的地点,如"当事人保存"或"执法机关保存"。

物品清单空白项应要做画线处理,不得空白。

4. 被取证人签名

被取证人是自然人的,应当要求其亲笔签名和签明时间;被取证人是法人或者其他组织的,应当由该单位在现场的人员签名和签明时间。

5. 执法人员签名和执法证件号

由两名以上执法人员签名并注明执法证件号码。

(三) 注意事项

(1) 使用《证据登记保存清单》必须符合法定条件。即必须是在证据可能灭失或事后难以取得的情况下方可采用。除法律、法规另有规定外,对于违法事实清楚、证据确凿,可以当场作出行政处罚、处理决定的,不得使用证据登记保存清单。

(2) 被取证人不在现场或者拒签的,执法人员应当在文书上注明情况。

(3) 使用《证据登记保存清单》登记保存证据,可以由行政执法单位将证据保存于指定地点、场所,也可以要求被保存人自行保存。证据由执法单位指定地点实施保存的,用画线将"在 7 日内当事人或有关人员不得销毁或转移"划去。

交通运输行政执法程序与文书实务

（四）范例

证据登记保存清单

当事人	公民	姓名	/	性别	/	年龄	/
		电话	/			职业	/
		住址	/				
	法人或者其他组织	名称	××市××运输公司				
		地址	××市××路××号				
		法定代表人	张××				
		联系电话	8520××××				

根据《中华人民共和国行政处罚法》第三十七条第二款的规定，需对你（单位）下列物品登记保存。在7日内当事人或有关人员不得销毁或转移，请 持本单 于2010年 3 月 10 日前到 ××市公路管理处（××市××路××号） 接受处理。

序号	证 据 名 称	规格	数量	登记保存地点
1	×B1234 中型箱式货车（两轴车）	本	壹	××市公路管理处停车场
	/	/	/	/
	/	/	/	/

被取证人（或其代理人）签名及时间： 执法人员签名执法证件号：

　李×× 2010年3月4日　　　　吴×× ××××××

　　　　　　　　　　　　　　　赵×× ××××××

　　　　　　　　　　　　　　××交通运输行政执法机关（印章）

　　　　　　　　　　　　　　　　　　2010年3月4日

（本文书一式两份：一份存根，一份交当事人或其代理人）

七、证据登记保存处理决定书

(一)适用

《证据登记保存处理决定书》是指交通行政执法机关自采取证据登记保存措施之日起,7日内对被登记保存的物品(包括书证、物证等)作出处理决定并告知当事人的文书。

(二)填制说明

(1)主送栏应填写证据登记保存清单中当事人的姓名或名称。

(2)处理意见应当写明对登记保存物品的处理情况,包括:证据登记保存清单中的物品全部或者部分退还、送交有关机构检验或鉴定、依法予以没收、移送其他机关等。

(3)作出退还决定的,应当有当事人"上述物品已退还"的意见记载、接收时间以及两名以上执法人员的签名。

(4)制作该决定书日期应当在制作《证据登记保存清单》之日起的7日内。

(三)范例

证据登记保存处理决定书

×××先保(2010)××号

××市××运输公司　:

　　本单位于 2010 年 3 月 4 日对你(单位)的 ×B1234 中型厢式货车(两轴车)

等物品进行了先行登记保存。现依法对上述物品作出如下处理: ×B1234 中型厢式货车(两轴车)予以退还。

　　　　　　　　　　　　　　××交通运输行政执法机关(印章)

　　　　　　　　　　　　　　2010年3月8日

八、责令改正通知书

(一)适用

《责令改正通知书》是指交通运输行政执法机关根据有关法律、法规的规定,责令违法行为人立即或在一定期限内纠正违法行为的文书。

《交通行政处罚行为规范》第二十五条规定"交通行政执法机关在调查过程中发现当事人的违法行为,可以制作《责令改正通知书》,责令当事人立即或在一定期限内纠正其违法行为"。

(二)填制说明

(1)主送栏填写违法行为当事人的姓名或名称。

(2)违法事实表述要简明、清晰,写明违法时间、违法地点、违法行为性质、数量等情节。

(3)违反的法律和责令改正引用的法律要写全称,适用的专业法有责令改正依据的,应当引用专业法;适用的专业法没有责令改正依据的,应当引用《中华人民共和国行政处罚法》第二十三条之规定。

(4)可以立即改正的,应当责令当事人立即改正,并可将改正结果注于责令改正通知书下方;不能立即改正的,应当写出明确的责令整改期限。

(5)责令改正的内容应当明确。

(6)由被责令改正人本人签名、填写时间。

(7)两名以上执法人员本人签名、填写执法证号码。

(三)范例

责令改正通知书

_＿＿＿＿＿_ 责改(2010)_＿×＿_ 号

××:

经调查,你(单位)存在下列违法事实:
1. 2010年3月1日15时40分,我处路政执法人员在巡查时发现,你在××省道K××+××m公路控制区内违法建筑。
2. ＿＿＿＿＿＿＿＿＿＿＿＿＿＿＿＿＿＿＿＿＿＿＿＿＿＿＿
3. ＿＿＿＿＿＿＿＿＿＿＿＿＿＿＿＿＿＿＿＿＿＿＿＿＿＿＿

根据_《公路法》_第×条的规定,现责令你(单位)对上述第_1_项问题立即改正;对第_/_项问题于_/_年_/_月_/_日前整改完毕。

改正内容和要求如下:
1. 责令自行拆除违法建筑。
2.
3.
4.

被责令改正人签名及时间:　　　　执法人员签名及执法证号:

　　王×× 2010年3月2日　　　　吴× ××××××

　　　　　　　　　　　　　　　　赵× ××××××

　　　　　　　　　　　　　　　　××交通运输局(印章)
　　　　　　　　　　　　　　　　2010年3月2日

九、回避申请书

(一) 适用

《回避申请书》是指当事人认为交通运输行政执法人员与案件有直接利害关系,向交通运输行政执法机关提出请求交通运输行政执法人员退出对该案件的调查和处理的文书。

《交通行政处罚程序规定》第十七条"案件调查人员有下列情况之一的,应当回避,当事人也有权向交通管理部门申请要求回避:(一)本案的当事人或者其近亲属;(二)本人或者其近亲属与本案有利害关系;(三)与本案当事人有其他关系,可能影响案件的公正处理的"。

(二) 填制说明

(1)"申请人"栏填写回避申请人的姓名或者名称,并在"地址"及"联系电话"栏准确填写相关信息。

(2)"被申请人"栏填写被申请回避人的姓名,并在"工作单位及职务"栏填写相关内容。

(3)"申请事项及理由"栏应当写明向交通行政执法机关提出的具体要求、理由和法律依据。

（三）范例

回避申请书

申请人：__王××__
地址：__××市××路××号__ 联系电话：__138529××××__
被申请人：__孙××__
工作单位及职务：__××运输管理处 稽查员__
申请事项及理由：__孙××的近亲属马××为当事人的父亲,本人认为本案处理与其有利害关系,可能影响案件的公正处理。根据《交通行政处罚程序规定》第十七条的规定,本人申请要求办理王××未取得相应从业资格证件,驾驶道路客货运输车辆案的孙××回避,退出对该案件的调查和处理。__

此致 __××运输管理处__（交通行政执法机构）

申请人：__王××__
2010年3月5日

十、同意回避申请决定书

（一）适用

《同意回避申请决定书》是交通行政执法机关作出的同意当事人提出的回避申请的文书。

（二）填制说明

（1）"申请人"栏填写回避申请人的姓名或者名称，并在"联系方式"栏填写相关信息。

（2）"被申请人"栏填写被申请回避人的姓名，并在"工作单位及职务"栏填写相关内容。

（3）"申请时间"栏填写回避申请人申请回避的具体时间。

（4）"申请理由"栏填写申请回避的具体理由。

（5）"案件"栏填写案件的案由。

（6）"依据"栏根据申请人提出的回避理由分别填写相应的条款。

（三）范例

<h2 style="text-align:center">同意回避申请决定书</h2>

申请人：__王××__

联系方式：__××市××路××号　　　　138529×××××__

被申请人：__孙××__

工作单位及职务：__××运输管理处　　稽查员__

　　申请人　__王××__　于　__2010__　年　__3__　月　__5__　日以　__孙××的近亲属马××与本案有利害关系，可能影响案件的公正处理__　为由提出要求办理　__王××未取得相应从业资格证件，驾驶道路客货运输车辆__　案的孙××（被申请人）回避的申请。经审查，符合《　__交通行政处罚程序规定__　》第十七条　__／__　款　__（二）__　项规定的情形，同意申请人的回避申请。

××交通运输行政执法机关（印章）
2010年3月8日

十一、驳回回避申请决定书

(一) 适用

《驳回回避申请决定书》是交通行政执法机关作出的驳回当事人提出的回避申请的文书。

(二) 填制说明

(1)"申请人"栏填写回避申请人的姓名和住址。

(2)"被申请人"栏填写被申请回避人的姓名、工作单位及职务。

(3)"申请时间"栏填写回避申请人申请回避的具体时间。

(4)"申请理由"栏填写申请回避的具体理由。

(5)"案件"栏填写案件的案由。

(6)"依据"栏根据申请人提出的回避理由分别填写相应的条款。

(三) 范例

驳回回避申请决定书

申请人：__王××__

住址：__××市××路××号__

被申请人：__孙××__

工作单位及职务：__××运输管理处　稽查员__

　　申请人　__王××__　于__2010__年__3__月__5__日以__孙××的近亲属马×与本案有利害关系，可能影响案件的公正处理__为由提出要求办理__王××未取得相应从业资格证件，驾驶道路客货运输车辆案__的__孙××__（被申请人）回避的申请，经审查，不符合《交通行政处罚程序规定》第__十七__条__/__款__（二）__项规定的情形，决定驳回申请人的回避申请。

××交通运输行政执法机关（印章）

2010年3月8日

十二、案件处理意见书

（一）适用

《案件处理意见书》是指案件调查结束后，交通运输行政执法人员就案件调查经过、证据材料、调查结论及处理意见报请交通运输行政执法机关负责人审批的文书。

《交通行政处罚行为规范》第二十八条（一）项规定"案件调查结束后，办案人员应当按照以下方式处理：认为违法事实成立，应当予以行政处罚的，制作《案件处理意见书》，连同《立案审批表》和证据材料，移送本交通行政执法机关负责法制工作的内设机构进行审核"。

（二）填制说明

（1）"案由"栏的填写应当根据具体违法当事人和违法行为的性质填写。

（2）"案件调查人员"栏填写负责案件调查的执法人员姓名及执法证号。

（3）当事人基本情况：

根据案件情况确定"公民"或者"法人或者其他组织"，"公民"、"法人或者其他组织"两栏不能同时填写。

当事人为公民的，姓名应当填写身份证或户口簿上的姓名；住址应当填写常住地址或居住地址；"年龄"应当以公历周岁为准。

当事人为法人或者其他组织的，填写的单位名称、法定代表人（负责人）、地址等事项应当与工商登记注册信息一致，不得随意省略和使用代号。

（4）案件调查经过及违法事实。应当注明违法行为发现的时间、发现途径、违法行为人、违法行为发生地点、违法行为内容等违法事实、情节和后果，以及开展调查取证的全部过程。

（5）所附证据材料清单。填写具体证据的名称、规格和数量。

（6）调查结论和处理意见。应当由执法人员根据案件调查情况和有关法律、法规的规定提出处理意见。据以立案的违法事实不存在的，应当写明建议终结调查并结案等内容；对依法应当给予行政处罚的，应当写明给予行政处罚的种类、幅度及法律依据等。

（7）法制工作机构审核意见。由交通行政执法单位的法制工作机构写明具体审核意见,包括同意调查处理意见,或者提出对于案件事实认定、处理的不同意见,或者对案件程序是否合法的意见,由法制工作机构负责人签名、填写日期。

(8)交通行政执法机关审批意见。由交通行政执法机关负责人明确写明"同意承办人意见"或者写明同意作出处理决定的全部内容,不得只写"同意"。

(三)范例

案件处理意见书

案由		××运输有限公司擅自超限行驶案		案件调查人员	何×× 费××
当事人	公民	姓名	/	性别	/	年龄	/
		住址	/			职业	/
	法人或者其他组织	名称		××运输有限公司	
		法定代表人		陈××	
		地址		××省××市××区××路88号	
		联系电话		133××××	
案件调查经过及违法事实	2009年6月6日19时10分左右,我处路政检查人员在××公路110K850M处进行超限运输检查时发现,××运输有限公司驾驶员王×驾驶的×B12345中型厢式货车为两轴车,经调查询问、检测称重,车货总质量为3.60t,已超限。				
证据材料	序号	证据名称	规格	数量	
	1	交通行政案件询问笔录	份	1	
	2	车辆超限检测单	份	1	
	3	车辆行驶证复印件	份	1	
	4	驾驶员行驶证复印件	份	1	
	5	照片	张	2	
	/	/	/	/	

续上表

调查结论和处理意见	××运输有限公司驾驶员王×驾驶的×B12345中型厢式货车车货总质量为3.60t,按照《公路法》的有关规定以及《关于全国开展车辆超限超载治理工作实施方案》认定的超限运输标准,该车已超限12.6t。当事人的行为违反了《中华人民共和国公路法》第五十条的规定,根据《中华人民共和国公路法》第七十六条第五项规定,拟下发《违法行为通知书》,做出责令当事人停止违法行为、自行卸去超限部分物品,处1500元人民币罚款的处罚决定。 执法人员签名:何××、费×× 2009年6月6日
法制工作机构审核意见	经审查,事实清楚,证据确凿,有法律依据,同意调查人员意见。 签名:李×× 2009年 6月8日
行政执法机关意见	同意下发《违法行为通知书》,做出该处罚决定。 签名:王×× 2009年6月10日

第十一章
交通运输行政处罚文书的制作

十三、违法行为通知书

(一)适用

《违法行为通知书》是指交通运输行政执法机关在作出行政处罚决定前,告知当事人拟作出的行政处罚决定的事实、理由、依据以及当事人依法享有的权利的文书。

《交通行政处罚行为规范》第三十二条规定"交通行政执法机关负责人对《违法行为调查报告》批准后,拟对当事人予以行政处罚的,办案人员应当制作《违法行为通知书》,以交通行政执法机关的名义,告知当事人拟作出行政处罚的事实、理由、依据、处罚内容,并告知当事人依法享有陈述、申辩权或听证权"。

(二)填制说明

(1)主送一栏应当写明当事人的个人姓名或者单位全称。

(2)写明当事人的违法事实以及当事人违法行为发生的具体时间,对违法事实的描述应当完整、明确、客观,不得使用结论性语言。

(3)写明所违反法律、法规、规章的全称及具体条款项。

(4)写明拟作出行政处罚的种类、幅度及法律依据,罚款处罚的应当写明罚款数额。

(5)根据案件具体实际,拟作出根据具体情况,在告知当事人陈述申辩权、告知当事人听证权利前的□内打"√";拟作出较大数额罚款、责令停产停业、吊销证照的行政处罚的,应在告知当事人听证权利的□内打"√";较大数额罚款标准是根据省级人大或人民政府规定的标准执行。部直属单位的标准为5000元以上,海事机构标准为10000元。

(6)准确填写交通行政执法机构的联系地址、邮编、联系人、联系电话。

(三)范例

违法行为通知书

_× × × ×_ 违通(2009) _× ×_ 号

××运输有限公司 ：

经调查,本机关认为你(单位)涉嫌 擅自超限行驶 的行为,违反了 《中华人民共和国公路法》第五十条 的规定,依据 《中华人民共和国公路法》第七十六条第五项 的规定,本机关拟作出 责令停止违法行为、自行卸去超限部分物品,并罚款一万元整 的处罚决定。

 根据《中华人民共和国行政处罚法》第三十一条、第三十二条的规定,你(单位)如对该处罚意见有异议,可在接到本通知之日起三日内向本机关提出陈述申辩;逾期未提出陈述或者申辩,视为你单位(或个人)放弃陈述和申辩的权利。

☐ 根据《中华人民共和国行政处罚法》第四十二条的规定,你(单位)有权在收到本通知书之日起三日内向本机关要求举行听证;逾期不要求举行听证的,视为你(单位)放弃听证的权利。

(注:在序号前☐内打"√"的为当事人享有该权利)

交通行政执法机构联系地址: ×××××××× 邮编: 215007

联系人: 李×× 联系电话: ××××××××

× ×交通运输行政执法机关(印章)

2009 年 6 月 14 日

(本文书一式两份:一份存根,一份交当事人或其代理人)

十四、陈述申辩书

（一）适用

《陈述申辩书》是指在向当事人送达违法行为通知书后，当事人对案件事实、处罚理由和依据、执法程序等进行陈述申辩时适用的文书。

《交通行政处行为规范》第三十四条第一款规定"交通行政执法机关在告知当事人拟作出的行政处罚后，当事人要求陈述申辩的，应当制作《陈述申辩书》，如实记录当事人的陈述申辩意见。当事人要求组织听证的，交通行政执法机关应当按照第四章的规定组织听证"。

（二）填制说明

（1）"时间"栏填写当事人进行陈述申辩的起始时间，具体到分。

（2）"地点"栏填写当事人进行陈述申辩时所在的地点，应当详细、具体、明确。

（3）"陈述申辩人"栏应当真实、准确填写陈述申辩人的姓名、性别、单位职务、电话、联系地址、邮编等信息。

（4）记录人可以是2名执法人员中的一名，也可以是其他人员。

（5）"陈述申辩内容"栏如实填写当事人陈述申辩的内容。问答式的陈述申辩书，其制作要求参见《询问笔录》；综合叙述式的陈述申辩书，以记录当事人的陈述、申辩内容为主，执法人员根据需要，可以在当事人陈述、申辩后，继续询问有关情况。

（6）由陈述申辩人本人签名和填写日期。

（7）由听取陈述申辩的两名以上执法人员签名、填写执法证号。

（8）由记录人本人签名。

（三）注意事项

（1）当事人委托陈述申辩人的，应当出具当事人的委托书。

（2）当事人进行陈述申辩可以口头做出、由执法人员现场记录，也可以书面进行陈述申辩。

(四)范例

陈述申辩书

时间：2010年 3 月 6 日 10 时 15 分至 6 日 10 时 40 分

地点：××运输管理处违章处理窗口

陈述申辩人：陈×× 性别：男 单位职务：无

电话：138529×××× 联系地址：××市××路××号 邮编：212000

执法人员：张×× 执法证号：32111100××

吴×× 执法证号：32111100××

记录人：刘××

陈述申辩内容：本人因2010年3月1日15时在××市青年广场附近未取得道路客运经营许可，擅自从事道路客运经营，被你运政执法人员查获。2010年3月5日，你处向本人送达《违法行为通知书》(××运罚[2010]第×号)，拟给予本人×元的罚款。本人对该违法事实认可，但对×元的罚款无法承受。本人系初次违法，且家庭生活特别困难无其他正常生活来源(有户籍所在地村委会书面证明)。请求执法机关考虑本人实际情况，给予减轻处罚。

陈述申辩人签名及时间： 执法人员签名及执法证号：张×× 32111100××

王×× 2010年3月6日 吴×× 32111100××

记录人签名：刘××

十五、听证通知书

（一）适用

听证通知书是指交通运输行政执法机关决定举行听证会并向当事人告知听证会具体事项的文书。

《交通行政处罚行为规范》第四十二条规定"在作出较大数额罚款、责令停产停业、吊销证照的行政处罚决定之前，交通行政执法机关应当告知当事人有要求举行听证的权利；当事人要求听证的，交通行政执法机关应当组织听证。"第五十六条"听证主持人应当自接到案件调查人员移送的案卷之日起5日内确定听证的时间、地点，并于举行听证会7日前向当事人送达《听证通知书》，告知当事人组织听证的时间、地点、听证会主持人名单及申请回避和委托代理人的权利"。

（二）填制说明

（1）主送栏填写听证会申请人，一般为行政处罚案件的当事人。

（2）写明举行听证会的时间、地点、方式（公开或不公开）以及听证主持人、听证员、书记员的姓名、工作单位及职务。

（3）应当注明交通行政执法机关的联系方式，包括行政执法机关名称、地址、联系电话、联系人，并加盖交通运输行政执法机关印章。

(三)范例

听证通知书

<u>　×　×　×　×　</u>听通(2010)<u>　×　×　</u>号

<u>××汽车运输有限公司</u>：

根据你(单位)申请,关于<u>你单位驾驶员李×驾驶×E00001客车涉嫌超越许可事项从事道路客运经营</u>案,现定于<u>　2010　</u>年<u>　5　</u>月<u>　15　</u>日<u>　13　</u>时<u>　30　</u>分在<u>　××路××号××运输管理处三楼会议室公开　</u>公开举行听证会议,请准时出席。

听证主持人姓名：<u>　周×　</u>　职务：<u>　政策　法规科副科长　</u>
听证员姓名：<u>　陈×　</u>　职务：<u>　政策法规科科员　</u>
书记员姓名：<u>　张×　</u>　职务：<u>　政策法规科科员　</u>

根据《中华人民共和国行政处罚法》第四十二条规定,你(单位)可以申请听证主持人、听证员、书记员回避。

注意事项如下：

1. 请事先准备相关证据,通知证人和委托代理人准时参加。

2. 委托代理人参加听证的,请于5月1日向本机关提交授权委托书等有关证明。

3. 申请延期举行的,应当在举行听证会前向本行政机关提出,由本机关决定是否延期。

4. 不按时参加听证会且未事先说明理由的,视为放弃听证权利。

特此通知。

交通行政执法机构联系地址：<u>　××市××路××号　</u>　邮编：<u>×××××</u>
联系人：<u>　陈×　</u>　联系电话：<u>　××-××××　</u>

××交通运输行政执法机关(印章)
2010年4月20日

(本文书一式两份：一份存根,一份交当事人或其代理人)

十六、听证公告

(一) 适用

《听证公告》是指交通运输行政执法机关进行听证时通知相关利害关系人报名参加听证会的文书。

《交通行政处罚行为规范》第五十七条明确规定"听证应当公开举行。涉及国家秘密、商业秘密或者个人隐私的,听证不公开举行。公开举行听证的,应当制作《听证公告》,公告案由以及举行听证的具体时间、地点等"。

(二) 填制说明

(1) 写明听证所依据的法律法规规章的名称及条款项。

(2) 写明听证会时间、地点及听证事由。

(3) 写明申请参加听证会人员提出书面申请的时间、办理报名手续的时间、地点等。

(4) 听证会须知:

应当详细填写申请参加听证会的公民、法人或者其他组织应当满足的条件,清楚告知参加听证会的各项注意事项。

听证公告中有人数限制的,应当说明限制原因、限制人数。

(三) 注意事项

(1) 听证公告可在网上发布,或在行政机关办公场所外明显处张贴。

(2) 已经公告的听证因故延期或取消的,应当予以公告,对已确认参加的人员应当及时通知。

(四)范例

听 证 公 告

____××××____听公(2010)__××__号

根据 __《中华人民共和国行政处罚法》第四十二条__ 的规定,本机关决定于 __2010__ 年 __5__ 月 __15__ 日 __13__ 时,在 __××路××号××运输管理处三楼会议室就××汽车运输有限公司指派驾驶员李×驾驶×E00001客车涉嫌超越许可事项从事道路客运经营案__ 公开举行听证会。

欢迎符合下列须知要求的公民、法人或者其他组织参加听证会。申请参加听证会的,请在 __2010__ 年 __5__ 月 __1__ 日前向 __××运输管理处__ 提出书面申请。

请申请参加听证会的人员、法人或者其他组织的代表于 __2010__ 年 __4__ 月 __5__ 日至 __5__ 月 __1__ 日(每天 __9__ 时至 __17__ 时)持身份证件或者单位介绍信到 __××路××号××运输管理处政策法规科__ 向本机关办理听证报名手续。

参加本次听证会须知:

1.年满十八周岁的中国公民均可报名申请参加听证会,但因场所限制,参加听证人员限50人,按报名顺序分配。

2.申请人逾期未参加听证会或在听证会开始后15分钟内未能出席的,视为放弃听证权利。

3.在听证过程中,参加听证人员不得随意走动,大声喧哗,未经主持人同意,不得发言、提问或录音、录像、摄影。

……

特此公告。

联系人:__陈×__ 联系电话:__××-××××__

××交通运输行政执法机关(印章)

2010年4月20日

十七、听证委托书

(一) 适用

《听证委托书》是指当事人或第三人不能亲自参加听证,委托相关人员参加听证,代理其行使听证权的文书。

《交通行政处罚行为规范》第五十一条规定"委托他人代为参加听证的,应当向交通行政执法机关提交由委托人签名或者盖章的《听证委托书》以及委托代理人的身份证明文件"。

(二) 填制说明

(1) 详细填写委托人的姓名、性别、年龄、工作单位、联系电话、联系地址、邮编等情况。

(2) 详细填写委托人的姓名、性别、年龄、工作单位、联系电话、联系地址、邮编等情况。

(3) 听证委托书应当清楚界定委托权限;委托权限一般为:代为申请回避,代为陈述、申辩并出示证据,代为质证和辩论,代为要求中止和放弃听证,代为审核听证笔录等有关文书。

（三）范例

听证委托书

委托人：__××汽车运输有限公司__ 性别：__／__ 职务：__／__
工作单位：__／__ 联系电话：__05××-65181761__
联系地址：__××路××号__ 邮编：__21×××__
代理人：__王×__ 性别：__男__ 职务：__律师__ 联系电话：__××××__
工作单位：__××律师事务所__ 联系地址：__××路100号__ 邮编：__215007__
委托人 __××汽车运输有限公司__ 委托 __王×__ 为 __××汽车运输有限公司指派驾驶员李×驾驶×E00001客车涉嫌超越许可事项从事道路客运经营__ 一案参加听证。
代理人 __王×__ 的委托代理权限为：__代为申请回避，代为陈述、申辩并出示证据，代为质证和辩论，代为要求中止和放弃听证，代为审核听证笔录等有关文书。__

委托人签名或盖章及时间：__××汽车运输有限公司 （公司签章）__
         2010年__××__月__××__日

代理人签名或盖章及时间：__张×（律师事务所签章）__
         2010年__××__月__××__日

十八、听证笔录

（一）适用

《听证笔录》是指记录听证过程和内容的文书。

《交通行政处罚行为规范》第六十三条规定"书记员应当将听证的全部活动记入《听证笔录》。《听证笔录》应当经听证参加人审核无误或者补正后，由听证参加人当场签名或者盖章。拒绝签名或者盖章的，由听证主持人记明情况，在听证笔录中予以载明。"

（二）填制说明

（1）"案件名称"填写案件的案由。

（2）"主持听证机关"填写主持召开听证会的机关全称，一般为进行行政处罚的交通行政执法机关。

（3）写明听证地点、听证时间，听证主持人、听证员、书记员、当事人、委托代理人、第三人、其他参与人的姓名、工作单位及职务，没有的用斜线画去。

（4）"听证记录"应当写明听证主持人核实听证参加人员身份、宣读听证纪律、告知听证参加人员的权利义务；案件调查人员提出的违法事实、证据和处罚意见；当事人陈述、申辩的理由以及是否提供新的证据，证人证言、质证过程等内容。

（5）当事人或其委托代理人、主持人、书记员应当在笔录上逐页签名并在尾页注明日期；证人应当在记录其证言之页签名。

(三)范例

听 证 笔 录

案件名称：××汽车运输有限公司指派驾驶员李×驾驶×E00001客车涉嫌超越许可事项从事道路客运经营案

主持听证机关：××运输管理处

听证地点：××路××号××运输管理处三楼会议室

听证时间：2010 年 5 月 15 日 13 时 00 分至 2010 年 5 月 15 日 17 时 30 分

主持人：周×　听证员：陈×　书记员：张×

执法人员：王×　　　执法证号：×××××
　　　　　李×　　　执法证号：×××××

当事人：××汽车运输有限公司　法定代表人：李×

联系电话：××××××

委托代理人：王×　性别：男　年龄：30　工作单位及职务：××律师事务所律师

第三人：无　性别：＿＿　年龄：＿＿　工作单位及职务：＿＿＿＿＿

其他参与人员：无　性别：＿＿　年龄：＿＿　工作单位及职务：＿＿＿＿＿

听证记录：（略）

当事人或其委托代理人签名及时间：主持人签名：　周×
　　　　王×　　　　　　　　　　书记员签名：　张×

　　　　　　　　　　　　　　　　××交通运输执法机构（印章）
　　　　　　　　　　　　　　　　　　　2010 年××月××日

十九、听证报告书

（一）适用

《听证报告书》是指听证会结束后，听证主持人向交通运输行政执法机关负责人报告听证会情况并提出案件处理意见的文书。

《交通行政处罚行为规范》第六十四条规定："听证主持人应当在听证结束后 5 日内写出《听证报告书》并签名，连同《听证笔录》一并上报本交通行政执法机关负责人"。

（二）填制说明

(1)"主持人"、"听证员"、"书记员"栏填写上述人员姓名。

(2)听证会基本情况摘要栏应当填写听证会的时间、地点、案由、听证参加人的基本情况、听证认定的事实、证据；要突出有争议问题及双方列举的证据和依据。

(3)"听证结论及处理意见"栏由听证人员根据听证情况，对拟作出的行政处罚决定的事实、理由、依据做出评判并提出倾向性处理意见，即对是否作出行政处罚提出处理意见。

(4)"行政执法机关审核意见"栏：交通运输行政执法机关负责人审核听证笔录后作出的处理意见。

（三）注意事项

听证主持人向交通行政执法机关负责人提交听证报告书时，应当附听证笔录。

(四)范例

听证报告书

案件名称 ××汽车运输有限公司指派驾驶员李×驾驶×E00001客车涉嫌超越许可事项从事道路客运经营案

主持人	周×	听证员	陈×	书记员	张×
听证会基本情况摘要	2010年3月2日,××汽车运输有限公司对其指派驾驶员李×驾驶×E00001客车涉嫌超越许可事项从事道路客运经营处罚不服,提出听证申请。经审查,我处批准了请求,并于4月1日发出听证通知书,决定于5月15日举行听证会。参加听证会的有主持人周×、听证员陈×、书记员张×、案件调查人员王××、李×、申请人代理人王×。听证会上案件调查人员陈述了申请人的违法行为经过和查处意见,并出示了相关证据,申请人代理人也进行了陈述和申辩。					
听证结论及处理意见	经过听证会双方陈述申辩、质证,本主持人认为××汽车运输有限公司指派驾驶员李×驾驶×E00001客车超越许可事项从事道路客运经营一案: 一、事实清楚。具体阐述略 二、证据确凿。具体阐述略 三、程序合法。具体阐述略 四、依据准确。具体阐述略 五、处罚适当。具体阐述略 综上所述,案件调查人员对当事人违法事实调查取证程序合法、证据确凿、法律依据运用适当、违法事实认定清楚,建议对调查人员的处罚建议予以支持。考虑到该案申请人的违法情节、所造成的社会后果等因素,依据《道路旅客运输及客运站管理规定》第八十四条和《行政处罚法》第二十七条的有关规定,建议对××汽车运输有限公司处以2万元罚款。 听证主持人签名:周× 2010年5月18日					
行政执法机关审核意见	同意听证结论和处理意见。 负责人签名:黄× 2010年5月18日					
备注						

二十、重大案件集体讨论记录

（一）适用

《重大案件集体讨论记录》是指用以记录交通运输行政执法机关对案情复杂或有重大违法行为需要给予较重行政处罚的案件进行集体讨论相关情况的文书。

《交通行政处罚行为规范》第三十六条规定"重大、复杂案件，或者重大违法行为给予较重处罚的案件，应当提交交通行政执法机关重大案件集体讨论会议集体讨论决定。

重大案件集体讨论会议应当由办案机构组织召开，交通行政执法机关负责人、法制工作机构负责人及相关工作人员参加会议。必要时可邀请相关专家参加会议。

重大案件集体讨论会议应当制作《重大案件集体讨论记录》，并由全体出席会议人本人签名"。

（二）填制说明

（1）案件名称填写案件的案由。

（2）讨论时间应当包括起始时间，具体到分；重大案件集体讨论记录笔录的制作时间不得早于证据取得的时间（如讯问笔录的制作时间），不得晚于行政处罚决定书的作出时间。

（3）讨论地点应具体到门牌号、房间号。

（4）"案件简介"应当包括：案件来源、违法事实、情节后果、法律依据、当事人意见等。

（5）"讨论记录"栏中要明确每个人的意见。

（6）集体讨论记录要有明确的结论性意见，结论性意见要与行政处罚决定书作出的处理决定一致。

（7）"出席人签名"栏应由全体出席人本人签名，体现集体负责制。

(三)范例

重大案件集体讨论记录

案件名称: 张×未取得道路运输经营许可擅自从事道路运输经营活动

讨论时间: 2010 年 5 月 15 日 13 时 00 分至 2010 年 5 月 15 日 14 时 00 分

地点: ××市××路××号××市运输管理处一楼会议室

主持人: 顾× **汇报人:** 李× **记录人:** 周×

出席人员姓名及职务: 顾×,处长;陆×,副支队长;吉×,主任;李×,科长;周×,副科长。

案件简介: 2010年02月21日当事人张×驾驶×A-38517从事道路运输经营活动,从火车站载客二人送往××,运费300元,在火车站广场被我执法人员查获。经调查该业户未取得道路运输经营许可。依据《中华人民共和国道路运输条例》第64条的规定,建议给当事人处罚20000元。

讨论记录: 李×阐述了本案调查的情况,指出当事人未取得道路运输经营许可擅自从事道路运输经营活动,事实清楚,证据确凿,同意案件调查人员的意见。另指出当事人违章初次被查获,而且当事人事后表示悔意,能积极配合执法工作,并出具了当地居委会证明其情况的困难证明,依据《行政处罚法》第27条规定,应予以减轻处罚。

周×指出本案调查程序合法,被处罚主体准确,处罚依据正确,证据充分。

陆×指出本案违法事实清楚、证据充分、程序正确,同意按有关规定给予处罚。

吉×提出本案违法事实清楚,证据充分,应予以处罚。

顾×同意大家意见,同时指出当事人违章初次被查获,事后能配合执法工作,符合《行政处罚法》第27条,应予以减轻处罚。

大家一致同意,当事人张×初次被查获,经处集体研究决定,依据《中华人民共和国道路运输条例》第64条和《行政处罚法》第27条规定,予以12000元罚款处罚。

结论性意见: 给予当事人处以罚款12000元的行政处罚。

出席人员签名: 略

第十一章
交通运输行政处罚文书的制作

二十一、行政(当场)处罚决定书

(一)适用

《行政(当场)处罚决定书》是指交通运输行政执法机关依法适用简易程序,对当事人作出行政处罚决定时使用的文书。

《交通行政处罚行为规范》第三条规定"违法事实确凿并有法定依据,对公民处以五十元以下、对法人或者其他组织处以一千元以下罚款或者警告的行政处罚的,可以适用简易程序,当场作出行政处罚决定"。

(二)填制说明

1. 当事人情况

根据案件情况确定"公民"或者"法人或者其他组织","公民"、"法人或者其他组织"两栏不能同时填写。

当事人为公民的,姓名应当填写身份证或者户口簿上的姓名;住址应当填写常住地址或者居住地址;"年龄"应当以公历周岁为准。

当事人为法人或者其他组织的,填写的单位名称、法定代表人(负责人)、地址等事项应当与工商登记注册信息一致,不得随意省略和使用代号。

2. 违法事实及证据

本栏应写明违法行为发生的时间、地点、违法行为的情节、性质、手段、危害后果及能够证明违法事实的证据种类等情况。

对违法事实的描述应当全面、客观,阐明违法行为的基本事实,即何时、何地、何人、采取何种方式或手段、产生何种行为后果等。

3. 处罚依据

处罚依据应当写明作出处罚所依据的法律、法规或者规章的全称,有款、项、目的,必须具体到款、项、目,特别是项的表述要规范。

引用法律依据的顺序按效力位阶高低引用,效力位阶高优先引用,不得引用法律、法规、规章以外的文件作为处罚依据;不得引用未经公布的法律、法规、规章作为处罚依据;不得引用其他规范性文件。

在具体法条适用中,当事人违法的实体法律规定要与罚则相对应、配套。

4. 处罚内容

应当主次分明、具体明确,写明处罚种类、数额、期限等。

5. 罚款的履行方式和期限

当事人当场执行处罚决定、缴纳罚款的,或者依法可以当场收缴罚款的,应在"□当场缴纳"的方框中打上"√";当事人自行缴纳罚款的,应当写明指定的收款银行名称和账号。

6. 告知救济途径

应当告知当事人有申请行政复议、提起行政诉讼的权利;法律、法规规定复议前置的,应当告知当事人先行申请行政复议。

按照《行政复议法》规定写明受理复议的行政机关名称。

7. 执法人员、执法机关、处罚机关

执法人员签名及执法证号:两个执法人员要分别自己签名;执法证号要完整填写执法人员所持有的交通行政执法证号码。

处罚机关印章清楚,日期填写准确。

8. 当事人签名

由当事人或者其委托代理人进行签名并注明时间。

(三)注意事项

(1)由于适用的是简易程序,所以行政(当场)处罚决定书应当在制作检查、询问笔录后方可向当事人下达,当事人如果进行陈述、申辩的,还应制作《陈述申辩书》;当事人提出的事实、理由和证据成立的,应当采纳。

(2)可以由办案人员当场收缴罚款的情形:①当场处以二十元以下罚款的;②对公民处以二十元以上五十元以下、对法人或者其他组织处以一千元以下罚款,不当场收缴事后难以执行的;③在边远、水上、交通不便地区,当事人向指定银行缴纳罚款确有困难,经当事人提出的。

(3)办案人员当场收缴罚款的,应当出具省级财政部门统一制发的罚款收据。

(4)办案人员当场收缴的罚款,应当自收缴罚款之日起2日内交至其所在交通行政执法机关,交通行政执法机关应当在2日内将罚款缴付指定银行。

（四）范例

行政（当场）处罚决定书

××××　简罚（2009）　××　号

当事人	公民	姓名	/	性别	/	身份证号	/
		住址	/			职业	/
	法人或者其他组织	名称	××通信发展有限公司			法定代表人	章×
		地址	××市××路88号				

　　违法事实及证据：2009年4月8日，当事人在××绕城高速公路外线69K+950m处，擅自打开4片高速公路隔离栅，其中2片高速公路隔离栅被损坏，当事人还在该处进行军用通信光缆施工材料的装卸和施工人员的进出。证据有《现场笔录》、《询问笔录》和现场照片资料。

　　以上事实违反了　《中华人民共和国公路法》第五十二条　的规定，依据　《中华人民共和国公路法》第七十六条第六项　的规定，决定给予　罚款九百元整人民币　的行政处罚。

　　罚款的履行方式和期限（见打√处）：

　　☑ 当场缴纳

　　☐ 自收到本决定书之日起15日内缴至＿＿＿＿，账号＿＿＿＿，到期不缴每日按罚款数额的3%加处罚款。

　　如果不服本处罚决定，可以依法在60日内向　××交通运输部门　申行政复议，或者在三个月内依法向人民法院提起行政诉讼，但本决定不停止执行，法律另有规定的除外。逾期不申请行政复议、不提起行政诉讼又不履行的，本机关将依法申请人民法院强制执行或者依照有关规定强制执行。

　　当事人或委托代理人签名及时间：　　执法人员签名及执法证号：
　　　　韩××　2009.4.8　　　　　　　　金××　320×××
　　　　　　　　　　　　　　　　　　　　张××　320×××

　　　　　　　　　　　　　　　　　　××交通运输行政执法机关（印章）
　　　　　　　　　　　　　　　　　　　　××年××月××日

　　（本文书一式两份：一份存根，一份交当事人或其代理人）

二十二、行政处罚决定书

(一)适用

《行政处罚决定书》是指交通行政执法机关依法适用一般程序,对当事人作出行政处罚决定时使用的文书。

(二)填制说明

1. 当事人情况

根据案件情况确定"公民"或者"法人或者其他组织","公民"、"法人或者其他组织"两栏不能同时填写。

当事人为公民的,姓名应当填写身份证或者户口簿上的姓名;住址应当填写常住地址或居住地址;"年龄"应当以公历周岁为准。

当事人为法人或者其他组织的,填写的单位名称、法定代表人(负责人)、地址等事项应当与工商登记注册信息一致,不得随意省略和使用代号。

2. "违法事实及证据"栏应当写明违法行为发生的时间、地点、违法行为的情节、性质、手段、危害后果及能够证明违法事实的证据种类(名称)等情况

对违法事实的描述应当全面、客观,阐明违法行为的基本事实,即何时、何地、何人、采取何种方式或手段、产生何种行为后果等;对案情复杂或当事人有争议的案件,列举证据还应当注意进行证据的证明力、证据的作用和证据之间关系的说明。

应当对当事人陈述申辩意见的采纳情况及理由予以说明;对经过听证程序的,文书中应当载明。

有从轻或者减轻情节,依法予以从轻或者减轻处罚的,应当写明。

3. 处罚依据

处罚依据应当写明作出处罚所依据的法律、法规或者规章的全称,有款、项、目的,必须具体到款、项、目,特别是项的表述要规范。

引用法律依据的顺序按效力位阶高低引用,效力位阶高优先引用,不得引用法律、法规、规章以外的文件作为处罚依据;不得引用未经公布的法律、法规、规章作为处罚依据;不得引用其他规范性文件。

4. 处罚内容

处罚内容应当主次分明、具体明确,写明处罚种类、数额、期限等,作出罚款的行政处罚,应当写明指定的收款银行名称和账号。

5. 告知救济途径

应当告知当事人有申请行政复议、提起行政诉讼的权利,法律、法规规定复议前置的,可以只告知行政复议的途径和期限。

按照《行政复议法》规定填写受理复议的行政机关名称。

6. 执法人员、执法机关、处罚机关

两个执法人员要分别自己签名;执法证号要完整填写执法人员所持有的交通行政执法证号码。

处罚机关印章清楚,日期填写准确。

（三）范例

行政处罚决定书

<u>××××</u>罚（2010）<u>××</u>号

当事人	公民	姓名	/	性别	/	身份证号	/
		住址	/			职业	/
	法人或者其他组织	名称	××运输有限公司			法定代表人	陈××
		地址	××市××区××路88号				

违法事实及证据： <u>2009年6月6日19时10分左右，路政检查人员在××绕城高速公路东桥互通出口进行超限运输检查时发现，你单位驾驶员王×驾驶的××牌号两轴中型厢式货车，车货总质量为22.60t，超限4.6t。证据有《询问笔录》、《高速公路通行费缴费凭证》、《超限运输检测单》、《车辆行驶证复印件》、《驾驶证复印件》和现场照片。</u>

以上事实违反了 <u>《中华人民共和国公路法》第五十条和《××省高速公路条例》第二十四条第二款</u> 的规定，依据 <u>《中华人民共和国公路法》第七十六条第(五)项、《××省高速公路条例》第五十五条</u> 的规定，决定给予<u>责令停止违法行为，自行卸去超限部分物品，并罚款一千一百元整</u> 的行政处罚。

处以罚款的，罚款自收到本决定书之日起15日内缴至 <u>××农业银行</u>，账号为 <u>1234567890</u>，到期不缴的依法每日按罚款数额的3%加处罚款。

如果不服本处罚决定，可以依法在60日内 <u>××交通运输部门</u> 申请行政复议，或者在三个月内依法向人民法院提起行政诉讼，但本决定不停止执行，法律另有规定的除外。逾期不申请行政复议、不提起行政诉讼又不履行的，本机关将依法申请人民法院强制执行或者依照有关规定强制执行。

××交通运输行政执法机关（印章）

<u>××</u>年<u>××</u>月<u>××</u>日

（本文书一式两份：一份存根，一份交当事人或其代理人）

第十一章 交通运输行政处罚文书的制作

二十三、不予行政处罚决定书

(一)适用

《不予行政处罚决定书》是指交通行政执法机关认为当事人的违法行为轻微,依法对当事人不予行政处罚时使用的文书;《行政处罚法》第三十八条第一款第(二)项明确规定"违法行为轻微,依法可以不予行政处罚的,不予行政处罚"。

(二)填制说明

(1)"当事人"栏准确、真实填写行政处罚当事人的姓名(名称)。

(2)"事实及证据"栏应当写明违法行为发生的时间、地点、违法行为的情节、性质、手段、危害后果及能够证明违法事实的证据种类(名称)等情况。

(3)对违法事实的描述应当全面、客观,阐明违法行为的基本事实,即何时、何地、何人、采取何种方式或者手段、产生何种行为后果等;列举证据应当注意证据的证明力,对证据的作用和证据之间的关系进行说明。

(4)准确填写当事人的违法行为所违反的法律、法规的名称及条款项。

(5)告知救济途径。应当告知当事人有申请行政复议、提起行政诉讼的权利,法律、法规规定复议前置的,可以只告知行政复议的途径和期限;填写受理复议申请的行政机关名称。

(三)注意事项

判断违法行为是否属于轻微,主要根据违法行为的性质、情节、危害性等因素予以综合认定。如果法律、法规、规章、规范性文件对轻微情节有具体规定的,应当严格按照规定执行。

(四)范例

不予行政处罚决定书

　　　××××　不罚(2010)　××　号

××运输公司　：

　　经调查,现已查明　2010 年 1 月 15 日,你单位指派驾驶员李×驾驶×E00001 车辆从事营运在途径南环西环路口时,未随车携带《道路运输证》。证据有：李四现场笔录 1 份、现场视听资料 1 份。事实清楚、证据确凿　。上述事实、行为违反了违反了　《中华人民共和国道路运输条例　》第三十四条　　的规定,鉴于违法行为轻微,根据《中华人民共和国行政处罚法》第三十八条第一款第(二)项的规定,现决定不予行政处罚。

　　如果不服本决定,可以依法在 60 日内向　××市交通运输局　申请行政复议,或者在三个月内依法向人民法院提起行政诉讼。

××交通运输行政执法机构(印章)
2010 年 3 月 2 日

(本文书一式两份：一份存根,一份交当事人或其代理人)

二十四、分期(延期)缴纳罚款申请书

(一)适用

《分期(延期)缴纳罚款通知书》是指当事人向交通运输行政执法机关请求分期(延期)缴纳罚款时使用的文书。

《交通行政处罚行为规范》第六十八条规定"当事人确有经济困难,需要分期或者延期缴纳罚款的,应当填写《分期(延期)缴纳罚款申请书》。经交通行政执法机关负责人批准后,由办案人员以本交通行政执法机关的名义,向当事人送达《同意分期(延期)缴纳罚款通知书》或《不予分期(延期)缴纳罚款通知书》"。

(二)填制说明

(1)填写案件的案由和《行政处罚决定书》的文号。

(2)准确填写当事人的姓名(名称)和联系方式。

(3)简要叙述案件的违法事实和对当事人作出的处罚决定。

(4)当事人提出的延期(分期)缴纳罚款的具体理由,并由当事人本人签名、填写日期。

(5)填写案件承办执法人员人的意见和交通运输行政执法机关负责人的审批意见,并分别签名、填写日期。

（三）范例

分期（延期）缴纳罚款申请书

案由	当事人未取得道路运输经营许可，擅自从事道路运输经营案		
处罚决定书案号	××××罚案(2009)×× 号		
当事人	××实业有限公司	联系方式	××××××
违法事实及处罚决定	2009年2月11日10时，××实业有限公司所属的××-12345货车，因涉嫌未取得道路运输经营许可，擅自从事道路运输经营活动（运输陶瓷卫生用具60大箱计24t），被我运输管理机构查获。该案事实清楚、证据充分，依据《中华人民共和国道路运输条例》第六十四条和《中华人民共和国行政处罚法》第二十七条第一款规定，决定给予当事人罚款三万元的行政处罚。		
当事人申请延期（分期）缴纳罚款的理由（原因）	因本单位刚成立不久，货款资金尚未收回，现金短缺，目前一次缴纳大额罚款比较困难，故请求贵运输管理机构能否准许我单位分期缴纳罚款。 当事人或其代理人签名：金×× 时间：××年××月××日		
执法人员意见	经核查，该单位申请分期缴纳罚款的原因和理由客观存在，同意分期缴纳罚款。 执法员签名：<u>张××</u>、<u>李××</u> ××年××月××日		
运输管理机构审批意见	同意该单位分期缴纳罚款。 负责人签名：<u>××</u> ××年××月××日		

二十五、同意分期(延期)缴纳罚款通知书

(一)适用

《同意分期(延期)缴纳罚款通知书》是指交通行政执法机关同意并告知当事人提出的分期(延期)缴纳罚款申请使用的文书:

(二)填制说明

(1)写明对当事人作出的行政处罚决定的日期和文书编号。

(2)写明对当事人作出的罚款决定的数额。

(3)批准当事人延期缴纳罚款的,在该选项前的方框中打"√",并写明延长期限的截止日期。

(4)批准当事人分期缴纳罚款的,在该选项前的方框中打"√",并且每一期都应当单独开具本文书,编写文书编号并写明当事人尚未缴纳罚款的余额。

(三)范例

同意分期(延期)缴纳罚款通知书

××实业有限公司　：

　　 2009 年 2 月 15 日,本机构对你(单位)送达了 ××××罚字 (2009) ×× 号《行政处罚决定书》,作出了对你(单位)罚款 叁万元 (大写)的行政处罚决定,根据你(单位)的申请,本机构依据《中华人民共和国行政处罚法》第五十二条的规定,同意你(单位):

　　☐延期缴纳罚款。延长至＿＿年＿＿月＿＿日(大写)止。

　　☑分期缴纳罚款。第 壹 期至 贰零零玖 年 叁 月 叁拾 日(大写)前,缴纳罚款 贰万 元(大写)(每期均应当单独开具本文书)。此外,尚有未缴纳的罚款 壹万 元(大写)。

　　代收机构以本批准书为据,办理收款手续。
　　逾期缴纳罚款的,依据《中华人民共和国行政处罚法》第五十一条第(一)项的规定,每日按罚款数额的3%加处罚款。加处的罚款由代收机构直接收缴。

××交通运输行政执法机关(印章)
×× 年 ×× 月 ×× 日

(本文书一式两份:一份存根,一份交当事人或其代理人)

二十六、不予分期(延期)缴纳罚款通知书

(一)适用

《不予分期(延期)缴纳罚款通知书》指交通行政执法机关不同意并告知当事人提出的分期(延期)缴纳罚款申请使用的文书。

(二)填制说明

(1)写明对当事人作出的行政处罚决定的日期和文书编号。

(2)写明对当事人作出的罚款决定的数额。

(3)应当写清不同意分期(延期)缴纳罚款的具体原因。

(三)范例

不予分期(延期)缴纳罚款通知书

××实业有限公司　：

　　20×× 年 2 月 15 日,本机构对你(单位)发出 ××××罚字[2009] ×× 号《行政处罚决定书》,作出了对你(单位)罚款叁万元(大写)的行政处罚决定,你(单位)于 2009 年 2 月 26 日提出了分期(延期)缴纳罚款申请。

　　由于 你单位提出的分期缴纳罚款理由不充分,不符合国家有关规定。因此,本机关认为你的申请不符合《中华人民共和国行政处罚法》第五十二条的规定,不同意你(单位)分期(延期)缴纳罚款。

　　逾期缴纳罚款的,依据《中华人民共和国行政处罚法》第五十一条第(一)项的规定,每日按罚款数额的3%加处罚款。加处的罚款由代收机构直接收缴。

××交通运输行政执法机构(印章)
×× 年 ×× 月 ×× 日

(本文书一式两份:一份存根,一份交当事人或其代理人)

二十七、行政强制执行申请书

(一)适用

《行政强制执行申请书》是指交通运输行政执法机关向人民法院请求强制执行行政处罚决定所使用的文书。

《交通行政处罚程序规定》第三十八条明确规定"对已经生效的处罚决定,当事人拒不履行的,由作出处罚决定的交通管理部门依法强制执行或者申请人民法院强制执行"。

(二)填制说明

(1)写明受理强制执行申请的人民法院的全称,受理法院一般为交通执法机构所在地法院;执行标的为不动产的,受理法院为不动产所在地的法院。

(2)写明当事人情况:

当事人为公民的,姓名应当填写身份证或户口簿上的姓名;住址应当填写常住地址或居住地址;"年龄"应当以公历周岁为准。

当事人为法人或者其他组织的,填写的单位名称、法定代表人(负责人)、地址等事项应当与工商登记注册信息一致,不得随意省略和使用代号。

(3)写明当事人在法定期限内是否提出行政复议申请、提起行政诉讼;如果提出行政复议申请或提起行政诉讼的,写明行政复议决定、行政裁判的有关情况。

(4)写明当事人应当履行的处罚内容,包括行政处罚决定书中的处罚内容、复议决定书中确认的处罚内容和法院裁决确认的处罚内容。

(5)写明申请人:

申请人一般为作出行政处罚决定的交通运输行政执法机关。

如当事人申请复议,复议机关未改变行政处罚内容的,由作出行政处罚的交通行政执法机关向人民法院进行申请;如复议后,复议机关已改变具体行政行为的,由复议机关向人民法院提出申请。

(三)注意事项

(1)申请人应当在法定期限内提出申请。由于当事人申请行政诉讼的时效为知道具体行政行为之日起3个月,因此行政机关应在处罚决定书送达之日起

3个月届满后的180日内申请强制执行。

（2）行政强制执行申请书应当附有行政处罚案件的相关案卷资料。

（3）被申请执行人在法定的期限内未履行该行政处罚决定的,指被申请人在具体行政行为确定的期限内或者行政机关另行指定的期限内未履行义务。如行政处罚决定书中确定的15日履行期届满,当事人未履行义务;延期缴纳罚没款审批书中确定的延长期届满,当事人仍未履行义务。

(四)范例

行政强制执行申请书

<u>　×××× 　</u>强执(2009)<u>　××　</u>号

<u>　××　</u>人民法院：

本机关于<u>　20××　</u>年<u>　3　</u>月<u>　1　</u>日对被申请执行人<u>　刘××　</u>作出了<u>　罚款三万元　</u>的行政处罚决定(文号：<u>　××××罚字［2009］××　</u><u>　号　</u>),被申请执行人在法定的期限内未履行该行政处罚决定。根据《中华人民共和国行政处罚法》第五十一条第三款的规定,特申请贵院强制执行。

申请内容和当事人的基本情况如下：<u>　刘××,男,38周岁,××人,现居住地:××市××街20号。2009年2月22日刘××驾驶其本人所属的××-Z2345大货车运输商品装潢瓷砖15t被我运输管理机构查获,经调查取证,当事人违法事实清楚、证据充分,当事人也承认违法事实。2009年3月1日我运输管理机构向当事人刘××下达了(××××罚字［2009］××号)处罚决定书,作出罚款三万元的处罚决定,但当事人以没有现金为由拒绝缴纳罚款。为维护国家行政处罚的严肃性和执行力,我机构依据《中华人民共和国行政处罚法》第五十一条(三)规定,特向贵法院提请对刘××强制执行该行政处罚决定的申请。　</u>

附有关材料:1.当事人(刘××)擅自从事道路运输经营案件卷宗一份;
　　　　　　2.刘××未缴纳罚款相关证明的书面材料。

　　　　　　　　　　　　　　　××交通运输行政执法机构(印章)
　　　　　　　　　　　　　　　<u>　××　</u>年<u>　××　</u>月<u>　××　</u>日

联系人:杨××

联系电话:××

二十八、文书送达回证

(一)适用

(1)《文书送达回证》是指交通行政执法机关将执法文书送达当事人的回执证明文书。

(2)《交通行政处罚程序规定》第二十四条明确规定"《交通行政处罚决定书》应当在宣告后当场交付当事人;当事人不在场的,交通管理部门应当在七日内送达当事人,由受送达人在《交通行政处罚文书送达回证》上注明收到日期、签名或者盖章,受送达人在《交通行政处罚文书送达回证》上的签收日期为送达日期"。

(3)如果需要交付当事人的文书中设有签收栏的,则可以不使用《文书送达回证》,由当事人直接签收,也可以由其同住的成年家属或委托代理人签收。如果需要交付当事人的文书中没有设签收栏的,应当使用《文书送达回证》。

(二)填制说明

(1)"案件名称"栏填写案由。

(2)"送达单位"指交通运输行政执法机关。

(3)"送达人"指交通运输行政执法机关的执法人员或者交通运输行政执法机关委托的有关人员。

(4)"受送达人"指案件当事人。

(5)"代收人"指代替当事人收取相关执法文书的人,同时在备注栏中注明其身份和与当事人的关系。

(6)"送达地点"应明确具体街道、门牌号、房间号,表述准确、规范。

(7)送达时间应具体到时、分,由收件人签名或盖章。

(8)送达回证空白部分应作画线处理,包括备注栏。

(9)"备注"栏:未能送达的,应当填写不能送达的原因;当事人拒绝接受时,采取留置送达方式的说明、见证人签字等,并拍照证明;若邮寄送达,则将有关邮局回执粘贴;公告送达的,粘贴公告,附公告照片。

第十一章 交通运输行政处罚文书的制作

(三)范例

文书送达回证

案件名称： 当事人未取得道路运输经营许可，擅自从事道路运输经营案

送达单位	××运输管理处				
受送达人	××实业有限公司				
代收人	金××				
送达文书名称、文号	收件人签名（盖章）	送达地点	送达日期	送达方式	送达人
交通行政案件违法行为通知书	金××	××市××路××号违处中心	2009年2月15日 10时10分	直接送达	张××
交通行政案件处罚决定书	金××	××市××路××号违处中心	2009年2月15日 16时20分	直接送达	张××
	××交通运输行政执法机构(印章) ＿＿××年＿＿××月＿＿××日				
备注：金××为××实业有限公司委托的处理违章代表人。					

注：1. 如受送达人不在场的，可交其同住的成年家属签收，并且在备注栏中写明与受送达人的关系。

2. 受送达人已经指定代收人的，交代收人签收，受送达人为单位的，交单位收发室签收。

3. 受送达人拒绝签收的，送达人应当邀请有关基层组织的代表或其他人员在场，说明情况，并在备注栏中写明拒收事实和日期。送达人在备注中签字。

二十九、处罚结案报告

(一)适用

《处罚结案报告》是指案件终结后,交通运输行政执法人员报请交通运输行政执法机关负责人批准结案的文书。

《交通运输行政处罚行为规范》第七十一条规定:"行政处罚案件执行完毕后,办案人员应当填写《处罚结案报告》,并将全部案件材料立卷归档,由交通行政执法机关的档案管理机构统一登记保存"。

(二)填制说明

(1)"案件名称"栏填写案由。

(2)当事人基本情况:

根据案件情况确定"公民"或者"法人或者其他组织","公民"、"法人或者其他组织"两栏不能同时填写。

当事人为公民的,姓名应当填写身份证或者户口簿上的姓名;住址应当填写常住地址或者居住地址;"年龄"应当以公历周岁为准。

当事人为法人或者其他组织的,填写的单位名称、法定代表人(负责人)、地址等事项应当与工商登记注册信息一致,不得随意省略和使用代号。

(3)"处理结果"栏:对案件的办理情况进行总结,对给予行政处罚的,写明违法事实、相关证据以及处罚决定的内容;不予行政处罚的应当写明理由;予以撤销案件的,写明撤销的理由。

(4)"执行情况"栏:应当根据案件终结的具体情况写明:"当事人自觉履行了法定的义务"、"当事人未履行法定的义务由人民法院依法强制执行完毕"、"当事人死亡或者被注销、被解散,经法定程序无法执行相应义务"等内容。

(5)各级单位意见:

"法制工作机构审核意见"由交通运输行政执法机关的法制工作机构写明具体审核意见,由法制工作机构负责人签名、填写日期。

"行政执法机关审批意见"由交通运输行政执法机关负责人写明相关意见并签名、填写日期。

（三）范例

处罚结案报告

案件名称：__××运输有限公司擅自超限行驶案__

当事人基本情况	公民	/	年龄	/	性别	/
	所在单位	/	联系地址	/		
	联系电话	/	邮编	/		
	法人或其他组织	××运输有限公司	地址	××市××路××号		
	法定代表人	陈××	职务	总经理		
处理结果	2008年6月6日19时10分左右，路政检查人员在××绕城高速公路东桥互通出口进行超限运输检查时发现，××运输有限公司驾驶员王×驾驶的××两轴中型厢式货车，车货总质量为22.60t，超限2.6t。证据有《询问笔录》、《高速公路通行费缴费凭证》、《车辆行驶证复印件》、《驾驶证复印件》和现场照片。经调查决定，做出责令停止违法行为，自行卸去超限部分物品，并罚款一千元整的行政处罚决定。					
执行情况	当事人于2008年6月6日自觉履行完毕。 执法人员签名：何××、费×× 2009年6月6日					
法制工作机构审核意见	拟同意结案 签名：李×× 2009年6月7日		行政执法机关审批意见	同意结案 签名：王×× 2009年6月8日		

第三节 海事执法文书的制作要求及使用说明

一、文书的印制要求

(1)有关文书由各直属海事局、各地方海事局按《关于发布海事行政处罚执法文书及有关事项的通知》(以下简称《通知》)附件中的格式统一印制。

(2)纸张大小为 A4 纸,材料、字号、字体要求同原处罚文书。采用计算机无纸化办公的海事管理机构,应当在海事行政处罚应用软件内体现相应的要求。

(3)未统一样式的其他海事执法文书,由各直属海事局、各地方海事局自行印制,有关文书的格式报部海事局备案。

二、有关文书的案号、编号

(1)有关文书的案号由"字号"+"海事罚字"+"年号"+"顺序号"组成;其中字号用实施海事行政处罚的海事管理机构简称;顺序号用6位阿拉伯数字。

(2)同一海事行政处罚案件的案号、编号应统一为《海事行政处罚案件立案呈批和处罚决定审查表》的案号。

(3)同一违法案件中有多个当事人的,《海事违法行为通知书》和《海事行政处罚决定书》的案号、编号分别用同一案号或者编号后加"-1"、"-2"……区分。

三、文书填写的一般要求

(1)文书语句应简练、严谨,用词应准确、规范,书写应清楚、完整。

(2)文书不得随意涂改,内容填写错误或漏写的,原则上应重新制作;不能重新制作的,应显见划去的内容。

(3)执法文书应逐栏填写,无内容或不需填写的栏目,应在该栏填上符号"/"或用斜直线划去;如遇不适用的内容,也应将其划去。文书中不应出现空白栏。

第十一章
交通运输行政处罚文书的制作

(4)"案由"的填写格式：

"案由"由"当事人"+"简要违法事实"组成(简要违法事实参照违反的法律、法规或规章的具体条款内容进行简写,要求精炼、准确;当事人有多个违法行为的,写明主要违法事实后加"等")。

(5)执法文书引用有关法律、法规、规章的应使用其全称,并明确至具体的条、款、项、目;规范性文件不得直接作为依据引用。

(6)违法事实的描述应包括违法行为发生的时间、地点和简明的违法事实,可以在其后写明所违反的有关法律、法规、规章。

(7)罚款数额和条、款、项、目等涉及的数字用汉字描述。

四、有关文书的说明

(一)当场海事行政处罚决定书

(1)本文书在适用简易程序进行处罚时使用。

(2)本文书一式三联,分别为执法机关留存联、当事人留存联和代收罚款单位留存联,如当场收缴罚款的,则代收罚款单位留存联由执法机关财务部门留存。

(3)在"依据"一栏中要写明作出海事行政处罚所依据的具体的法律、法规或规章的全称。

(4)拟给予的行政处罚若合并执行的,应分别写明有关的处罚决定,再写明合并后的处罚决定。

(5)在填写诉讼时效时按照适用的法律填写相应的日期,将不适用的法律划去。

(6)当事人提出当场缴纳罚款的应要求其在"以下由当事人填写"栏的小方框内打"√",并签名。

(二)海事行政处罚证据登记保存清单

(1)本文书一式二联,分别为执法机关留存联和当事人留存联。

(2)"因一案"栏目填写该违法案件的简要违法事实(和案由一致)。

(3)送还当事人有关证据时应在当事人确认收到签字后收回本清单,并与执法机关留存的一联放在一起保存。

(4)向当事人送达本文书时,应使用送达回证。

(三)海事违法行为调查报告

(1)本文书在适用一般程序进行海事行政处罚时使用。

(2)"当事人的基本情况"栏中:当事人为自然人的,填写左边一栏(姓名、年龄、性别、职务);当事人为船舶或单位的,填写右边一栏(名称、船籍港/船旗国、船舶吨位/主机功率、船长/法定代表人)。

(四)海事违法行为通知书

(1)本文书在适用一般程序进行处罚时使用。

(2)本文书一式二联,分别为执法机关留存联、当事人留存联。

(3)"依据"和拟给予的行政处罚若合并执行的填写要求同《当场海事行政处罚决定书》。

(4)当事人填写的项目应要求其在适用内容前的小方框内打"√",并将不适用的内容用一横直线删除。

(5)送达本文书需要使用送达回证。

(五)海事行政处罚决定书

(1)本文书在适用一般程序进行处罚时使用。

(2)本文书一式四联,分别为执法机关留存联、当事人留存联、(内设)法制部门留存联和代收罚款单位留存联,如当场收缴罚款的则代收罚款单位留存联由执法机关财务部门留存。

(3)"依据"和给予的行政处罚若合并执行的,同《当场海事行政处罚决定书》的有关填写要求。

(4)当事人提出当场缴纳罚款的应要求其在相应的小方框内打"√",并签名。

(5)送达本文书应使用送达回证。

(六)海事行政处罚文书送达回证

(1)向当事人送达海事行政处罚文书时必须使用本文书。

(2)同一案件可以共用一份送达回证。

(3)"送达文书名称"一栏应填写送达文书的全称和编(案)号。

（七）听证会通知书

（1）本通知书一式两联，第一联由执法机关留存，第二联交当事人。

（2）正文第一行"关于　一案"，填写当事人的姓名/船名/单位名称以及违法事实的简称。

（3）向当事人送达本通知书应使用送达回证。

第四节　交通运输行政处罚文书归档基本要求

（1）行政处罚一般程序案件，按年度和一案（事项）一卷的原则立卷归档，材料过多的，可以一案多卷；行政处罚简易程序案件按年度、10~20案作一卷归档。

（2）装订卷宗前要全面检查文书，并逐页编页码，页码一律用阿拉伯数字编在有文字正面的右上角、背面的左上角。卷宗封面、卷内目录、卷底不编号。

（3）案卷应当制作封面、卷内目录和备考表。卷宗封面上应当载明：归档号、案件（事项）类别、案由、案件（事项）编号、当事人姓名或者名称、执法单位、作出决定或者结案时间、制作卷宗时间及立卷人、保存期限等内容。卷内目录按卷内文书材料排列顺序逐件填写。备考表填写卷中需要说明的情况，并由立卷人、检查人签名。

（4）填制好卷宗封面及卷内目录后妥善装订。不能随文书装订的录音、录像资料等证据材料，应当合理保管、分类保存，注明录制内容、数量、时间、地点等，方便随时调阅。

（5）行政执法文书卷宗必须按照案件分类，区别不同的保管期限。交通行政执法文书卷宗保管期限分永久、长期与短期三种。重大行政处罚案件卷宗应长期保存，一般行政案件卷宗短期保存。长期保存期限为5~10年，短期保存期限为2年。

（6）案件文书材料按照下列顺序整理归档：①卷宗封面；②卷内目录；③行政处罚决定书或者不予行政处罚决定书；④立案审批表；⑤现场笔录、举报记录、协助调查函、询问笔录、勘验（检查）笔录、抽样取证凭证、委托鉴定书、鉴定意见书、证据登记保存清单、证据登记保存处理决定书、行政案件接受处理催告通知书等;⑥责令车辆停驶通知书、解除行政强制措施通知书、责令改正通知书、回避申请书、同意回避申请决定书或者驳回回避申请决定书等;⑦违法行为调查报告、行政案件处罚报批表、违法行为通知书、陈述申辩书等;⑧听证会通知书、听证公告、听证委托书、听证笔录、听证报告书等听证文书;⑨重大案件集体讨论记录;⑩分期(延期)缴款申请书、同意分期(延期)缴纳罚款通知书或者不予分期(延期)缴纳罚款通知书、行政强制执行申请书等;⑪执行的票据等材料;⑫罚(没)物品处理记录;⑬文书送达回证等其他材料;⑭处罚结案报告;⑮备考表;⑯卷宗封底。

(7)当事人申请行政复议、提起行政诉讼或者行政机关申请人民法院强制执行的案卷,可以在案件办结后附入原卷归档。

(8)案卷装订前要做好文书材料的检查。文书材料上的订书钉等金属物应当去掉。对破损的文书材料应当进行修补或复制。小页纸应当用A4纸托底粘贴。纸张大于卷面的材料,应当按卷宗大小先对折再向外折叠。对字迹难以辨认的材料,应当附上抄件。

(9)案卷应当整齐美观固定,不松散、不压字迹、不掉页、便于翻阅。

(10)办案人员完成立卷后,应当及时向档案室移交,进行归档。

(11)案卷归档,不得私自增加或者抽取案卷材料,不得修改案卷内容。

第五节 交通运输行政处罚文书案例

一、现场处罚执法文书

【案例1】 案情简介

2009年4月8日,××××路政大队路政执法人员在日常巡查中发现,在××绕城高速公路外线K69+950m处,4片高速公路隔离栅被擅自打开,其中两片高速公路隔离栅已被损坏,并且高速公路边坡上被人堆放了部分施工材料。经调查发现,为××通信发展有限公司为埋设通信光缆的需要,擅自打开高速公路隔离栅进行施工。

第十一章 交通运输行政处罚文书的制作

现 场 笔 录

执法地点	××绕城高速公路 外线 K69+950m		执法时间	2009年4月8日 8时10分至8时20分	
执法人员	金××	执法证号	××××××	记录人	金××
	张××		××××××		
现场人员基本情况	姓　名	韩××	性　别	男	
	身份证号	××××××××	与案件关系	当事人代理人	
	单位及职务	××通信发展有限公司	联系电话	××××××	
	联系地址	××市××路88号			
	车(船)号	/	车(船)型	/	
主要内容	在检查中发现：　××通信发展有限公司在××绕城高速公路外线 K69+950m 处打开高速公路隔离栅4片，其中两片已被损坏，当事人还在高速公路边坡内堆放了部分施工材料。 以下空白 　　上述笔录我已看过(或已向我宣读过)，情况属实无误。 　　　　　　　　　　　　　　　　　　现场人员签名：韩×× 　　　　　　　　　　　　　　　　　　时间：2009.4.8				
备注：					
执法人员签名：金××　　张××　　时间：2009年4月8日					

询 问 笔 录

时间：2009 年 4 月 8 日 10 时 20 分至 10 时45 分　第1 次询问

地点：××××大队事故处理室

询问人：金×× 张××　　记录人：金××

被询问人：韩××　　　与案件关系：　　当事人代表

性别：男　年龄：34

身份证号：××××××××　　联系电话：××××××

工作单位及职务：××通信发展有限公司项目总工

联系地址：××市××路88号

我们是　××××××大队　的执法人员　金××　、　张××　，这是我们的执法证件，执法证件号码分别是　××××××　，　××××××　，请你确认。现依法向你询问，请如实回答所问问题，执法人员与你有直接利害关系的，你可以申请回避。

问：你叫什么名字？是哪个单位的？

答：我叫韩××，是××通信发展有限公司项目总工。

问：我们巡查发现你单位在××绕城高速公路外线 K69+950m 处擅自打开隔离栅施工，你是否清楚？

答：我单位受××军区委托在××绕城高速公路沿线埋设军用通信光缆，但是在施工过程中，发现该路段高速公路隔离栅以外，没有施工便道，施工材料和施工人员不方便进出施工，我们就打开高速公路隔离栅来进行施工材料和人员的进出了。

问：你们在××绕城高速公路沿线埋设军用通信光缆有没有办理路政部门的审批手续？

答：埋设军用通信光缆的事情，已经由××军分区向路政支队办理了行政许可。

问：你们擅自打开高速公路隔离栅进行施工是否通过路政部门审批？

答：没有，我们也不知道要办理什么手续。

问:根据《中华人民共和国公路法》第五十二条第二项的规定,高速公路隔离栅属于公路附属设施,你单位在施工时擅自打开4片高速公路隔离栅,其中2片已被损坏,而且施工材料和施工人员擅自在高速公路上装卸和进出会对高速公路的营运安全造成影响,你知道吗?

答:原来不知道,现在知道了。

问:你还有什么需要补充说明的吗?

答:没有。

问:请将以上笔录看一下,如无异议,请签名!

答:以上笔录已看过,无异议。

以下空白

被询问人签名及时间:　　　　　　询问人签名及时间:
　韩×× 2009.4.8　　　　　　　　金×× 张×× 2009.4.8

备注:

行政(当场)处罚决定书

××××简罚(2009)××号

当事人	公民	姓名	/	性别	/	身份证号	/
		住址	/			职业	/
	法人或者其他组织	名称	××通信发展有限公司			法定代表人	章×
		地址	××市××路88号				

违法事实及证据：当事人在××绕城高速公路外线K69+950m处，擅自打开4片高速公路隔离栅，其中两片高速公路隔离栅被损坏，当事人还在该处进行军用通信光缆施工材料的装卸和施工人员的进出。证据有《现场笔录》、《询问笔录》和现场照片资料。

以上事实违反了　《中华人民共和国公路法》第五十二条　的规定，依据《中华人民共和国公路法》第七十六条第六项　的规定，决定给予　罚款一千元整人民币　的行政处罚。

罚款的履行方式和期限(见打√处)：

☑ 当场缴纳

☐ 自收到本决定书之日起15日内缴至_____,账号_____,到期不缴每日按罚款数额的3%加处罚款。

如果不服本处罚决定，可以依法在60日内向　××省　人民政府或者　交通运输部　申行政复议，或者在三个月内依法向人民法院提起行政诉讼，但本决定不停止执行，法律另有规定的除外。逾期不申请行政复议、不提起行政诉讼又不履行的，本机关将依法申请人民法院强制执行或者依照有关规定强制执行。

当事人或委托代理人签名及时间：　　执法人员签名及执法证号：

韩×× 2009.4.8　　　　　　　金×× ××××××

张×× ××××××

××交通运输行政执法机关(印章)

2009年4月8日

(本文书一式两份：一份存根，一份交当事人或其代理人)

第十一章 交通运输行政处罚文书的制作

【案例2】 案情简介

××年×月×日,××海事局行政执法人员在日常检查中发现,××船舶在××航段××公里(××水域)处,擅自向航道水体内倾倒垃圾。

当场海事行政处罚决定书

××海事罚字【××××】___×××___号

××船舶(船舶所有人或经营人):

【违法事实】你(船/单位)___××年××月××日××时××分,检查发现你船在××航段××km(××水域)处,擅自向航道水体内倾倒垃圾。___
你 船上述行为已违反了《中华人民共和国水污染防治法实施细则》第二十七条第二款之规定。

【处罚决定】依据《中华人民共和国水污染防治法实施细则》第三十九条第(五)项之规定。
决定给予当事人___罚款××元(低于1000元)___的行政处罚。

当事人被处以罚款的,应在收到本决定书之日起15日内,持本决定书到(指定银行)缴纳罚款,逾期不缴纳罚款的,每日按罚款数额的3%加处罚款。当事人如不服本罚款决定,可以自收到本处罚决定书之日起60日内依法向 (设置该海事管理机构的交通主管机关) 申请复议,也可以按照《海上交通安全法》、《行政诉讼法》的规定在___三个月___内直接向人民法院起诉。逾期不申请复议或者不向人民法院起诉又不履行本处罚决定的,本机关将依法采取措施。

执法人员签名:___××、××___
执法人员编号:___××××、××××___
作出海事行政处罚决定的地点:___××省××市××路××号___
作出海事行政处罚决定的机关名称:___××海事局___
___××___年___××___月___××___日(印章)

以下由当事人填写:

☑当事人当场提出缴纳罚款 当事人签名:×× ××年××月××日

二、一般处罚执法文书

【案例1】 案情简介

2008年6月6日12时,××路政大队路政执法人员在××高速公路互通进行超限运输检查时,发现××市××运输有限公司的车号为×B12345的货车在公路上擅自超限运输行驶。

立案审批表

　罚案(2008)××号

案件来源	执法检查发现			受案时间	2008年6月6日
案由	××运输有限公司擅自超限行驶案				
当事人基本情况	公民	姓　名		性　别		年　龄	
		住　址		身份证号		联系电话	
	法人或其他组织	名　称	××运输有限公司	法定代表人	陈××
		地　址	××省××市××区××路88号	联系电话	××××××
案件基本情况	2008年6月6日19时10分左右,路政检查人员在苏州绕城高速公路东桥出口检测点进行检查时发现,无锡×××运输有限公司驾驶员王×驾驶的苏B12345中型厢式货车为两轴车,车货总质量为22.60t,已超限。				
立案依据	《中华人民共和国公路法》第五十条		受案机构意见	拟同意立案 签名:李×× 时间:2008年6月6日
负责人审批意见	同意立案,由何××、费××负责调查和查处。 签名:王×× 时间:2008年6月6日				
备注					

· 254 ·

第十一章
交通运输行政处罚文书的制作

询 问 笔 录

时间:2008年 6 月 6 日 19 时 20 分至19时30分 第 1 次询问

地点:××绕城高速公路东桥互通出口

询问人: 何××、费×× 记录人: 费××

被询问人: 王× 与案件关系: 超限车辆驾驶员

性别: 男 年龄: 39

身份证号: ×××××××××× 联系电话: ×××××××

工作单位及职务: ××运输有限公司驾驶员

联系地址: ××省××市××区××路88号

我们是 ××××××大队 的执法人员 何××、费×× ,这是我们的执法证件,执法证件号码分别是 ×××× 、 ×××× ,请你确认。现依法向你询问,请如实回答所问问题,执法人员与你有直接利害关系的,你可以申请回避。

问:你驾驶的车辆的车牌号码是多少?是什么类型的车?是几轴车?

答:×B12345,中型厢式货车,是两轴车。

问:这辆车的车主是谁?驾驶员叫什么名字?

答:车主是××运输有限公司,驾驶员就是我(王×)。

问:你车上装的是什么?车上的货物是从哪里运往哪里?

答:车上装的是布,从××运到××。

问:根据××收费站出具的××绕城高速公路车辆通行费发票(票据号码:×××××)显示你车实际车货总重已达到22.60t,已超限2.6t,你知不知道?

答:知道。

问:你还有什么需要补充说明的吗?

答:没有。

问:请你核对以上笔录,是否与你陈述一致,如一致请签名。

答:好的。

被询问人签名及时间:　　　　　　询问人签名及时间:

　王× 2008年6月6号　　　　　何××、费×× 2008年6月6号

备注:

案件处理意见书

案由		××运输有限公司擅自超限行驶案			案件调查人员	何×× 费××
当事人	公民	姓名	/	性别	/	年龄	/
		住址	/			职业	/
	法人或者其他组织	名 称	××运输有限公司			
		法定代表人	陈××			
		地 址	××省××市××区××路88号			
		联系电话	×××××××			
案件调查经过及违法事实		2008年6月6日19时10分左右,路政检查人员在××绕城高速公路东桥互通出口进行超限运输检查时发现,××运输有限公司驾驶员王×驾驶的×B12345中型厢式货车为两轴车,车货总质量为22.60t,已超限。				

	序号	证据名称	规格	数量
证据材料	1	交通行政案件询问笔录	份	1
	2	高速公路通行缴费凭证复印件	份	1
	3	车辆行驶证复印件	份	1
	4	驾驶员行驶证复印件	份	1
	5	照片	张	2
	/	/	/	/

续上表

调查结论和处理意见	××运输有限公司驾驶员王×驾驶的×B12345中型厢式货车车货总质量为22.60t,按照《关于全国开展车辆超限超载治理工作实施方案》认定的超限运输标准,该车已超限2.6t。当事人的行为违反了《中华人民共和国公路法》第五十条和《江苏省高速公路条例》第二十四条第二款,根据《中华人民共和国公路法》第七十六条第五项规定和《江苏省高速公路条例》第五十五条,拟下发《违法行为通知书》,做出责令当事人停止违法行为、自行卸去超限部分物品,处3万元人民币罚款的处罚决定。 执法人员签名:何××、费×× 2008年6月6日
法制工作机构审核意见	拟同意做出该处罚决定,下发《违法行为通知书》。 签名:李×× 2008年6月6日
行政执法机关意见	同意下发《违法行为通知书》,做出该处罚决定。 签名:王×× 2008年6月6日

违法行为通知书

＿×××＿违通(2009)＿××＿号

××运输有限公司＿：

经调查,本机关认为你(单位)涉嫌＿擅自超限行驶的＿行为,违反了＿《中华人民共和国公路法》第五十条＿的规定,依据＿《中华人民共和国公路法》第七十六条第五项＿的规定,本机关拟作出＿责令停止违法行为、自行卸去超限部分物品,并罚款一万元整＿的处罚决定。

☑根据《中华人民共和国行政处罚法》第三十一条、第三十二条的规定,你(单位)如对该处罚意见有异议,可在接到本通知之日起三日内向本机关提出陈述申辩;逾期未提出陈述或者申辩,视为你单位(或个人)放弃陈述和申辩的权利。

☐根据《中华人民共和国行政处罚法》第四十二条的规定,你(单位)有权在收到本通知书之日起三日内向本机关要求举行听证;逾期不要求举行听证的,视为你(单位)放弃听证的权利。

(注:在序号前□内打"√"的为当事人享有该权利。)

交通行政执法机构联系地址:＿××××××××＿邮编:××××××

联系人:＿李××＿ 联系电话:＿××××××××＿

××交通运输局(印章)

2009年6月14日

(本文书一式两份:一份存根,一份交当事人或其代理人)

陈述申辩书

时间：<u>2008</u> 年 <u>6</u> 月 <u>6</u> 日 <u>19</u> 时<u>50</u>分至 <u>6</u> 日 <u>20</u> 时 <u>05</u> 分

地点：<u>××绕城高速公路东山互通出口</u>

陈述申辩人：<u>王×</u> 性别：<u>男</u> 单位职务：<u>××有限公司驾驶员</u>

电话：<u>××××</u> 联系地址：<u>××市××区×路88号</u> 邮编：<u>××××</u>

执法人员：<u>何××</u>　执法证号：<u>××××××</u>
　　　　　<u>费××</u>　执法证号：<u>××××××</u>

记录人：<u>费××</u>

陈述申辩内容：<u>本人自愿放弃陈述申辩，要求当场处理该超限行驶案件。</u>
<u>以下空白</u>

陈述申辩人签名及时间：　　　执法人员签名及执法证号：<u>何××</u>　<u>××××</u>
　<u>王×</u>　<u>2008年6月6日</u>　　　　　　　　　　　　　　　<u>费××</u>　<u>××××</u>

　　　　　　　　　　　　　　记录人签名：<u>费××</u>

行政处罚决定书

_____×××× 罚(2010) ×× 号_____

当事人	公民	姓名	/	性别	/	身份证号	/
		住址	/			职业	/
	法人或者其他组织	名称	××运输有限公司			法定代表人	陈××
		地址	××市××区××路88号				

　　违法事实及证据： 2009年6月6日19时10分左右，路政检查人员在××绕城高速公路东桥互通出口进行超限运输检查时发现，你单位驾驶员王×驾驶的××牌号两轴中型厢式货车，车货总质量为22.60t，超限2.6t。证据有《询问笔录》、《高速公路通行费缴费凭证》、《超限运输检测单》、《车辆行驶证复印件》、《驾驶证复印件》和现场照片。

　　以上事实违反了 __《中华人民共和国公路法》第五十条和《××省高速公路条例》第二十四条第二款__ 的规定，依据 __《中华人民共和国公路法》第七十六条第(五)项、《江苏省高速公路条例》第五十五条__ 的规定，决定给予 __责令停止违法行为，自行卸去超限部分物品，并罚款一万元整__ 的行政处罚。

　　处以罚款的，罚款自收到本决定书之日起15日内缴至 __××农业银行__ ，账号为 __1234567890__ ，到期不缴的依法每日按罚款数额的3%加处罚款。

　　如果不服本处罚决定，可以依法在60日内向 _____××省_____ 人民政府或者 __交通运输部__ 申请行政复议，或者在三个月内依法向人民法院提起行政诉讼，但本决定不停止执行，法律另有规定的除外。逾期不申请行政复议、不提起行政诉讼又不履行的，本机关将依法申请人民法院强制执行或者依照有关规定强制执行。

××交通运输厅(印章)

2009年6月8日

　　(本文书一式两份：一份存根，一份交当事人或其代理人)

第十一章
交通运输行政处罚文书的制作

文书送达回证

案件名称： ××运输有限公司擅自超限行驶案

送达单位	××运输有限公司				
受送达人	××运输有限公司				
代收人	周××				
送达文书名称、文号	收件人签名（盖章）	送达地点	送达日期	送达方式	送达人
违法行为通知书	周××	××××	2009年7月11日 10时30分	直接送达	何××
行政处罚决定书	周××	××××	2009年7月15日 14时12分	直接送达	何××
/	/	/	/	/	/
/	/	/	/	/	/
/	/	/	/	/	/
	××交通运输行政机关（印章） 2009年7月11日				
备注：	/				

注：1. 如受送达人不在场的，可交其同住的成年家属签收，并且在备注栏中写明与受送达人的关系。

2. 受送达人已经指定代收人的，交代收人签收，受送达人为单位的，交单位收发室签收。

3. 受送达人拒绝签收的，送达人应当邀请有关基层组织的代表或者其他人员在场，说明情况，并在备注栏中写明拒收事实。送达人在备注栏中签字。

处罚结案报告

案件名称： ××运输有限公司擅自超限行驶案

<table>
<tr><td rowspan="5">当事人基本情况</td><td>公民</td><td>/</td><td>年龄</td><td>/</td><td>性别</td><td>/</td></tr>
<tr><td>所在单位</td><td>/</td><td>联系地址</td><td colspan="3">/</td></tr>
<tr><td>联系电话</td><td>/</td><td>邮编</td><td colspan="3">/</td></tr>
<tr><td>法人或其他组织</td><td>××运输有限公司</td><td>地址</td><td colspan="3">××市××路××号</td></tr>
<tr><td>法定代表人</td><td>陈××</td><td>职务</td><td colspan="3">总经理</td></tr>
<tr><td>处理结果</td><td colspan="6">2008年6月6日19时10分左右,路政检查人员在××绕城高速公路东桥互通出口进行超限运输检查时发现,××运输有限公司驾驶员王×驾驶的××两轴中型厢式货车,车货总质量为22.60t,超限2.6t。证据有《询问笔录》、《高速公路通行费缴费凭证》、《车辆行驶证复印件》、《驾驶证复印件》和现场照片。经调查决定,做出责令停止违法行为,自行卸去超限部分物品,并罚款一千元整的行政处罚决定。</td></tr>
<tr><td>执行情况</td><td colspan="6">当事人于2008年6月6日自觉履行完毕。

执法人员签名:何××、费××
2009年6月6日</td></tr>
<tr><td>法制工作机构审核意见</td><td colspan="3">拟同意结案。

签名:李××
2009年6月7日</td><td>行政执法机关审批意见</td><td colspan="2">同意结案。

签名:王××
2009年6月8日</td></tr>
</table>

【案例2】 案情简介

2009年7月9日,××县航道管理站的执法人员接到举报电话,称位于××航道上12号航标灯在上午11时左右被下行×××船队碰撞移位,标体受损严重,该船队继续航行未停。经调查,该船队为××市××航运公司所有,法定代表人为张××。

立案审批表

<u>　××××　</u> 罚字(2009)<u>00006</u>号

案件来源	群众举报			受案时间	2009年7月9日
案由	损坏航道设施				
当事人基本情况	公民	姓　名	/	性　别	/	年　龄	/
		住　址	/	身份证号	/	联系电话	/
	法人或其他组织	名　称	××市××航运公司			法定代表人	张××
		地　址	××市××路××号			联系电话	/
案件基本情况	2009年7月9日上午11时05分,××站执法人员××接到举报电话,称位于××航道上12号航标灯在上午11时左右被下行×××船队碰撞移位,标体受损严重,该船队继续航行未停。12标位于××乡××村,航道里程桩号27km+600,航标管理人员通过遥测检查确认该标已经非维护性失常。执法人员已通知××船闸对××船队不予放行过闸。经了解,该船队为××市××航运公司所有,法定代表人为张××。					
立案依据	《中华人民共和国航标条例》第十四条、第二十一条			受案机构意见	建议立案调查。 签名:王×× 时间:2009年7月9日	
负责人审批意见	同意立案,由赵××、李××承办,工程技术部门配合。 签名:钱×× 时间:2009年7月9日					
备注	/					

询问笔录

时间:2009年 7 月 9 日 13 时 22 分至13时56分 第 1 次询问

地点: ××船闸管理所上游远调站码头××航政艇内

询问人: 赵×× 记录人: 李××

被询问人: 周×× 与案件关系: 当事人 性别:男 年龄:42岁

身份证号:30580919671108××× 联系电话:1393265×××

工作单位及职务: ×××船队队长 联系地址: ××市××路××号

我们是 ××县航道管理站 的执法人员 赵××、李×× ,这是我们的执法证件,请你确认。现依法向你提问,请你如实回答所问问题,执法人员与你有直接利害关系的,你可以申请回避。

问:请问你的姓名、年龄、单位与职务是什么?

答:我叫周××,今年42岁,是××市××航运公司×××船队队长。

问:你们船队一轮多少拖?7月9日上午11时,你们船队谁是当班驾驶?

答:一轮十拖,当时是我驾驶的。

问:当时你们船队行驶到什么地方?

答:我常年在这段航道上开船,对航道比较熟,大概开到××乡××村这个地方。

问:我们接到一个渔民的举报,说你们船队把位于××乡××村××航道上12号航标灯给碰撞了,你知不知道这件事情?

答:当时好像是感觉后面驳船碰到了什么东西,也没在意。

问:后面驳船船员有没有向你反映碰撞航标这件事?

答:第九档驳船的船员跟我说了一下,说可能把一航标给撞了。

问:第九档驳船号是多少?当时你怎么回答的?

答:×××驳船。我就问了一下,驳船有没有受损。

问:船员怎么回答的?

答:船员说驳船问题不大。我就继续开船走了。

问:你有没有把航标被撞一事向航道或者海事部门反映?

答:没有。

问:以上笔录请你仔细看一下,记录没有差错的话,请你签名。

  被询问人签名及时间: 询问人签名及时间:

  以上笔录我已看过,记录没有差错。 赵××、李×× 2009年7月9日

    周×× 2009年7月9日

备注:

询问笔录

时间:<u>2009</u>年<u>7</u>月<u>10</u>日<u>9</u>时<u>10</u>分至<u>9</u>时<u>35</u>分　　　　第<u>1</u>次询问

地点:<u>××航道××乡××村处左岸××航政艇内</u>

询问人:<u>赵××</u>　记录人:<u>李××</u>

被询问人:<u>孙××</u>　与案件关系:<u>证人</u>

性别:<u>男</u>　年龄:<u>54</u>岁

身份证号:<u>20356219550719××××</u>　联系电话:<u>1305639××××</u>

工作单位及职务:<u>渔民</u>

联系地址:<u>××乡××村</u>

我们是<u>××县航道管理站</u>的执法人员<u>赵××、李××</u>,这是我们的执法证件,请你确认。现依法向你提问,请你如实回答所问问题,执法人员与你有直接利害关系的,你可以申请回避。

问:请问你的姓名、年龄、单位与职务是什么?

答:我叫孙××,今年54岁,主要靠捕鱼为生,是个渔民。

问:7月9日上午11时左右,你在做什么?

答:当时我在我们村这段航道边捕鱼,捕鱼的位置就在12号标对过。

问:你是怎么发现12号航标被撞的?

答:当时航道里有点流速,风还可以,把那个船队队尾吹向岸边。等船拉走后,我发现12号航标歪了,就跟你们打电话报告了。我是你们的航标信息员。

问:具体什么时候碰撞航标的?

答:大概11点这样子。

问:你看清楚撞航标的船队名称了吗?

答:天气还好,看得清楚,是×××船队。

问:以上笔录请你仔细看一下,记录没有差错的话,请你签名。

以下空白

第十一章
交通运输行政处罚文书的制作

_____
_____
_____
_____
_____
_____
_____

被询问人签名及时间：　　　　　　　询问人签名及时间：
以上笔录我已看过，记录没有差错。　赵××、李×× 2009年7月10日
　孙×× 2009年7月10日

备注：

勘验(检查)笔录

案由：__损坏航道设施__

勘验(检查)时间：2009 年 __7__ 月 __9__ 日 __14__ 时 __05__ 分至 __7__ 月 __9__ 日 __14__ 时 __27__ 分

勘验(检查)场所：__××船闸上游引航道内×××船队第9档驳船__ 天气情况：__多云__

勘验(检查)人：__赵××__ 单位及职务：__××县航道站航政员__ 执法证号：__××××__

勘验(检查)人：__李××__ 单位及职务：__××县航道站航政员__ 执法证号：__××××__

当事人(当事人代理人)姓名：__周××__ 性别：__男__ 年龄：__42__

身份证号：__30580919621108×××__ 单位及职务：__×××船队队长__

住址：__××市××路××号__ 联系电话：__1393265××××__

被邀请人：__/__ 单位及职务：__/__

记录人：__郑××__ 单位及职务：__××县航道站工程师__

勘验(检查)情况及结果：__×××船队第9档×××驳船船体外部油漆呈黑色,其左舷中部自甲板向下0.9~1.4m处有明显的擦碰痕迹,该处油漆脱落,脱落面积约0.1m^2。(擦碰部位及整个驳船船体已拍摄照片)__

以下空白。

当事人或其代理人签名：__周××__ 勘验(检查)签名：__赵××__

被邀请人签名：__/__   __李××__

                                        记录人签名：__郑××__

备注：

案件处理意见书

案由		损坏航道设施			案件调查人员	赵×× 李××
当事人	公民	姓名	/	性别	/	年龄	/
		住址	/		职业	/
	法人或者其他组织	名　称	××市××航运公司
		法定代表人	张××
		地　址	××市××路××号
		联系电话	1362188×××
案件调查经过及违法事实	2009年7月9日上午11时05分,站执法人员接到举报电话,称××航道上12号航标灯被下行×××船队碰撞移位,上部结构受损严重。航标管理人员立即通过遥测检查确认该标已经非维护性失常。执法人员随即通知××船闸对该船队不予放行,并赶赴××船闸,于当日下午对×××船队队长周××进行了询问,对船队第9档×××驳船船体进行了勘测,同日下午又到12航标位处进行了现场勘测检查。7月10日上午,执法人员对举报人孙××进行了询问。 　　通过上述调查,可以确认:××市××航运公司所属×××船队于2009年7月9日11时通过××航道12号航标时,第9档×××驳船触碰到12号航标标身,致使航标移位0.3m,标身倾斜60°,上部角铁框架变形严重。当事×××船队未向本单位报告航标被碰受损情况,驶离事发地点。						
证据材料	序号	证据名称		规格		数量
	1	询问笔录		A4		2份
	2	勘验(检查)笔录		A4		2份
	3	照片		7寸		5张
	/	/		/		/
	/	/		/		/
	/	/		/		/

续上表

调查结论和处理意见	当事人违法事实清楚,并有证据在案,其行为违反了《中华人民共和国航标条例》第十四条,依据《中华人民共和国航标条例》第二十一条之规定,建议给予当事人责令赔偿航标损失11 000元、并处罚款3 000元的行政处罚。 执法人员签名:赵××、李×× 2009年7月10日
法制工作机构审核意见	该案事实清楚,证据充分、合法有效,调查程序规范合法,裁量合理,同意调查人员处理意见。 签名:郑×× 2009年7月10日
行政执法机关意见	同意调查人员处理意见,给予当事人责令赔偿航标损失11 000元,并处罚款3 000元。 签名:钱×× 2009年7月11日

违法行为通知书

_＿＿×××× ＿＿ 罚字(2009)_00006_号

×× 市 ×× 航运公司＿＿：

经调查,本机关认为你(单位)涉嫌＿触碰航标不报告的＿行为,违反了《中华人民共和国航标条例》第十四条＿的规定,依据＿《中华人民共和国航标条例》第二十一条＿的规定,本机关拟作出＿责令赔偿航标损失11000元,罚款3000元＿的处罚决定。

☑ 根据《中华人民共和国行政处罚法》第三十一条、第三十二条的规定,你(单位)如对该处罚意见有异议,可在接到本通知之日起三日内向本机关提出陈述申辩;逾期未提出陈述或者申辩,视为你单位(或个人)放弃陈述和申辩的权利。

☐ 根据《中华人民共和国行政处罚法》第四十二条的规定,你(单位)有权在收到本通知书之日起三日内向本机关要求举行听证;逾期不要求举行听证的,视为你(单位)放弃听证的权利。

(注:在序号前□内打"√"的为当事人享有该权利)

交通行政执法机构联系地址:＿××县××路××号＿邮编:＿××××＿
联系人:＿赵××、李××＿联系电话:＿××××××××＿

×× 交通运输行政执法机关(印章)
2009 年 7 月 11 日

(本文书一式两份:一份存根,一份交当事人或其代理人)

行政处罚决定书

××交航罚字(2009)00006 号

当事人	公民	姓名	/	性别	/	身份证号	/
		住址	/			职业	/
	法人或者其他组织	名称	××市××航运公司			法定代表人	张××
		地址	××市××路××号				

违法事实及证据：你公司所属×××船队于2009年7月9日11时航行至××航道12号航标处时,该船队第9档×××驳船触碰了12号航标,致使12号航标移位,标身受损,你公司×××船队未向本机关报告。以上事实有孙××的询问笔录,×××船队队长周××的询问笔录,12号航标的勘验(检查)笔录和照片,×××船队第9档×××驳船勘验(检查)笔录和照片为证。

  以上事实违反了 《中华人民共和国航标条例》第十四条 的规定,依据 《中华人民共和国航标条例》第二十一条 的规定,决定给予 责令赔偿航标损失11000元、罚款3000元 的行政处罚。

  处以罚款的,罚款自收到本决定书之日起15日内缴至××县××银行,账号为 ×××× ,到期不缴的依法每日按罚款数额的3%加处罚款。航标损失赔偿费,须自收到本处罚决定书之日起15日内缴至我单位账户上,开户银行：××县××银行,账号：×××× 。

  如果不服本处罚决定,可以依法在60日内向 / 人民政府或者 ××县交通局 申请行政复议,或者在三个月内依法向 ××县 人民法院提起行政诉讼,但本决定不停止执行,法律另有规定的除外。逾期不申请行政复议、不提起行政诉讼又不履行的,本机关将依法申请人民法院强制执行或者依照有关规定强制执行。

××交通运输行政执法机关(印章)
2009年7月15日

(本文书一式两份：一份存根,一份交当事人或其代理人)

文书送达回证

案件名称：　××市××航运公司所属×××船队触碰航标不报告

送达单位	××县航道管理站				
受送达人	××市××航运公司				
代收人	周××				
送达文书名称、文号	收件人签名（盖章）	送达地点	送达日期	送达方式	送达人
违法行为通知书	周××	××县航道站105办公室	2009年7月11日10时30分	直接送达	赵××
行政处罚决定书	周××	××县航道站105办公室	2009年7月15日14时12分	直接送达	赵××
/	/	/	/	/	/
/	/	/	/	/	/
/	/	/	/	/	/
/	/	/	/	/	/
			××交通运输行政机关（印章） 2009年7月11日		
备注：	/				

注：1. 如受送达人不在场的，可交其同住的成年家属签收，并且在备注栏中写明与受送达人的关系。

　　2. 受送达人已经指定代收人的，交代收人签收，受送达人为单位的，交单位收发室签收。

处罚结案报告

案件名称： ××市××航运公司所属×××船队触碰航标不报告

当事人基本情况	公民	/	年龄	/	性别	/
	所在单位	/	联系地址	/		
	联系电话	/	邮编			
	法人或其他组织	××市××航运公司	地址	××市××路××号		
	法定代表人	张××	职务	总经理		
处理结果	责令当事人赔偿航标损失11 000元，罚款3 000元。					
执行情况	申请××县人民法院强制执行，于2009年×月×日执行完毕。					
法制工作机构审核意见	同意结案归档。 签名：郑×× 2009年×月×日			行政执法机关审批意见	同意。 签名：钱×× 2009年×月×日	

第十一章
交通运输行政处罚文书的制作

【案例3】 案情简介

20××年×月×日,在××航段××km处,执法人员检查发现×××所驾驶的××××船舶本航次从××(始发港)至××(目的港)未按《中华人民共和国内河交通安全管理条例》第十八条之规定办理船舶签证手续。

海事行政处罚案件立案呈批和处罚意见审查表

案号:××海事罚字[20××]×××××× 号

立案理由:

20××年×月×日××时××分左右,在××航段××公里处,检查发现×××所驾驶的××××船舶本航次从××(始发港)至××(目的港)未按《中华人民共和国内河交通安全管理条例》第十八条之规定办理船舶签证手续。上述行为涉嫌违反了《中华人民共和国内河交通安全管理条例》第十八条的规定。

申请时间	20××年×月×日	立案申请人	执法人员甲
批准时间	20××年×月×日	立案批准人	×××
调查时间	20××年×月×日－ 20××年×月×日	立案调查人	(执法人员甲、乙)
部门意见	同意调查人员意见	海事处业务负责人 (审核时间)	××× ××年×月×日
预审意见	同意上报审批	法制部门 (预审时间)	(法制部门负责人) ××年×月×日
审查意见	同意	海事局业务负责人 (审查时间)	××× ××年×月×日
重大案件集体 讨论意见	/		

海事违法行为调查报告

案号 ××海事罚字[20××]×××××号

案由：××××(船舶经营人或所有人)涉嫌未按规定办理船舶进出港签证手续。

被调查人(当事人)的基本情况：

姓名 ＿＿／＿＿ 船舶/单位名称 ＿××××(船舶所有人或经营人)/×××××＿

年龄 ＿＿／＿＿ 船籍港/船旗国 ＿××＿＿＿＿＿＿＿＿＿＿＿＿＿＿＿

性别 ＿＿／＿＿ 船舶吨位/主机功率 ＿×××总吨/×××kW＿＿＿＿＿

职务 ＿＿／＿＿ 船长/法定代表人 ＿×××＿＿＿＿＿＿＿＿＿＿＿＿＿

联系电话 ＿××××××××××＿ 联系地址 ＿××省××市××镇＿

调查时间自 20××年 × 月 × 日至 20××年 × 月 × 日

调查事实：(可另附页) 20××年×月×日××时××分左右，在××航段××km处，检查发现××所驾驶的×××船舶本航次从××(始发港)至××(目的港)未按《中华人民共和国内河交通安全管理条例》第十八条的规定办理船舶签证手续。

证据清单：(可另附页)

证 据 名 称	数 量	种 类
询问笔录	壹	当事人的陈述
现场勘查记录	壹	勘验笔录
现场摄影	壹	视听资料
船舶签证簿复印件	肆	书证
船舶检验证书复印件	叁	书证
船舶国籍证书复印件	贰	书证
船员适任证书复印件	壹	书证

第十一章
交通运输行政处罚文书的制作

拟处理意见：　根据《中华人民共和国内河交通安全管理条例》第六十八条第(二)项、《中华人民共和国行政处罚法》第二十七条第一款第(四)项的规定，建议给予××××船舶(船舶所有人或经营人)未按规定办理船舶进出港签证手续的违法行为处以人民币××元整罚款的行政处罚,并责令船舶办理签证。

执法人员签字：　(执法人员甲)　　(执法人员乙)
执法证件编号：×××××××××　×××××××××××

　　　　　　　　　　　　　　××年　××月　××日

所在部门意见：　同意
部门负责人签字：　海事处业务负责人签名　　××年××月××日

海事行政案件询问笔录

时间：20××年×月×日××时××分　地点：×××
询问人：海事执法人员甲、执法人员乙　记录人：海事执法人员甲
被询问人：×××　性别：×　年龄：××　与案件关系：当事人
工作单位及职务：××××/×××　电话×××××××××××
地址：××省××市××镇　邮编：
我们是××海事管理机构的执法人员：××，执法证号：××××××××
×；××，执法证号：××××××××××，现对你船有关情况进行调查，请你如实回答？

问：你的姓名、出生年月、籍贯、身份证号码？

答：我叫×××，19××年××月出生，×××省××人，身份证号码××××××
　　××××××××××××。

问：你什么文化程度？从事水上工作多长时间了？

答：我××文化，在船上工作了×年。

问：你在本船上担任什么职务？是否持有船员职务适任证书？

答：我是这艘船的船长（驾驶员、轮机员等）。持有××船员证书（或其他证书）。

问：请出示你船的船舶国籍证书、船舶检验证书、船舶签证簿以及船上船员的适
　　任证书？

答：好的。

问：你是这艘船的所有人（经营人）吗？

答：是的，我就是这艘船的所有人（经营人）。

（或答：不是，这船的所有人和经营人是×××）。

问：你是否能代表船舶所有人（经营人）接受本次违章行为的调查和处理？

答：可以的。我是船长（驾驶员），受本船所有人（经营人）委托，可全权处理本船
　　的相关事务，包括接受船舶违章行为的调查和处罚）。

问：请你描述一下你船的基本概况？

答：我船是××船，船名：××××，船籍港：××，船长：××m，船宽：×m，总吨位：×××，主机功率：××kW，核定干舷为C级航区×××mm。

问：请讲一下你船本航次的基本情况。

答：我船本航次是20××年×月×日××时左右在××装载××吨××（货物），于2009年×月×日××时左右由××（始发港）开往××（目的港）。20××年×月×日××时左右，在××航段××公里处，受到了你们海事人员的检查。

问：请你讲述一下你船最近一次办理船舶进出港签证手续的情况？

答：我船最近一次是20××年×月×日在××海事所办理的签证手续，由××（始发港）到××（目的港）。

问：请你讲述一下你船本航次船舶进出港签证手续的办理情况。

答：我船本航次没有办理船舶进出港签证手续。

问：你知不知道未按照规定办理船舶进出港签证手续是违法的？为什么不办理签证手续？

答：因为怕麻烦/偷漏点港务费（或其他原因）。我知道未按照规定办理船舶进出港签证手续是不对的，我保证以后不再犯了。

问：你船这个航次有没有因未按规定办理船舶进出港签证手续被其他海事管理机构作出过行政处罚？

答：我船这个航次没有被处罚过。

问：你刚才所说的是不是都是事实？

答：我刚才所说的都是真实情况。

问：上述笔录请你过目，如无异议，请签名。

答：好的。

被询问人签字：＿＿×××＿＿

询问人签字：海事人员××、××（签名）　　记录人签名：海事人员××（签名）

海事行政执法现场勘查记录

案由	××(船舶所有人或经营人)涉嫌未按规定办理船舶进出港签证手续		
被勘查船舶/设施名称	×××船舶		
船籍港	××	船舶概况:所有人	(船舶所有人)
总吨位/主机功率	××/××kW	船长/船宽　××m/×m	核定干舷　C:×××mm
装载货物名称/起讫点	××/××-××		
勘查地点/勘查时间	××航段××km/××年×月×日××时××分		

勘查记录:

　　经现场勘查,该船舶上一航次在××签证,始发港为××,目的港为××,签证日期为××年×月×日,船舶签证簿第××页。

　　该船舶这个航次是××年×月×日××时左右在××装完货,于×月×日××时从××开航到××,签证簿第××页为空白,没有这个航次的签证记录。

勘查人员签名	姓　名	工作单位
	(执法人员甲)	××市地方海事处
	(执法人员乙)	××市地方海事处
以上勘查记录与事实是否相符	是	当事人签名　×××

注:本现场勘查记录部局没有统一文本格式。

海事行政处罚证据登记保存清单

案号 ××海事罚字[20××]××××××号

当事人的姓名或者名称：×××（船舶所有人或经营人）
船长/法定代表人的姓名：×××
当事人的地址：××省××市××镇　　联系电话：1234567

因 ×××船舶涉嫌未按规定办理船舶进出港签证手续 一案，需依法对你(单位、船舶)下列物品登记保存。在7日内，你(单位、船舶)不得销毁或者转移证据。

序号	证据物品名称	规格	数量	备注
1	××船舶登记证书		1	
2	××船舶检验征收		1	
3	××船舶签证簿第×册		1	

被取证当事人签名：×××
执法人员签名：×××
执法证编号：×××××××

　　　　　　　　××年 ××月 ××日(印章)

海事管理机构地址：××省××市××路××号
联系电话：1234567

海事违法行为通知书

案号　××海事罚字[20××]××××××号

__××××(船舶所有人或经营人)__：

你(船/单位)　××××船舶未按规定办理船舶进出港签证手续一案，经本海事局(处)调查，认为：20××年×月×日××时××分左右，在××航段××公里处，检查发现×××所驾驶的××××船舶本航次从××(始发港)至××(目的港)未按《中华人民共和国内河交通安全管理条例》第十八条的规定办理船舶签证手续。该行为违反了《中华人民共和国内河交通安全管理条例》第十八条的规定。

依据《中华人民共和国内河交通安全管理条例》第六十八条第(二)项、《中华人民共和国行政处罚法》第二十七条第一款第(四)项。拟给予　××××船舶(船舶所有人或经营人)罚款人民币××元整的行政处罚。

根据《行政处罚法》第三十二条第四十二条的规定,你(船/单位)可在收到本通知书之日起

　☑ 1.3 日内向本机关进行陈述申辩。逾期不陈述或者申辩的,视为你放弃上述权利。

　☑ 2.3 日内向本机关要求组织听证。逾期不要求组织听证的,视为你放弃上述权利。

拟作处罚的海事管理机构名称：×××海事局

拟作处罚的海事管理机构地址：××市××路××号

拟作处罚机关的联系人和联系电话：1234567

××年××月××日(印章)

放弃陈述申辩、放弃听证要求,要求立即处理(如当事人放弃陈述申辩,由当事人亲笔书写)

以下由当事人填写:

　　□ 要求陈述申辩:　　　　　　☑ 放弃陈述申辩:

　　□ 要求进行听证:　　　　　　☑ 放弃听证要求:

当事人签名:＿×××＿　　　＿××＿年＿××＿月＿××＿日

听证会通知书

案号：__××海事罚字[20××]××××××号__

当事人的姓名或者名称　__×××（船舶所有人或经营人）__
当事人的法定代表人：__×××__
当事人的地址：__××省××市××镇__　联系电话：__1234567__

　　关于__××××船舶涉嫌未按规定办理船舶进出港签证手续__一案，你(船/单位)于__××年××月×× 日__(时间)提出要求听证。现定于__×× 年 ×× 月 ×× 日 ×× 时 ×× 分__,在__×××海事局(××省××市××路××号)__　　__(公开/不公开)举行听证会。

　　听证主持人姓名__×××__　　职务__×××海事局法制部门负责人或分管领导__

　　你/你单位法定代表人或者委托代理人(1~2人)应准时出席的,逾期不出席的,将视同放弃听证要求,委托代理人出席的,应提交当事人签署的授权委托书。
　　根据《行政处罚法》第四十二条规定,你(船/单位)申请听证会主持人回避的,应在接到本通知书后3日内向本机关提出并说明理由。
　　特此通知。

听证机关名称：__×××海事局__
听证机关地址：__××省××市××路××号__
听证机关联系人：__×××__　　联系电话：__1234567__

__×× 年 ×× 月 ×× 日__(印章)

第十一章
交通运输行政处罚文书的制作

海事行政处罚决定书

××海事罚字[20××] ××××××号

当事人：　××××(船舶所有人或经营人)(×××总吨)
联系地址：　××省××市××镇

　　当事人的违法事实和证据：20××年×月×日××时××分左右,在××航段××公里处,检查发现××所驾驶的×××船舶本航次从××(始发港)至××(目的港)未按《中华人民共和国内河交通安全管理条例》第十八条的规定办理船舶签证手续。以上由当事人陈述、勘查笔录、音像资料、书证证据为证,上述行为违反《中华人民共和国内河交通安全管理条例》第十八条的规定。

　　根据　《中华人民共和国内河交通安全管理条例》第六十八条第(二)项、《中华人民共和国行政处罚法》第二十七条第一款第(四)项。

　　决定给予当事人　罚款人民币××元整　　　　　　　　　。

　　当事人被处以罚款的,应在收到本决定书之日起15日内,持本决定书到　指定银行　缴纳罚款,逾期不缴纳罚款的,每日按罚款数额的3%加处罚款。在中华人民共和国沿海水域被处以罚款的船舶、设施,按《中华人民共和国海上交通安全法》第十九条的规定,必须在离港或者开航前缴清罚款或者提供适当的担保。当事人被处以扣留、吊销证书的,应在收到本处罚决定书之日起15日内,将该证书送交本机关,逾期不送交的,本机关将公告该证书作废;当事人被处以没收船舶的,本机关将依法处理。

　　当事人如不服本处罚决定,可以自收到本处罚决定书之日起60日内依法向设置该　海事管理机构的交通主管部门　申请复议,也可以按照《海上交通安全法》、《行政诉讼法》的规定,在　三个月　内直接向法院起诉。逾期不申请复议或者不向法院起诉又不履行本处罚决定的,本机关将依法采取措施。

作出海事行政处罚决定的机关名称：　×××海事局　　
　　　　　　　　　　　　　××　年　××　月　××　日(印章)

责令纠正违章后离开本港

以下由当事人填写：

☑当事人提出当场缴纳罚款。

      当事人签名： ×××

       ×× 年 ×× 月 ×× 日

告 知 书

　　＿×××× ＿（船舶所有人或经营人）：
　　你船于＿20×× ＿年＿×× ＿月＿×× ＿日＿×× ＿时许,在＿××航段 ××公里处＿水域,未按《中华人民共和国船舶签证管理规则》第五条第(一)项之规定办理船舶签证手续擅自航行行为,违反了《中华人民共和国内河交通安全管理条例》第十八条的规定,根据《中华人民共和国内河交通安全管理条例》第六十八条第(二)项的规定,责令你船在本港改正或消除违法行为。
　　在未改正或消除违法行为之前你船不得离港。

×××海事局

＿×× ＿年＿×× ＿月＿×× ＿日

本告知书一式两份,海事管理机构、当事人各留存一份。
当事人签名:＿×××＿　　　　＿×× ＿年＿×× ＿月＿×× ＿日

注:本《告知书》部局没有统一文本格式。

海事行政处罚文书送达回证

案号××海事罚字[20××]＿＿×××××＿＿号

案由	××××船舶未按规定办理船舶进出港签证手续		
受送达人的姓名或者名称	××××（船舶所有人或经营人）		
送达地点	×××××		
送达单位的名称	×××海事局		
送达文书名称	送达人	收到日期	收件人签名或者盖章
海事行政处罚证据保存清单	（执法人员甲）（执法人员乙）	××年×月×日×时分	×××
海事违法行为通知书	（执法人员丙）（执法人员丁）	××年×月×日×时分	×××
海事行政处罚决定书	（执法人员丙）（执法人员丁）	××年×月×日×时分	×××
		年　月　日　时	
		年　月　日　时	
备注			

海事行政处罚结案表

案号：××海事罚字[20××]××××××号

案由	××××未按规定办理船舶进出港签证手续
处罚决定	××××(船舶所有人或经营人)罚款人民币××元整
执行情况	已执行 执法人员签字:(执法人员丙)、(执法人员丁) 执法证号码：38×××××××、38××××××× ××年×月×日
备注	

三、说理式处罚文书

鉴于目前说理式文书主要体现在处罚决定书中,特以运管类处罚决定书为例。

行政处罚决定书

<u>　××××　</u>罚案(2010)<u>　××　</u>号

当事人	公民	姓名	丁××	性别	男	身份证号	32××××
		住址	×市×区中港村3-2号			职业	/
	法人或者其他组织	名称	/			法定代表人	/
		地址	/				

违法事实及证据: 2009年6月3日13时58分,本机构执法人员在检查中,发现当事人丁××未经许可从事营业性货物运输,涉嫌违反《中华人民共和国道路运输条例》第六十四条的规定。于2009年6月3日立案调查。现查明,当事人丁××驾驶×M-2T316从××开发区为货主杨×装了两台塔吊旋转电机送到××维修点维修,车上货物质量约250kg。该趟运输当事人向货主收取运费100元。 当事人丁××没有取得道路货物运输经营许可。上述事实,由以下证据证实:证据一,对当事人丁××进行调查的《询问笔录》一份,证明当事人在未取得道路货物运输经营许可的情况下帮货主杨×装运货物,收取运费的违法事实。证据二,对货主杨×进行调查的《询问笔录》一份,证明丁××帮杨×装运货物,收取运费100元的违法事实。证据三,当事人提供的送货清单一份,证明运输货物的重量及其数量。证据四,案件调查人员对×M-2T316货车及其装运货物进行取证的照片,证明该车装运货物的事实。证据五,当事人提供的行驶证复印件一份,证明其是×M-2T316车主身份的事实。证据六,当事人提供的身份证复印件一份,杨×提供的身份证复印件一份,证明当事人及其相关人员身份。上述证据均由提供人确认。本案调查中,当事人对本机构认定的事

实无异议。

　　以上事实违反了《中华人民共和国道路运输条例》第六十四条的规定,依据《中华人民共和国道路运输条例》第六十四条规定,决定给予<u>罚款 3 000 元</u>的行政处罚。

　　处以罚款的,罚款自收到本决定书之日起 15 日内缴至<u>　××市工商银行　</u>,账号为<u>　000001　</u>,到期不缴的依法每日按罚款数额的 3% 加处罚款。

　　如果不服本处罚决定,可以依法在 60 日内向<u>　××市交通运输局　</u>申请行政复议,或者在三个月内依法向人民法院提起行政诉讼,但本决定不停止执行,法律另有规定的除外。逾期不申请行政复议、不提起行政诉讼又不履行的,本机关将依法申请人民法院强制执行或者依照有关规定强制执行。

××交通运输行政执法机关(印章)
2009 年 6 月 15 日

(本文书一式两份:一份存根,一份交当事人或其代理人)

附 录

附录一 交通运输行政许可文书样式

附件一

交通行政许可申请书

申请人(及法定代表人)名称		申请人联系方式	电话	
			手机	
申请人住址及邮政编码			Email	
			传真	
委托代理人的姓名及联系方式				
申请的交通行政许可事项及内容				
申请材料目录				
申请日期		年 月 日	申请人签字或盖章	

注：1. 本申请书由交通行政许可的实施机关负责免费提供；

2. 申请人应当如实向实施机关提交有关材料和反映情况，并对申请材料实质内容的真实性负责。

附件二

交通行政许可申请不予受理决定书

编号：

_____：

你于___年___月___日提出_____申请。

经审查,该申请事项不属于本行政机关职权范围,建议向_____

_____提出申请。

根据《中华人民共和国行政许可法》第三十二条规定,决定对你提出的申请不予受理。

申请人如对本决定不服,可以在收到本决定书之日起60日内向_____

_____申请复议,也可以在收到本决定书之日起三个月内直接向人民法院提起行政诉讼。

特此通知。

（印章）

年　　月　　日

附件三

交通行政许可申请补正通知书

编号：

_____：

  你于___年___月___日提出_____申请。

  根据《行政许可法》第三十二条第一款第(四)项的规定，请你对申请材料作如下补正：_____

_____

_____。

  特此通知。

（印章）

年　　月　　日

附件四

交通行政许可申请受理通知书

编号:

_____:

你于___年___月___日提出_____申请。

经审查,该申请事项属于本机构职责范围,申请材料符合法定的要求和形式,根据《中华人民共和国行政许可法》第三十二条的规定,决定予以受理。

(印章)

年　　月　　日

附件五

交通行政许可(当场)决定书

编号：

_____：
　你于___年___月___日提出_____申请。经审查，你提交的申请材料齐全，符合_____规定的形式，根据《中华人民共和国行政许可法》第三十四条第二款的规定，决定准予交通行政许可，准予你依法从事下列活动：_____
_____
_____。
　本机关将在作出本决定之日起 10 日内向你颁发、送达_____
_____证件。

（印章）

年　月　日

附件六

交通行政许可征求意见通知书

编号：

_____：

　　____（申请人）_____于_____年___月___日提出_____的申请。经审查,该申请事项可能与你(单位)有直接重大利益关系。根据《中华人民共和国行政许可法》第三十六条的规定,现将该申请事项告知你(单位)。请于接到该通知书之日起3日内提出意见。逾期未提出意见的,视为无意见。

　　本机关地址_____。
　　联系人及联系方式_____。
　　特此告知。

附:申请书及必要的相关申请材料(复印件)

(印章)
年　　月　　日

附件七

延长交通行政许可期限通知书

编号：

_____：

你于___年___月___日提出_____申请,已于___年___月___日受理。由于_____原因,二十日内不能作出行政许可的决定。根据《中华人民共和国行政许可法》第四十二条的规定,经本行政机关负责人批准,审查期限延长十日,将于___年___月___日前作出决定。

特此通知。

（印章）

年　　月　　日

附件八

交通行政许可期限法定除外时间通知书

编号：

_____：

你于____年____月____日提出_____申请,已于____年____月____日受理。根据_____的规定,需要：

（　　）1. 听证,所需时间为_____。
（　　）2. 招标,所需时间为_____。
（　　）3. 拍卖,所需时间为_____。
（　　）4. 检验,所需时间为_____。
（　　）5. 检测,所需时间为_____。
（　　）6. 检疫,所需时间为_____。
（　　）7. 鉴定,所需时间为_____。
（　　）8. 专家评审,所需时间为_____。

根据《中华人民共和国行政许可法》第四十五条的规定,上述所需时间不计算在规定的期限内。

特此通知。

(印章)

年　　月　　日

注：根据上述8种不同情况,在符合的情形前括号内画"√"。

附件九

交通行政许可决定书

编号：

＿＿＿＿＿＿＿＿＿＿：

你于＿＿＿年＿＿＿月＿＿＿日提出＿＿＿＿＿＿＿＿＿＿＿＿＿＿＿＿＿申请。经审查，你提交的申请材料齐全，符合＿＿＿规定的条件、标准，根据《中华人民共和国行政许可法》第三十四条第一款、第三十八条第一款的规定，决定准予交通行政许可，准予你依法从事下列活动：＿＿。

本机关将在作出本决定之日起 10 日内向你颁发、送达＿＿＿＿＿＿＿＿＿＿＿＿＿＿＿＿＿＿＿＿＿＿＿＿＿＿＿＿＿＿＿＿证件。

（印章）

年　　月　　日

附件十

不予交通行政许可决定书

编号：

_____：

你于___年___月___日提出_____申请。

经审查,你的申请存在_____

_____问题,不符合_____

_____的规定,根据《中华人民共和国行政许可法》第三十八条第二款的规定,决定不予交通行政许可。

申请人如对本决定不服,可以在收到本决定书之日起60日内向_____

_____申请复议,也可以在收到本决定书之日起三个月内直接向人民法院提起行政诉讼。

（印章）

年　月　日

附件十一

交通行政许可听证公告

编号：

_____于_____年____月____日提出_____的申请。经审查，该申请事项属于：

（　　）1. 根据法律、法规、规章规定应当听证的事项；

（　　）2. 本机关认为该申请事项涉及公共利益，需要听证。

根据《中华人民共和国行政许可法》第四十六条的规定，拟举行听证，请要求听证的单位或者个人于____年____月____日前向本机关登记，并提供联系电话、通信地址、邮政编码。逾期无人提出听证申请的，本机关将依法作出交通行政许可决定。

本机关地址_____。

联系人及联系方式_____。

特此公告。

（印章）

年　　月　　日

注：根据上述两种不同情况，在符合的情形前括号内画"√"。

附件十二

交通行政许可告知听证权利书

编号：

_____：

____（申请人）_____ 于___年___月___日提出_____的申请。经审查,该申请事项可能与你(单位)有重大利益关系。根据《中华人民共和国行政许可法》第四十七条的规定,现将该申请事项告知你(单位),你(单位)可以要求对此申请举行听证。接到该通知书之日起5日内如未提出听证申请的,视为放弃此权利。

本机关地址_____。
联系人_____。
联系方式_____。
特此告知。

附:申请书及必要的相关申请材料(复印件)

（印章）
年　月　日

附录二　交通运输行政检查文书样式

一、现场笔录

执法地点			执法时间	年　月　日 时　分至　时　分	
执法人员		执法证号		记录人	
现场人员基本情况	姓　名		性　别		
	身份证号		与案件关系		
	单位及职务		联系电话		
	联系地址				
	车(船)号		车(船)型		
主要内容	在检查中发现： ＿＿ 上述笔录我已看过(或已向我宣读过)，情况属实无误。 　　　　　　　　　　　　　　现场人员签名： 　　　　　　　　　　　　　　时间：					
备注：					
执法人员签名：＿＿＿＿＿＿　　　　　　　时间：					

二、询问笔录

时间：____年____月____日____时____分至____时____分　第____次询问

地点：_____

询问人：_____记录人：_____

被询问人：_____与案件关系：_____

性别：_____年龄：_____

身份证号：_____联系电话：_____

工作单位及职务：_____

联系地址：_____

我们是_____的执法人员_____、_____，这是我们的执法证件,执法证件号码分别是_____、_____，请你确认。现依法向你询问,请如实回答所问问题,执法人员与你有直接利害关系的,你可以申请回避。

问：_____

_____

_____

_____

答：_____

_____

_____

_____

被询问人签名及时间：　　　　　询问人签名及时间：

_____　　　_____

备注：

三、勘验(检查)笔录

案由：_____

勘验(检查)时间：____年____月____日____时____分至____月____日____时____分

勘验(检查)场所：_____天气情况：_____

勘验(检查)人：_____单位及职务：_____执法证号：_____

勘验(检查)人：_____单位及职务：_____执法证号：_____

当事人(当事人代理人)姓名：_____性别：_____年龄：_____

身份证号：_____单位及职务：_____

住址：_____联系电话：_____

被邀请人：_____单位及职务：_____

记录人：_____单位及职务：_____

勘验(检查)情况及结果：_____

_____

_____

_____

_____

_____

_____

_____

_____

_____

当事人或其代理人签名：_____　勘验(检查)人签名：_____

被邀请人签名：_____　　　　　　　　　　　_____

　　　　　　　　　　　　　　　　　记录人签名：_____

备注：

四、抽样取证凭证

被抽样取证人(单位)：_____ 法定代表人_____ 现场负责人：_____

地址：_____ 联系电话：_____

抽样取证时间：___年___月___日___时___分至___月___日___时___分

抽样地点：_____

抽样取证机关：_____ 联系电话：_____

依据《中华人民共和国行政处罚法》第三十七条第二款规定,对你(单位)的下列物品进行抽样取证。

序号	被抽样物品名称	规格及批号	数量	被抽样物品地点

被抽样取证人或其代理人签名：　　执法人员签名执法证号：

_____　　_____

　　　　　　　　　　　　　　　_____

　　　　　　　　　　　　　交通运输行政执法机关(印章)
　　　　　　　　　　　　　　　　年　　月　　日

备注：
(本文书一式两份:一份存根,一份交被抽样取证人或其代理人)

附录三 交通运输行政强制文书样式

一、车辆暂扣凭证

____暂扣（　　）____号

<table>
<tr><td rowspan="5">被暂扣车辆情况</td><td colspan="2">号牌号码</td><td>厂牌型号</td><td></td></tr>
<tr><td rowspan="2">车辆所有人情况</td><td>公民姓名</td><td></td><td>住址</td><td></td></tr>
<tr><td>法人或者其他组织名称</td><td></td><td>地址</td><td></td></tr>
<tr><td rowspan="2">车辆驾驶人情况</td><td>姓名</td><td></td><td>驾驶证号</td><td></td></tr>
<tr><td>住址</td><td></td><td>与车辆所有人关系</td><td></td></tr>
<tr><td colspan="2">备注</td><td colspan="3"></td></tr>
</table>

暂扣时间：____年____月____日____时____分

地点：_____

　　我单位在_____（时间）_____（地点）依法实施道路运输检查时，发现车辆号码为_____的车辆在从事道路运输活动，没有按照《中华人民共和国道路运输条例》第二十四条的规定提供《道路运输证》或其他有效证明，依据《中华人民共和国道路运输条例》第六十三条的规定，决定暂扣车辆。请持本凭证到_____接受处理（联系电话：_____）。逾期不接受处理的，将依法作出行政处罚决定。当事人对暂扣车辆决定不服的，可根据《中华人民共和国行政复议法》或《中华人民共和国行政诉讼法》，在收到本凭证之日起六十日内向_____申请行政复议，也可以在三个月内向人民法院提起行政诉讼。

车辆简况：_____

当事人或其代理人签名及时间：　　执法人员签名及执法证号：_____

交通运输行政执法机关（印章）
年　　月　　日

（本文书一式两份：一份存根，一份交当事人或其代理人）

· 308 ·

二、责令车辆停驶通知书

　　　　　　　　　　　　　　　　　____暂停（　　）____号

被责令停驶车辆情况	号牌号码		厂牌型号	
	车辆所有人情况	公民姓名		住址	
		法人或者其他组织名称		地址	
	车辆驾驶人情况	姓名		驾驶证号	
		住址		与车辆所有人关系	
	备注				

责令停驶时间：____年____月____日____时____分

地点：_____

　　经调查，车辆号码号牌为_____的车辆在_____公路_____处，对公路造成较大损害。依据《中华人民共和国公路法》第八十五条第二款的规定，责令停止行驶，停放于_____，请于_____日内到_____接受处理。

　　接受处理机关地址：_____联系电话：_____

当事人签名及时间：　　　　　执法人员签名及执法证号：

_____　　　　　_____

　　　　　　　　　　　　　交通运输行政执法机关（印章）
　　　　　　　　　　　　　　　　　年　　月　　日

（本文书一式两份：一份存根，一份交当事人或其代理人）

三、解除行政强制措施通知书

_____行解（　　）_____号

_____：
　　因你（单位）涉嫌_____一案，本机关根据_____规定，依法于___年___月___日对你（单位）_____（财物）采取了_____的强制措施（文号：_____），现因_____，决定自___年___月___日起予以解除。

交通运输行政执法机关（印章）
年　　月　　日

四、行政强制执行申请书

案号：　　　[　　]第　　号

_____人民法院：

本机关于___年___月___日对被申请执行人_____作出了_____的行政处罚决定（文号：_____），被申请执行人在法定的期限内未履行该行政处罚决定。根据《中华人民共和国行政处罚法》第五十一条第三款的规定，特申请贵院强制执行。

申请内容和当事人的基本情况如下：_____

_____

_____

_____

_____

_____

_____

_____

_____

附有关材料：

交通运输行政执法机关（印章）

年　　月　　日

联系人：

联系电话：

五、海事行政强制调查报告

案由:_____

被调查人(当事人)的基本情况:

姓名_____ 船舶/单位/名称_____

年龄_____ 船籍港/船旗国_____

性别_____ 船舶吨位/主机功率_____

职务_____ 船长/法定代表人_____

联系电话_____ 联系地址_____

调查时间自___年___月___日至___年___月___日

调查事实:(可另附页)_____

_____

证据清单:(可另附页)

证 据 名 称	数量	种类

拟处理意见:_____

_____

执法人员签字:_____

执法证件编号:_____ _____

　　　　　　　　　　　　　　　　　　　　　　____年___月___日

所在部门意见:_____

_____

法制部门审核意见:_____

_____

海事管理机构负责人审查意见:_____

六、海事行政强制措施决定书

_____海事强字[　　　　]第_____号

当事人姓名/名称：_____
当事人地址：_____
你(船/单位)_____一案,经调查和审查,认为_____

_____

_____(的事实),依据
_____的规定,实施_____的强制措施。

你(船/单位)如不服本强制措施,可以自收到本决定书之日起六十日内向_____申请行政复议,也可以在_____内直接向人民法院起诉。

海事管理机构名称：_____
海事管理机构地址：_____
海事管理机构联系人和联系电话_____

年　　月　　日(印章)

七、海事行政强制现场笔录

_____海事强字[   ]第_____号

当事人姓名/名称：_____

_____

当事人陈述申辩情况（本栏仅在实施海事行政强制措施时填写）：_____

_____

_____

_____

_____

强制实施情况：_____

_____

_____

_____

当事人签名：_____

见证人签名(如有)：_____

代履行人签名(如有)：_____

执法人员签名：_____   _____

执法证件号码：_____   _____

海事管理机构名称：_____

海事管理机构地址：_____

海事管理机构联系人和联系电话_____

_____年___月___日

本文书一式两份，一份当场交当事人，一份留档。

当事人签字确认已收到本文书。

当事人签名：   日期：

八、海事行政强制执行审批表

_____海事强字[_____]第_____号

案由：_____

违法事实和强制执行依据：_____

_____

_____

_____

_____

证据清单:（可另附页）

证 据 名 称	数量	种类

执法人员处理意见：_____

_____

执法人员签名：_____ _____

执法证件号码：_____ _____

部门负责人意见：_____

_____

法制部门审核意见：_____

_____

_____

海事管理机构负责人审查意见：_____

_____

_____

九、海事行政强制执行告诫书

　　　　　　　　　　_____海事强字[　　　　]第_____号

当事人姓名/名称：_____
当事人地址：_____

你(船/单位)_____一案，经查：
_____
_____
_____

请接到本告诫后，于____年____月____日____时之前自行履行_____的义务，逾期本机关将依据_____的规定，采取_____的强制执行方式，采取强制执行的费用由你(船/单位)来承担。

你(船/单位)可在收到本告诫后于_____年____月____日____时之前向本机关陈述和申辩，逾期不陈述和申辩的，视为你放弃陈述和申辩权利。

海事管理机构名称：_____
海事管理机构地址：_____
海事管理机构联系人和联系电话_____

当事人意见：_____
_____

　　　　　　　　　　　　　　　　　　　　年　　月　　日(印章)

十、海事行政强制执行书

　　　　　　　　　　　_____海事强字[　　　　]第_____号

当事人姓名/名称：_____

当事人地址：_____

　　你(船/单位)_____一案,经查：

_____

_____

_____

_____

依据_____的规定采取_____的强制执行方式。

　　你(船/单位)如不服本强制执行,可以自收到本执行书之日起六十日内向_____申请行政复议,也可以在_____内直接向人民法院起诉。

海事管理机构名称：_____

海事管理机构地址：_____

海事管理机构联系人和联系电话：_____

　　　　　　　　　　　　　　　　年　　月　　日(印章)

十一、解除海事行政强制措施通知书

_____海事强字[   ]第_____号

当事人姓名/名称：_____

当事人地址：_____

你(船/单位)_____一案,经查：

_____
_____
_____
_____
_____

鉴于对你(船/单位)实施海事行政强制措施的原因已经消除,现决定：自_____年____月____日____时起,对你(船/单位)解除_____

海事管理机构名称：_____
海事管理机构地址：_____
海事管理机构联系人和联系电话：_____

年   月   日(印章)

附录四　交通运输行政处罚文书样式

一、举报记录

举报时间：___年___月___日___时___分　　举报类别_____
举报人：_____性别：_____年龄：_____
住所或工作单位：_____
联系电话：_____
身份证号：_____
举报内容：_____
_____
_____
_____
_____
_____
_____
_____
_____
_____
_____
_____
_____

举报人签名及时间：　　　　　　　　记录人签名及时间：
_____　　　　　_____

备注：

二、立案审批表

_____罚案(　　)_____号

案件来源				受案时间			
案由							
当事人基本情况	公民	姓名		性别		年　龄	
		住址		身份证号		联系电话	
	法人或其他组织	名称				法定代表人	
		地址				联系电话	
案件基本情况							
立案依据				受案机构意见		签名： 时间：	
负责人审批意见						签名： 时间：　年　月　日	
备注							

三、协助调查通知书

_____协调（　　）_____号

_____：

为查清_____
_____一案有关事实情况，本单位将于
_____（具体时间）进行调查取证，请予以协助。

特此通知。

联系人：_____

联系电话：_____

　　　　　　　　　　　　　　　　交通运输行政执法机关（印章）
　　　　　　　　　　　　　　　　　　　年　　月　　日

四、委托鉴定书

_____：

因调查有关交通违法案件的需要，本机关现委托你单位对下列物品进行鉴定。

物品名称	规格型号	数量	备注

鉴定要求：_____

_____

_____

_____

请于_____年___月___日前向本单位提交鉴定结果。

交通运输行政执法机关（印章）

年　　月　　日

注：鉴定结果请提出具体鉴定报告书，并由鉴定人员签名或盖章，加盖公章。

五、鉴定意见书

鉴定内容及目的：_____
_____
_____
_____
_____

委托鉴定单位：_____
鉴定人：_____　职务和职称：_____
地点：_____
时间：_____
鉴定意见：_____
_____
_____
_____
_____
_____

鉴定人签名或盖章：_____

　　　　　　　　　　　　　　　　鉴定单位（印章）
　　　　　　　　　　　　　　　　　年　　月　　日

备注：
（本文书一式两份：一份鉴定单位留存，一份交委托鉴定单位）

六、证据登记保存清单

当事人	公民	姓名		性别		年龄	
		电话				职业	
		住址					
	法人或者其他组织	名称					
		地址					
		法定代表人					
		联系电话					

根据《中华人民共和国行政处罚法》第三十七条第二款的规定,需对你(单位)下列物品登记保存。在7日内当事人或有关人员不得销毁或转移。请____于_____年___月___日前到_____接受处理。

序号	证据名称	规格	数量	登记保存地点

被取证人(或其代理人)签名及时间:　　　执法人员签名执法证件号:

_____　　　_____

　　　　　　　　　　　　　　　　　　　_____

　　　　　　　　　　　　交通运输行政执法机关(印章)
　　　　　　　　　　　　　　年　　月　　日

(本文书一式两份:一份存根,一份交当事人或其代理人)

七、证据登记保存处理决定书

_____先保(　　)_____号

_____：
　　本单位于___年___月___日对你(单位)的_____
_____
_____
等物品进行了先行登记保存。现依法对上述物品作出如下处理：_____
_____
_____
_____
_____
_____
_____
_____
_____

交通运输行政执法机关(印章)
年　　月　　日

八、责令改正通知书

_____责改(　　)_____号

_____：

　　经调查,你(单位)存在下列违法事实：

　　1._____

_____

　　2._____

_____

　　3._____

_____

　　根据_____的规定,现责令你(单位)对上述第_____项问题立即改正；对第_____项问题于_____年____月____日前整改完毕。

　　改正内容和要求如下：

　　1._____

　　2._____

　　3._____

　　4._____

被责令改正人签名及时间：　　　执法人员签名及执法证号：
_____　　　_____

　　　　　　　　　　　　　　　　_____

　　　　　　　　　　　　　　　交通运输行政执法机关(印章)
　　　　　　　　　　　　　　　　　　年　　月　　日

九、回避申请书

申请人：_____

地址：_____ 联系电话：_____

被申请人：_____

工作单位及职务：_____

申请事项及理由：_____

_____

_____

_____

_____

_____

_____

_____

_____

_____

_____

_____

_____

此致_____（交通运输行政执法机构）

申请人：_____

年　月　日

十、同意回避申请决定书

申请人：_____

联系方式：_____

被申请人：_____

工作单位及职务：_____

申请人_____于_____年_____月_____日以_____为由提出要求办理_____案的_____（被申请人）回避的申请。经审查，符合《_____》第_____条_____款_____项规定的情形，同意申请人的回避申请。

           交通运输行政执法机关（印章）
             年 月 日

十一、驳回回避申请决定书

申请人：_____

住址：_____

被申请人：_____

工作单位及职务：_____

申请人_____于_____年_____月_____日以_____为由提出要求办理_____案的_____（被申请人）回避的申请，经审查，不符合《_____》第_____条_____款_____项规定的情形，决定驳回申请人的回避申请。

交通运输行政执法机关（印章）
年　　月　　日

十二、案件处理意见书

案由					案件调查人员	
当事人	公民	姓名		性别	年龄	
		职业			电话	
		住址				
	法人或者其他组织	名称				
		法定代表人				
		地址				
		联系电话				
案件调查经过及违法事实						
证据材料	序号	证据名称		规格		数量

调查结论和处理意见	 执法人员签名：_____、_____ 年　月　日
法制工作机构审核意见	 签名：_____ 年　月　日
行政执法机关意见	 签名：_____ 年　月　日

十三、违法行为通知书

　　　　违通（　　）　　　号

_____：

　　经调查,本机关认为你(单位)涉嫌_____行为,违反了_____的规定,依据_____的规定,本机关拟作出处罚决定。

　　☐ 根据《中华人民共和国行政处罚法》第三十一条、第三十二条的规定,你(单位)如对该处罚意见有异议,可在接到本通知之日起三日内向本机关提出陈述申辩;逾期未提出陈述或者申辩,视为你单位(或个人)放弃陈述和申辩的权利。

　　☐ 根据《中华人民共和国行政处罚法》第四十二条的规定,你(单位)有权在收到本通知书之日起三日内向本机关要求举行听证;逾期不要求举行听证的,视为你(单位)放弃听证的权利。

　　(注:在序号前☐内打"√"的为当事人享有该权利。)

交通行政执法机构联系地址:_____ 邮编:_____
联系人:_____ 联系电话:_____

交通运输行政执法机关(印章)
年　　月　　日

(本文书一式两份:一份存根,一份交当事人或其代理人)

十四、陈述申辩书

时间： 　　年　　月　　日　　时　　分至　　日　　时　　分

地点：＿＿＿＿＿＿＿＿＿＿＿＿＿＿＿＿＿＿＿＿＿＿＿＿＿

陈述申辩人：＿＿＿＿＿＿　性别：＿＿＿＿　单位职务：＿＿＿＿＿

电话：＿＿＿＿＿＿＿　联系地址：＿＿＿＿＿＿＿　邮编：＿＿＿＿

执法人员：＿＿＿＿＿＿＿＿＿＿＿　执法证号：＿＿＿＿＿＿＿

　　　　　＿＿＿＿＿＿＿＿＿＿＿　执法证号：＿＿＿＿＿＿＿

记录人：＿＿＿＿＿＿＿＿＿＿＿＿

陈述申辩内容：＿＿＿＿＿＿＿＿＿＿＿＿＿＿＿＿＿＿＿＿＿＿

＿＿＿＿＿＿＿＿＿＿＿＿＿＿＿＿＿＿＿＿＿＿＿＿＿＿＿＿＿＿＿

＿＿＿＿＿＿＿＿＿＿＿＿＿＿＿＿＿＿＿＿＿＿＿＿＿＿＿＿＿＿＿

＿＿＿＿＿＿＿＿＿＿＿＿＿＿＿＿＿＿＿＿＿＿＿＿＿＿＿＿＿＿＿

＿＿＿＿＿＿＿＿＿＿＿＿＿＿＿＿＿＿＿＿＿＿＿＿＿＿＿＿＿＿＿

＿＿＿＿＿＿＿＿＿＿＿＿＿＿＿＿＿＿＿＿＿＿＿＿＿＿＿＿＿＿＿

＿＿＿＿＿＿＿＿＿＿＿＿＿＿＿＿＿＿＿＿＿＿＿＿＿＿＿＿＿＿＿

＿＿＿＿＿＿＿＿＿＿＿＿＿＿＿＿＿＿＿＿＿＿＿＿＿＿＿＿＿＿＿

＿＿＿＿＿＿＿＿＿＿＿＿＿＿＿＿＿＿＿＿＿＿＿＿＿＿＿＿＿＿＿

＿＿＿＿＿＿＿＿＿＿＿＿＿＿＿＿＿＿＿＿＿＿＿＿＿＿＿＿＿＿＿

陈述申辩人签名及时间：　　　　执法人员签名及执法证号：＿＿＿＿

＿＿＿＿＿＿＿＿＿＿＿＿

　　　　　　　　　　　　　　　记录人签名：＿＿＿＿＿＿＿＿＿＿

十五、听证通知书

　　　　　　　　　　　　　　_____听通(　　)_____号

_____:

　　根据你(单位)申请,关于_____案,现定于___年___月___日___时___分在_____(开、不公开)举行听证会议,请准时出席。

　　听证主持人姓名:_____ 职务:_____
　　听证员姓名:_____ 职务:_____
　　听证员姓名:_____ 职务:_____
　　书记员姓名:_____ 职务:_____

　　根据《中华人民共和国行政处罚法》第四十二条规定,你(单位)可以申请听证主持人、听证员、书记员回避。

　　注意事项如下:

　　1. 请事先准备相关证据,通知证人和委托代理人准时参加。

　　2. 委托代理人参加听证的,应当在听证会前向本机关提交授权委托书等有关证明。

　　3. 申请延期举行的,应当在举行听证会前向本行政机关提出,由本机关决定是否延期。

　　4. 不按时参加听证会且未事先说明理由的,视为放弃听证权利。

　　特此通知。

　　交通行政执法机构联系地址:_____ 邮编:_____
　　联系人:_____ 联系电话:_____

　　　　　　　　　　　　　　　　交通运输行政执法机关(印章)
　　　　　　　　　　　　　　　　　　　　年　　月　　日

(本文书一式两份:一份存根,一份交当事人或其代理人)

十六、听证公告

　　　　　　　　　　　　　　_____听公(　　)_____号

　　根据_____(有关法律、法规、规章)的规定,本机关决定于____年____月____日____时,在_____(具体地点)公开举行听证会。

　　欢迎符合下列须知要求的公民、法人或者其他组织参加听证会。申请参加听证会的,请在_____年____月____日前向_____(听证机构)提出书面申请。

　　请申请参加听证会的人员、法人或者其他组织的代表于_____年____月____日至____月____日(每天____时至____时)持_____(要求的身份证件或者介绍信函)到_____(报名具体地点)向本机关办理听证报名手续。

　　参加本次听证会须知:

　　1.(条件一);

　　2.(条件二);

　　……

　　(注意事项一)

　　(注意事项二)

　　……

　　特此公告。

　　联系人:_____　　联系电话:_____

交通运输行政执法机关(印章)
　　　　　　年　月　日

十七、听证委托书

委托人：_____ 性别：_____ 职务：_____

工作单位：_____ 联系电话：_____

联系地址：_____ 邮编：_____

代理人：_____ 性别：____ 职务：_____ 联系电话：_____

工作单位：_____ 联系地址：_____ 邮编：_____

委托人_____委托_____为_____一案参加听证。

代理人_____的委托代理权限为：_____

_____

_____

_____

_____

_____

_____

_____

_____

_____

_____

_____

_____

委托人签名或盖章及时间：_____

代理人签名或盖章及时间：_____

十八、听证笔录

案件名称：_____
主持听证机关：_____
听证地点：_____
听证时间：___年___月___日___时___分至___年___月___日___时___分
主持人：_____ 听证员：_____ 书记员：_____
执法人员：_____ 执法证号：_____
　　　　　_____ 执法证号：_____
当事人：_____ 法定代表人：_____ 联系电话：_____
委托代理人：_____ 性别：___ 年龄：___ 工作单位及职务_____
第三人：_____ 性别：___ 年龄：___ 工作单位及职务_____
其他参与人员：_____ 性别：___ 年龄：___ 工作单位及职务_____
听证记录：_____
_____
_____
_____
_____
_____
_____

当事人或其委托代理人签名及时间：　　　主持人签名：_____
_____　　　　　书记员签名：_____

　　　　　　　　　　　　　　　　　　交通运输行政执法机关(印章)
　　　　　　　　　　　　　　　　　　　　　年　　月　　日

十九、听证报告书

案件名称_____

主持人		听证员		书记员	
听证会基本情况摘要:(详见听证会笔录,笔录附后)					
听证结论及处理意见					
				听证主持人签名:	
				年　月　日	
行政执法机关审核意见					
				负责人签名:	
				年　月　日	
备注					

二十、重大案件集体讨论记录

案件名称：_____

讨论时间：___年___月___日___时___分至___年___月___日___时___分

地点：_____

主持人：_____ 汇报人：_____ 记录人：_____

出席人员姓名及职务：_____

案件简介：_____

讨论记录：_____

结论性意见：_____

出席人员签名：_____

二十一、行政(当场)处罚决定书

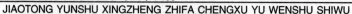

_____简罚( )_____号

当事人	公民	姓名		性别		身份证号	
		住址				职业	
	法人或者其他组织	名称				法定代表人	
		地址					

违法事实及证据:_____

_____

以上事实违反了_____的规定,依据
_____的规定,决定给予_____的行政处罚。

  罚款的履行方式和期限(见打√处):

  ☐ 当场缴纳。

  ☐ 自收到本决定书之日起15日内缴至_____,账号_____,
到期不缴每日按罚款数额的3%加处罚款。

  如果不服本处罚决定,可以依法在60日内向_____
人民政府或者_____申请行政复议,或者在三个月内依法向人民法院提起行政诉讼,但本决定不停止执行,法律另有规定的除外。逾期不申请行政复议、不提起行政诉讼又不履行的,本机关将依法申请人民法院强制执行或者依照有关规定强制执行。

  当事人或委托代理人签名及时间: 执法人员签名及执法证号:

  _____   _____

                  交通运输行政执法机关(印章)
                     年 月 日

(本文书一式两份:一份存根,一份交当事人或其代理人)

二十二、行政处罚决定书

_____罚( )_____号

当事人	公民	姓名		性别		身份证号	
		住址				职业	
	法人或者其他组织	名称				法定代表人	
		地址					

　　违法事实及证据：_____
_____
_____

　　以上事实违反了_____
的规定,依据_____的规定,决定给予
_____的行政处罚。

　　处以罚款的,罚款自收到本决定书之日起 15 日内缴至_____,
账号为_____,到期不缴的依法每日按罚款数额的 3% 加处罚款。

　　如果不服本处罚决定,可以依法在 60 日内向_____人民政府或者_____申请行政复议,或者在三个月内依法向人民法院提起行政诉讼,但本决定不停止执行,法律另有规定的除外。逾期不申请行政复议、不提起行政诉讼又不履行的,本机关将依法申请人民法院强制执行或者依照有关规定强制执行。

交通运输行政执法机关(印章)
年　　月　　日

(本文书一式两份:一份存根,一份交当事人或其代理人)

二十三、不予行政处罚决定书

_____不罚(   )_____号

_____：

经调查,现已查明_____
_____
_____
_____(事实及证据)。上述事实、行为违反了《_____》第___条___款___项的规定。鉴于违法行为轻微,根据《中华人民共和国行政处罚法》第三十八条第一款第(二)项的规定,现决定不予行政处罚。

如果不服本决定,可以依法在60日内向_____人民政府或者_____申请行政复议,或者在三个月内依法向人民法院提起行政诉讼。

交通运输行政执法机关(印章)
年   月   日

(本文书一式两份:一份存根,一份交当事人或其代理人)

二十四、分期(延期)缴纳罚款申请书

案由	
处罚决定书文号	
当事人	联系方式
违法事实 及处罚决定	
当事人申请 延期(分期)缴纳 罚款的理由	当事人或其代理人签名： 时间：
执法人员意见	执法员签名：＿＿＿＿、＿＿＿＿ 年　月　日
行政执法机关 审批意见	负责人签名： 年　月　日

二十五、同意分期(延期)缴纳罚款通知书

_____:
　　_____年___月___日,本机关对你(单位)送达了_____(文号)《行政处罚决定书》,作出了对你(单位)罚款_____(大写)的行政处罚决定,根据你(单位)的申请,本机关依据《中华人民共和国行政处罚法》第五十二条的规定,同意你(单位):

　　☐延期缴纳罚款。延长至_____年___月___日(大写)止。

　　☐分期缴纳罚款。第___期至_____年___月___日(大写)前,缴纳罚款_____元(大写)(每期均应当单独开具本文书)。此外,尚有未缴纳的罚款_____元(大写)。

　　代收机构以本批准书为据,办理收款手续。

　　逾期缴纳罚款的,依据《中华人民共和国行政处罚法》第五十一条第(一)项的规定,每日按罚款数额的3%加处罚款。加处的罚款由代收机构直接收缴。

交通运输行政执法机关(印章)

年　　月　　日

(本文书一式两份:一份存根,一份交当事人或其代理人)

二十六、不予分期(延期)缴纳罚款通知书

_____:

　　_____年___月___日,本机关对你(单位)发出_____(文号)《行政处罚决定书》,作出了对你(单位)罚款_____(大写)的行政处罚决定,你(单位)于_____年___月___日提出了分期(延期)缴纳罚款申请。

　　由于_____,因此,本机关认为你的申请不符合《中华人民共和国行政处罚法》第五十二条的规定,不同意你(单位)分期(延期)缴纳罚款。

　　逾期缴纳罚款的,依据《中华人民共和国行政处罚法》第五十一条第(一)项的规定,每日按罚款数额的3%加处罚款。加处的罚款由代收机构直接收缴。

交通运输行政执法机关(印章)

年　　月　　日

(本文书一式两份:一份存根,一份交当事人或其代理人)

二十七、行政强制执行申请书

　　　　　　　　　　　　　　　　　　____强执(　　)____号

_____人民法院：

　　本机关于_____年____月____日对被申请执行人_____作出了_____的行政处罚决定(文号：_____)，被申请执行人在法定的期限内未履行该行政处罚决定。根据《中华人民共和国行政处罚法》第五十一条第三款的规定，特申请贵院强制执行。

　　申请内容和当事人的基本情况如下：_____
_____
_____
_____
_____
_____
_____
_____
_____
_____

　　附有关材料：

　　　　　　　　　　　　　　　　　　交通运输行政执法机关(印章)
　　　　　　　　　　　　　　　　　　　　　年　　月　　日

　　联系人：
　　联系电话：

二十八、文书送达回证

案件名称：_____

送达单位	
受送达人	
代收人	

送达文书名称、文号	收件人签名（盖章）	送达地点	送达日期	送达方式	送达人

交通运输行政执法机关（印章）
年　月　日

备注：

注：1. 如受送达人不在场的,可交其同住的成年家属签收,并且在备注栏中写明与受送达人的关系。

2. 受送达人已经指定代收人的,交代收人签收,受送达人为单位的,交单位收发室签收。

3. 受送达人拒绝签收的,送达人应当邀请有关基层组织的代表或其他人员在场,说明情况,并在备注栏中写明拒收事实和日期。送达人在备注中签字。

二十九、处罚结案报告

案件名称：_____

当事人基本情况	公民		年龄		性别	
	所在单位		联系地址			
	联系电话		邮编			
	法人或其他组织		地址			
	法定代表人		职务			
处理结果						
执行情况				执法人员签名：_____、_____ 　　　　　　　　年　月　日		
法制工作机构审核意见	签名： 　　年　月　日			行政执法机关审批意见	签名： 　　年　月　日	

三十、海事行政处罚文书格式

当场海事行政处罚决定书

海事罚字【＿＿】＿＿号

＿＿＿＿＿＿＿＿：

【违法事实】你（船/单位）＿＿＿＿＿＿＿＿＿＿＿＿＿＿＿＿＿＿
＿＿＿＿＿＿＿＿＿＿＿＿＿＿＿＿＿＿＿＿＿＿＿＿＿＿＿＿＿＿

【处罚决定】依据＿＿＿＿＿＿＿＿＿＿＿＿＿＿＿＿＿＿＿＿＿＿
＿＿＿＿＿＿＿＿＿＿＿＿＿＿＿＿＿＿＿＿＿＿＿＿＿＿＿＿＿＿

决定给予当事人＿＿＿＿＿＿＿＿＿＿＿＿＿＿＿＿＿＿＿＿＿＿＿
＿＿＿＿＿＿＿＿＿＿＿＿＿＿＿＿＿＿＿＿＿＿＿＿＿＿＿＿＿＿
的行政处罚。

当事人被处以罚款的,应在收到本决定书之日起 15 日内,持本决定书到＿＿＿＿＿＿缴纳罚款,逾期不缴纳罚款的,每日按罚款数额的 3% 加处罚款。当事人如不服本罚款决定,可以自收到本处罚决定书之日起 60 日内依法向＿＿＿＿＿＿申请复议,也可以按照《海上交通安全法》《行政诉讼法》的规定在＿＿＿＿＿＿内直接向人民法院起诉。逾期不申请复议或者不向人民法院起诉又不履行本处罚决定的,本机关将依法采取措施。

执法人员签名：＿＿＿＿＿＿＿＿　　＿＿＿＿＿＿＿＿
执法人员编号：＿＿＿＿＿＿＿＿　　＿＿＿＿＿＿＿＿
作出海事行政处罚决定的地点：＿＿＿＿＿＿＿＿＿＿＿＿
作出海事行政处罚决定的机关名称：＿＿＿＿＿＿＿＿＿＿
　　　　　　　　　　　　　　　＿＿＿年＿＿月＿＿日（印章）

以下由当事人填写：

☐ 当事人当场提出缴纳罚款　　当事人签名：＿＿＿＿＿＿＿＿
　　　　　　　　　　　　　　　　＿＿＿＿年＿＿月＿＿日

海事行政处罚案件立案呈批和处罚意见审查表

案号：_____

立案理由：_____
_____
_____
_____
_____

申请时间		立案申请人	
批准时间		立案批准人	
调查时间		立案调查人	
部门意见		部门负责人（审核时间）	
预审意见		法制部门（预审时间）	
审查意见		负责人（审查时间）	
重大案件集体讨论意见			

海事行政案件询问笔录

时间：_____ 地点：_____

询问人：_____ 记录人：_____

被询问人：_____性别：_____年龄：_____与案件关系：_____

工作单位及职务：_____电话：_____

地址：_____邮编：_____

问：_____

答：_____
_____

问：_____

答：_____
_____

问：_____

答：_____
_____

问：_____

答：_____
_____

问：_____

被询问人签字：

询问人签字： 记录人签名：

海事违法行为调查报告

案号：_____

案由：_____

被调查人（当事人）的基本情况：

姓名_____　　船舶/单位名称_____

年龄_____　　船籍港/船旗国_____

性别_____　　船舶吨位/主机功率_____

职务_____　　船长/法定代表人_____

联系电话_____　　联系地址_____

调查时间自_____年___月___日至_____年___月___日

调查事实：(可另附页)_____

_____

证据清单：(可另附页)

证 据 名 称	数 量	种 类

拟处理意见：_____

_____

执法人员签字：_____　　_____

执法证件编号：_____　　_____

　　　　　　　　　　　　　　　　　_____年___月___日

所在部门意见：_____

_____

部门负责人签字：_____　　　　_____年___月___日

海事行政处罚证据登记保存清单

案号：_____

当事人的姓名或者名称：_____

船长/法定代表人的姓名：_____

当事人的地址：_____ 联系电话：_____

因_____

一案，需依法对你（单位、船舶）下列物品登记保存。在 7 日内，你（单位、船舶）不得销毁或者转移证据。

序号	证据物品名称	规格	数量	备注

被取证当事人签名：_____

执法人员签名：_____

执法证编号：_____

_____年___月___日（印章）

海事管理机构地址：_____ 联系电话：_____

海事违法行为通知书

案号：_____

_____：

你(船/单位)_____一案，经本海事局(处)调查认为_____

_____。

依据_____

_____。

拟给予_____

_____的行政处罚。

依据《中华人民共和国行政处罚法》第三十二条第四十二条的规定，你(船/单位)可在收到本通知书之日起

☐ 1.3日内向本机关进行陈述申辩。逾期不陈述或者申辩的，视为你放弃上述权利。

☐ 2.3日内向本机关要求组织听证。逾期不要求组织听证的，视为你放弃上述权利。

拟作处罚的海事管理机构名称：_____

拟作处罚的海事管理机构地址：_____

拟作处罚机关的联系人和联系电话：_____

　　　　　　　　　　　_____年___月___日(印章)

以下由当事人填写：

☐ 要求陈述申辩：　　　☐ 放弃陈述申辩：

☐ 要求进行听证：　　　☐ 放弃听证要求：

当事人签名：_____　　_____年___月___日

听证会通知书

第一联(共二联)　　　　　　　　　　　　　　案号：_____

当事人的姓名或者名称_____　　当事人的法定代表人：_____

当事人的地址：_____　　联系电话：_____

关于_____一案，你(船/单位)于_____(时间)提出要求听证。现定于____年__月__日__时__分，在_____(公开/不公开)举行听证会。

听证主持人姓名_____　　职务_____

你/你单位法定代表人或者委托代理人(1~2人)应准时出席的，逾期不出席的，将视同放弃听证要求，委托代理人出席的，应提交当事人签署的授权委托书。

根据《中华人民共和国行政处罚法》第四十二条规定，你(船/单位)申请听证会主持人回避的，应在接到本通知书后3日内向本机关提出并说明理由。

特此通知。

听证机关名称：_____
听证机关地址：_____
听证机关联系人：_____　　联系电话：_____

_____年__月__日(印章)

海事行政处罚决定书

海事罚字【　　】____号

当事人：_____

联系地址：_____

当事人的违法事实和证据：_____

_____。

根据_____

_____。

决定给予当事人_____

_____的行政处罚。

　　当事人被处以罚款的,应在收到本决定书之日起15日内,持本决定书到_____缴纳罚款,逾期不缴纳罚款的,每日按罚款数额的3%加处罚款。在中华人民共和国沿海水域被处以罚款的船舶、设施,按《中华人民共和国海上交通安全法》第十九条的规定,必须在离港或者开航前缴清罚款或者提供适当的担保。当事人被处以扣留、吊销证书的,应在收到本处罚决定书之日起15日内,将该证书送交本机关,逾期不送交的,本机关将公告该证书作废;当事人被处以没收船舶的,本机关将依法处理。

　　当事人如不服本处罚决定,可以自收到本处罚决定书之日起60日内依法向_____申请复议,也可以按照《海上交通安全法》、《行政诉讼法》的规定,在_____内直接向法院起诉。逾期不申请复议或不向法院起诉又不履行本处罚决定的,本机关将依法采取措施。

　　作出海事行政处罚决定的机关名称：_____

_____年___月___日(印章)

以下由当事人填写：

☐ 当事人提出当场缴纳罚款。　　当事人签名：_____

_____年___月___日

海事行政处罚文书送达回证

案号××海事罚字【　　】_____号

案由	
受送达人的姓名或者名称	
送达地点	
送达单位的名称	

送达文书名称	送达人	收到日期	收件人签名或者盖章
		年 月 日 时	
		年 月 日 时	
		年 月 日 时	
		年 月 日 时	
		年 月 日 时	
备注			

附录五 公路赔(补)偿文书样式

公路赔(补)偿案件勘验检查笔录

案号( )年( )号

案由:			
勘验时间:	年 月 日 时 分至	年 月 日 时 分	
天气情况:		勘验场所:	
勘验人1		单位及职务	
勘验人2		单位及职务	
或 当事人		单位及职务	
或 当事人代表		单位及职务	
被邀请人		单位及职务	
记录人		单位及职务	
勘验情况及结果:			
勘验人(签名)		记录人(签名)	
被邀请人(签名)		当事人(单位代表签名)	

(本页填写不下的内容,或需绘制勘验图与贴照片的,可另附纸)

公路赔(补)偿案件询问笔录

案号(　　)年(　　)号

时间：	地点：
询问人：	记录人：
被询问人：　　性别：　　年龄：	与案件关系：
工作单位和职务：	电话：
地址：	邮编：

问：

答：

被询问人签名并按印：

询问人签字：　　　　　　　　　证件号码：

记录人签字：　　　　　　　　　证件号码：

共　　页第　　页

(本页填写不下的内容,可另附纸)

公路赔(补)偿案件抽样取证凭证

案号（　　）年（　　）（第　　联）

被取证人姓名(名称)：	性别：	年龄：	联系电话：
单位及地址：		邮编：	
抽样取证机关及地址：		邮编：	

因_____一案,需对你(单位)在_____的下列物品抽样取证。

序号	证据物品名称	规格	数量

调查人员签名：	证件号码：
调查人员签名：	证件号码：
	单位(章)　　年　月　日
被取证人(签名)：	年　月　日

(本凭证共两联,第一联取证用,提供给被取证人;第二联存根,备查)

公路赔(补)偿案件证据登记保存清单

案号( )年( )号(第 联)

| 被取证人姓名(名称): | 性别: | 年龄: | 联系电话: |

单位及地址:

单位电话:

因_____一案,需对你(单位)下列物品登记保存,在7日内你(单位)不得销毁或转移。

序号	证据物品名称	规　格	数　量

调查人员签名:　　　　　　　　证件号码:

调查人员签名:　　　　　　　　证件号码:

　　　　　　　　　　　　　　　单位(章)　　年　月　日

被取证人(签名):　　　　　　　　　　　　年　月　日

(本凭证共两联,第一联提供给被取证人;第二联存根,备查)

公路赔偿和补偿案件鉴定意见书

案号(　　)年(　　)号

案由：		
鉴定内容及目的：		
委托机关：		
受委托单位或受委托人员：		
鉴定人		职务与职称
鉴定意见：		
鉴定人(签名)：	鉴定单位(章)	年　月　日
备注：		

(本页填写不下的可另附纸)

公路赔(补)偿案件调查报告

案号( )年( )号

案由		案件调查人员姓名及证件号	
当事人基本情况	姓名：	地址：	
	单位名称：	法定代表人：	
	车辆所在地：	车型、车牌号：	
案件调查经过及结论			
所附证据材料			
领导意见			
备注	（当事人是否申辩及申辩的内容等）		

（报告一式两份，其中一份用于向上级备案，本页填写不下的可另附纸）

公路赔(补)偿通知书

(_____)年___交赔字第___号

_____

当事人：_____

当事人地址：_____

当事人_____一案,经_____市(县)_____依法调查核实：

当事人_____于_____年___月___日(详述案由、调查和听证经过、证据及认定的事实等内容)_____

上述事实,由_____(证据名称)予以佐证。本单位认为,当事人_____(简述赔、补偿的理由和依据)_____依_____之规定,本单位依法做出如下公路赔(补)偿处理决定：

当事人赔(补)偿_____(赔、补偿的方式及赔补偿数额)_____。

当事人必须在收到本通知书之日起15日内持本决定书到_____缴纳路产赔(补)偿费,逾期不缴的,本单位将申请人民法院强制执行或依法强制执行。

当事人对本通知书认定的事实和赔(补)偿费数额有疑义的,可在收到本通知书之日起60日内,向_____申请复核或者向人民法院起诉。

公路赔(补)偿执行单位(印章)

年　月　日

公路赔(补)偿通知书(存根)

案号(　　)年(　　)号

当事人基本情况	姓名：	地址：
	单位名称：	法定代表人：
	车辆所在地：	车型、车牌号：

事实认定	时间：	地点：

法律法规依据	违反了《＿＿＿》第＿＿＿条,《＿＿＿》第＿＿＿条的规定。

赔补偿决定	根据《＿＿＿》第＿＿＿条,《＿＿＿》第＿＿＿条规定,当事人应当赔(补偿)如下：

告知事项	1. 当事人收到本通知书之日起3日内可向本执法单位陈述申辩。逾期则视为当事人放弃其上述权利。 2. 当事人收到本通知书之日起15日内,到：＿＿＿＿＿＿(地址＿＿＿＿＿＿)缴纳路产损坏赔偿费。如有疑义,可向本单位申请复核。 3. 超过15日不予赔(补)偿的,本机关将申请人民法院强制执行或依法强制执行。

执行人：	年　月　日

备注	（是否当场执行等）

注：在引用法律依据时,如对同一行为在不同的依据中有不同的表述时,则须引用法律效力高的作为依据。

公路赔(补)偿案件管理文书送达回证

案号(　　)年(　　)号

受送达人：			
案由：			
送达单位：			
送达地点：			
送达文书名称	送达人	收到日期	收件人签章
备注：			

注：1. 如送达人不在场的，可交其同住的成年家属，并在备注栏内写明与受送达人关系；

2. 受送达人已指定代收人的，交代收人签收；

3. 受送达人拒收的，应邀有关基层组织代表或其他人到场，在备注中写明拒收事由及有关情况，并将文书留置，视为已送达。

公路赔(补)偿案件结案报告

案号( )年( )号

案由		案件承办人	姓名	证件号

赔(补)偿决定：

执行情况：

承办人签字：
年　月　日

备注：

本报告一式两份,其中一份用于向上级备案。
本页填写不下的可加附纸,并在备注中说明。

参 考 文 献

[1] 熊先觉,周道鸾.司法文书教程[M].北京:法律出版社,1993.
[2] 杨建顺,李元起.行政法与行政诉讼法教学参考书[M].北京:中国人民大学出版社,2002.
[3] 李晓明,邵新怀,崔卓兰.交通行政法总论[M].北京:人民交通出版社,2003.
[4] 孙如林,顾爱平.行政程序法理论与实践[M].北京:中国法制出版社,2004.
[5] 周道鸾,张泗汉.法律文书教程[M].北京:法律出版社,2008.